D1656622

Doppel-Klick

Das Sprach- und Lesebuch 1

Differenzierende Ausgabe
Baden-Württemberg

Herausgegeben von
Annegret Doll, Kathrin Lang, Astrid Scharfe

Erarbeitet von
Susanne Bonora, Annegret Doll, Martin Felber, Wiebke Gerstenmaier, Sonja Grimm, Ulrike Grond, Eva Künzler, Kathrin Lang, Sylvelin Leipold, Angela Lieser, Silke Müller, Heike Potyra, Julia Priebus, Martina Schulz-Hamann, Anna-Lena Wiederhold, Torsten Zander

Unter Beratung von
Torsten Zander

Doppel-Klick

Das Buch wurde erarbeitet auf der Grundlage der Ausgaben von Renate Krull (Gesamtherausgeberin) sowie Elisabeth Schäpers, Renate Teepe (Herausgeberinnen) und Ekhard Ninnemann (Herausgeber), Johannes Angert, Guido Becker, Werner Bentin, Kathleen Breitkopf, Ulrike Dagne, Ulrich Deters, Şule Ekemen, Martin Felber, Filiz Feustel, Dorothee Gaile, Beate Hallmann, Dirk Hergesell, August-Bernhard Jacobs, Jona Jasper, Rolf Kessler, Kristina Klein, Michaela Koch, Bernhard Kramp, Renate Krull, Jutta Neumann, Ekhard Ninnemann, Martina Panzer, Katrin Placzek, Christiane Rein, Elisabeth Schäpers, Matthias Scholz, Ralf Schummer-Hofmann, Gerda Steininger, Renate Teepe, Stephan Theuer.
Unter Beratung von Werner Bentin, Şule Ekmen, August-Bernhard Jacobs, Thomas Jaitner, Renate Krull und Jörn Stückrath.

Projektleitung: Gabriele Biela
Redaktion: Annabella Köhrsen, Sandra Geiger, Sandy Leistner, Dietlinde Thomas

Umschlaggestaltung: Cornelsen Verlag Design / Buchgestaltung +, Berlin
Umschlagillustration: Natascha Römer, Römer & Osadtschij GbR, Schwäbisch Gmünd
Layout, Grafik und technische Umsetzung: GraDeWe® Wladimir Perlin, Berlin

www. cornelsen.de

1. Auflage, 1. Druck 2015

Alle Drucke dieser Auflage sind inhaltlich unverändert und können im Unterricht nebeneinander verwendet werden.

Druck: Firmengruppe APPL, aprinta Druck, Wemding

ISBN 978-3-06-100081-3

Themen

Kompetenzen

- Präsentieren: Sich und andere vorstellen
- Gespräche führen und auswerten

Gesprächsregeln kennen und anwenden;
situations- und adressatengerechten Wortschatz anwenden;
gezielt fragen;
Wirkungsabsicht erkennen;
Redebeiträge klar strukturieren und reflektieren;
Gespräche moderieren

- Sachtexte erschließen
- Grafiken erschließen

Methoden der Texterschließung anwenden;
aus Texten entnommene Informationen selbstständig darstellen;
die Wirkungsabsicht einer Grafik beschreiben;
die Herkunft von Wörtern untersuchen

Themen

An der Schule arbeiten

Kompetenzen

- Sich informieren: Texte nutzen
- Andere informieren: Berufe-Steckbriefe schreiben

Informationen beschaffen, sammeln, ordnen und ergänzen; verschiedene Schreibformen nutzen; Wortbedeutungen klären; Informationen aus linearen und nichtlinearen Texten zusammenfassen; ein Interview durchführen

Feste feiern

- Ein Kurzreferat vorbereiten, vortragen und Feedback geben
- Einladungsbriefe schreiben

Methoden der Texterschließung anwenden: zentrale Inhalte/Aussagen herausarbeiten; Kurzdarstellungen frei vortragen; Gesprächsbeiträge anderer konzentriert verfolgen; Texte adressaten- und situationsbezogen konzipieren; begründet zu eigenen und fremden Texten Stellung nehmen; Regeln der Rechtschreibung anwenden

Von Wünschen erzählen

- Mündlich erzählen
- Schriftlich erzählen

verschiedene Formen mündlicher Darstellung verwenden: erzählen; Texte adressaten- und situationsbezogen konzipieren; anschaulich erzählen, auf die Erzähllogik achten; sich standardsprachlich ausdrücken; nach Schreibimpulsen schreiben; begründet zu eigenen und fremden Texten Stellung nehmen; Regeln der Zeichensetzung anwenden; einen Text nacherzählend wiedergeben

Medien und Gattungen

Die Welt der Medien

Kompetenzen

- **Medien bewusst nutzen**
- **Sich im Internet informieren**

Medienformate vergleichend beschreiben;
den eigenen Umgang mit Medien im Alltag beschreiben;
Informationen aus nichtlinearen Texten zusammenfassen;
nichtlineare Texte auswerten und gestalten;
Grafiken erschließen;
Informationen aus digitalen Medien entnehmen;
einfache Text-Bild-Zusammenhänge benennen;
Beiträge adressatengerecht formulieren

Fantastische Bücher

- **Jugendbücher lesen**
- **Bücher auswählen und präsentieren**

Leseeindrücke formulieren;
Textverständnis erläutern und begründen;
zentrale Aussagen und Inhalte von Texten herausarbeiten;
Leseerfahrungen für die Erschließung literarischer Texte nutzen;
mit handlungs- und produktionsorientierten Verfahren das Textverständnis herausarbeiten

Verse, Reime und Bilder

Kompetenzen

- **Gedichte gestaltend vortragen**
- **Merkmale von Gedichten bestimmen**
- **Mit Gedichten produktiv umgehen**

flüssig und sinnbezogen lesen und vorlesen;
Lesestrategien und Methoden der Texterschließung anwenden;
Gedichte unter Verwendung der Gattungsmerkmale bestimmen und erläutern;
produktionsorientiertes Schreiben als Mittel der Textaneignung und Interpretation nutzen;
unterschiedliche Sprechsituationen gestalten

Medien und Gattungen

Nachtgeschichten

Kompetenzen

- Literarische Texte erschließen
- Unheimliche Geschichten schreiben

Lesestrategien und Methoden der Texterschließung anwenden; Ort, Zeit, Figuren bestimmen / mit Handlungsbausteinen arbeiten; einen Schreibplan erstellen; anschaulich erzählen, auf die Erzähllogik achten; sprachliche Mittel gezielt einsetzen

Märchen aus aller Welt

- Märchenmerkmale bestimmen und anwenden
- Märchen gestalten
- Märchen szenisch vortragen

Lesestrategien und Methoden der Texterschließung anwenden; Märchen unter Verwendung der Gattungsmerkmale bestimmen und erläutern; produktive Methoden anwenden; szenische Verfahren zur Textaneignung und Interpretation anwenden; nach Mustern schreiben

Arbeitstechniken

Kompetenzen

Das Lernen organisieren

- Die eigene Arbeit organisieren

Lesen

- Flüssig vorlesen
- Sachtexte erschließen

unterschiedliche Lesetechniken anwenden und nutzen; sinnbezogen lesen; Lesestrategien und Methoden der Texterschließung anwenden; nichtlineare Texte und Grafiken auswerten

Sich informieren

- Gezielt Informationen entnehmen
- Informationsquellen gezielt nutzen

Nachschlagewerke zur Klärung von Fachbegriffen verwenden

Miteinander arbeiten und präsentieren

- Informationen beschaffen und strukturiert vortragen

Kurzdarstellungen; Arbeitspläne / Konzepte entwerfen

Schreiben und überarbeiten

- Schreibkonferenzen / eine Schreibwerkstatt durchführen

elementare Methoden der Textüberarbeitung anwenden; gut lesbar schreiben

Die Arbeitstechniken 217

Kompetenzen

- Arbeitstechniken zur Übung und Verbesserung der Rechtschreibung kennen und anwenden

Die Rechtschreibstrategien 224

- Strategien zur Überprüfung der sprachlichen Richtigkeit und Rechtschreibung anwenden
- Fehlersensibilität entwickeln

Die Trainingseinheiten 234

- Strategien und Arbeitstechniken des Rechtschreibunterrichts anwenden
- Sich mit Rechtschreibphänomenen textbezogen auseinandersetzen

Kompetenzen

Die Wortarten 246

- Wortarten benennen und ihren Funktionen und Formen entsprechend verwenden
- Morphologische Gesetzmäßigkeiten berücksichtigen

Satzglieder verwenden 266

- Struktur von Sätzen untersuchen und Satzglieder bestimmen
- Umstell-, Verschiebe- und Weglassprobe anwenden

Sätze untersuchen 276

- Funktionen verschiedener Satzarten benennen und anwenden
- Satzbauformen bestimmen, untersuchen und anwenden
- Satzgefüge bilden

Leseecke

Leseecke

Kompetenzen

- Literarische Texte lesen und Leseerfahrungen sammeln
- Sach- und Gebrauchstexte verstehen

Zum Nachschlagen

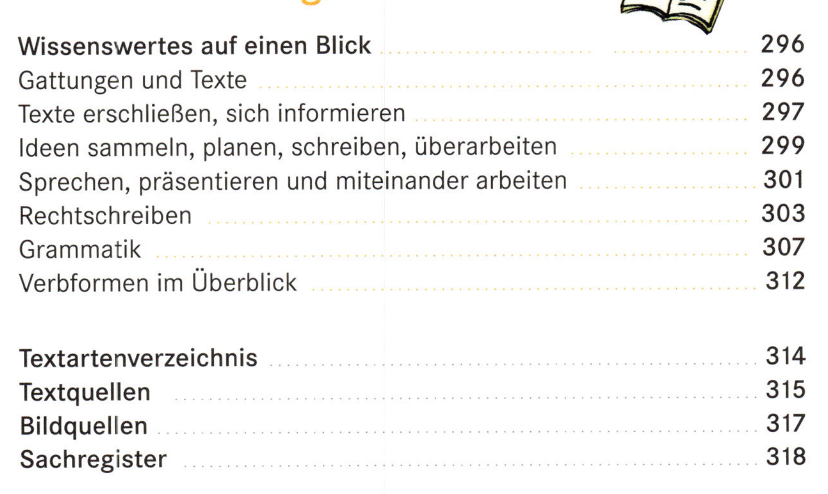

Zum Nachschlagen

- Informationsquellen nutzen

Los geht's: Ich – du – wir!

- Präsentieren: Sich und andere vorstellen
- Gespräche führen und auswerten

1 Beschreibt die Fotos.
- Welche Situationen sind dargestellt?
- Wie wirken die Schülerinnen und Schüler?

2 Wie waren eure ersten Tage in der neuen Klasse? Was habt ihr erlebt? Wie fühlt ihr euch? Erzählt.

Das Schuljahr beginnt. Wie es für euch wird, daran könnt ihr selbst mitwirken.

3 Was wünscht ihr euch, damit ihr euch in der Klasse wohlfühlt?
a. Ergänzt den Cluster.
b. Was ist euch besonders wichtig? Begründet.

Cluster ➤ S. 299

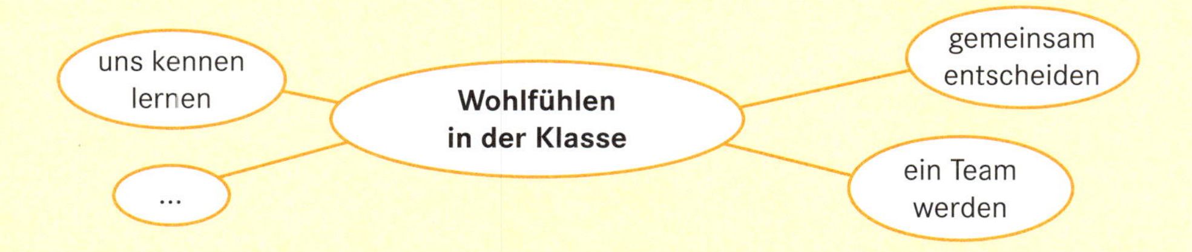

Wenn ihr euch gut kennt, könnt ihr besser miteinander umgehen. Mit den folgenden Spielen könnt ihr euch besser kennen lernen.

4 **Das Wollknäuel**
- Bildet einen Sitzkreis.
- Der Erste nimmt das Wollknäuel und nennt seinen Vornamen und sagt etwas über sich, z. B.: „Ich heiße Sarah und ich spiele Handball."
- Dann wirft er das Wollknäuel dem Nächsten zu, hält dabei aber den Anfang des Fadens fest.
- Der Nächste wiederholt beides. Dann sagt er seinen eigenen Vornamen und etwas über sich: „Du heißt ... und du ... Ich heiße ... und ich ..."
- Er wirft das Wollknäuel dem Nächsten zu, hält aber auch ein Stück des Fadens fest.
- So geht es reihum, bis sich alle vorgestellt haben.

5 **„Ich mag Leute, die ..."**
- Bildet einen Sitzkreis.
- Einer steht in der Mitte und sagt, welche Leute er mag, z. B. „Ich mag Leute, die Turnschuhe tragen."
- Alle, die Turnschuhe tragen, stehen auf und wechseln den Platz. Auch derjenige in der Mitte versucht, einen Platz zu bekommen.
- Wer keinen Platz bekommt, stellt sich in die Mitte und sagt, welche Leute er mag.

In diesem Kapitel stellt ihr euch und andere vor. Außerdem lernt ihr Gesprächsregeln kennen und wendet sie an.

Der „Ich-Kreis“: Ich stelle mich vor

Jeder Mensch hat einen „Ich-Kreis“, in dem etwas von ihm ganz persönlich und von seinem Leben sichtbar wird.

Hier siehst du den „Ich-Kreis“ von Lena.

1 Was erzählt der „Ich-Kreis“ über Lena?
   a. Untersucht die einzelnen Ringe.
   b. Formuliert zu jedem Ring Sätze über Lena.

2 Was erzählt dein „Ich-Kreis“ über dich?
   a. Zeichne deinen eigenen „Ich-Kreis“ auf ein Blatt.
   Tipp: Du kannst den „Ich-Kreis“ auch als Plakat gestalten.
   b. Klebe Fotos und Bilder dazu.
   c. Stelle dich mit Hilfe deines „Ich-Kreises“ der Klasse vor.

Plakat ➤ S. 299

Lesetipp: „Sofies Welt“ ➤ S. 282–283

Wir stellen einander vor

W **Ihr könnt noch mehr voneinander erfahren.**
Wählt dazu Idee 1 oder Idee 2 aus.

Idee 1: Eine Befragung durchführen

1 Was möchtet ihr noch voneinander erfahren? Sammelt Fragen.

- *Liebst du Regentage?*
- *Hast du schon einmal in einem Zelt übernachtet?*
- *Hattest du schon einmal einen Knochenbruch?*
- *...*

2 **a.** Wähle fünf Fragen aus und schreibe sie auf.
b. Befrage fünf Mitschülerinnen und Mitschüler. Wenn jemand eine Frage mit Ja beantwortet, schreibe den Namen auf.
c. Werte deine Befragung aus.

3 Stelle anschließend deine Befragung vor.
a. Was weißt du nun über deine Mitschüler? Sage etwas über jeden, den du befragt hast.
b. Welche Gemeinsamkeiten kannst du feststellen? Stelle sie der Klasse vor.

Ich weiß jetzt, dass Ida Regentage liebt.

Max und Serkan haben schon einmal in einem Zelt übernachtet.

Idee 2: Das Zuhören gemeinsam üben

4
- Stellt aus Stühlen zwei Kreise: einen Innenkreis und einen Außenkreis. Setzt euch so hin, dass ihr euch anseht.
- Was möchtest du von den anderen erfahren? Überlege dir fünf W-Fragen.
- Jeder im Außenkreis interviewt seine Partnerin oder seinen Partner im Innenkreis und hört gut zu.
- Nach einer Minute rücken die Schülerinnen und Schüler im Außenkreis einen Stuhl weiter. Jetzt interviewen diejenigen im Innenkreis ihre neue Partnerin oder ihren neuen Partner im Außenkreis und hören gut zu.
- Führt mehrere Runden durch.

Hobbys
der Lieblingsplatz
ein schönes Erlebnis

5 Was habt ihr voneinander erfahren? Stellt jeder zwei Personen der Klasse vor.

Lesetipps:
„Bradley, letzte Reihe, letzter Platz“ ➤ S. 283–285
„Wir“ ➤ S. 291

Gesprächsregeln vereinbaren

Die Klasse 5b diskutiert darüber, wie sie ihren Klassenraum gestalten möchte.

1 Lest das Gespräch mit verteilten Rollen.

Ronja: Wollen wir Pflanzen in unserem Klassenraum aufstellen?
Daniel: Ja, das wäre doch schön!
Johanna: Wenn du unbedingt doofe Blumen haben willst,
dann musst du dich auch darum kümmern!
5 **Laura:** Zimmerpflanzen verbessern auf jeden Fall das Raumklima und ...
Daniel: Du weißt aber auch alles, oder?
Laura: Lass mich doch mal ausreden!
Daniel: Schrei nicht so!
Laura: Du hörst mir ja nicht zu.
10 **Ronja:** Nun hört bitte auf zu streiten. Wer hat eigentlich Mülldienst?
Lukas: Amina und ich haben Mülldienst. Hey, Amina, wieso bist du
gestern einfach gegangen? Ich musste die ganze Arbeit machen.
Amina: Ach, lass mich doch
in Ruhe mit deinem blöden Dienst!
15 Hatte keinen Bock.
Lukas: Du bist vielleicht blöd.
Ich sehe gar nicht ein,
den Müll alleine rauszubringen.
Dafür machst du heute alles ganz allein!
20 **Amina:** Kannst du vergessen!
Wir machen das zusammen.
Lukas: Na gut ...

2 Worum geht es in dem Streit zwischen Daniel und Laura?
Worum geht es in dem Streit zwischen Lukas und Amina?

3 Untersucht einen Streit genauer.
W **a.** Wählt aus: Daniel und Laura oder Lukas und Amina.
b. Wie sprechen die Streitenden miteinander?
Warum sprechen sie so miteinander? Findet Gründe.
c. Wie hätten die Streitenden besser reagieren können?
Schreibt das Gespräch um.

4 Wie können alle besser miteinander reden?
Schreibt Ratschläge auf.

Gesprächsregeln helfen dabei, gut miteinander umzugehen.

5 **a.** Was stört euch bei Gesprächen? Notiert Stichworte.
b. Was könnt ihr ändern? Notiert Regeln.

Was uns stört:	Das können wir ändern:
– reinreden	– höflich sein
– ausgelacht werden	– andere ausreden lassen
– blöd angemacht werden	– zuhören
– …	– …

genau zuhören ➤ S. 24–25

6 Welche Gesprächsregeln sind euch wichtig?
Findet es in drei Schritten heraus.
a. Was ist dir wichtig? Schreibe fünf Gesprächsregeln auf.
b. Was ist dir und einer Partnerin oder einem Partner wichtig? Einigt euch auf fünf Gesprächsregeln.
c. Bildet Dreier- oder Vierergruppen. Was ist für alle in der Gruppe wichtig? Einigt euch auf zehn Gesprächsregeln.

7 Jede Gruppe stellt nun der Klasse die Gesprächsregeln vor, auf die sie sich geeinigt hat.

8 **a.** Legt fest, welche der vorgeschlagenen Gesprächsregeln ihr in der Klasse einhalten wollt.
b. Formuliert eure Gesprächsregeln in ganzen Sätzen.

Starthilfe

Wir lassen andere ausreden.
Wir fragen nach, wenn wir etwas nicht verstanden haben.
…

9 Gestaltet ein Plakat mit euren Gesprächsregeln und hängt es im Klassenraum auf.
Tipp: Überprüft zwei Wochen lang, ob die Gesprächsregeln eingehalten werden. Ergänzt dann weitere Regeln, wenn nötig.

Und wie möchtet ihr euren Klassenraum gestalten?

10 Sammelt Ideen und besprecht sie gemeinsam. Beachtet dabei eure Gesprächsregeln.

Gesprächsregeln anwenden: Der Klassenrat

In einem Klassenrat könnt ihr Themen, die euch wichtig sind, besprechen und Beschlüsse fassen.

> Die Klasse setzt sich einmal in der Woche zusammen in einen Stuhlkreis. So können wir uns beim Reden ansehen. Wir sprechen über unsere Probleme, aber auch über Pläne, Veranstaltungen und Ausflüge. Jeder kann seine Meinung sagen und wird akzeptiert. Es wird eigentlich immer offen und ehrlich diskutiert.

1 Sprecht über die folgenden Fragen:
- Was versteht ihr unter einem Klassenrat?
- Welchen Vorteil hat die Sitzordnung?

2 Überlegt gemeinsam, über welche Themen ihr im Klassenrat sprechen möchtet.
- In welchen Situationen könntet ihr euch gegenseitig helfen?
- Welche Probleme oder Streitfragen wollt ihr gemeinsam lösen?
- Welche Veranstaltungen möchtet ihr gemeinsam planen und vorbereiten?
- Welche weiteren Themen sind euch wichtig?

Meinungen und Wünsche äußern ➤ **S. 20**

3 Warum ist es dir wichtig, bei bestimmten Themen mitbestimmen zu dürfen? Begründe.

Meinungen begründen ➤ **S. 21**

Ein Klassenrat funktioniert nur, wenn ihr bestimmte Regeln festlegt. Diese Regeln solltet ihr dann auch einhalten.

4 Welche Regeln möchtet ihr für den Klassenrat festlegen?
- **a.** Sammelt Regeln an der Tafel.
- **b.** Einigt euch auf die Regeln, die ihr einhalten möchtet.
- **c.** Gestaltet ein Plakat mit euren Regeln für den Klassenrat.

Plakat ➤ **S. 299**

Die Klasse 5 b möchte einen Klassenrat halten.
Alle haben ihre Themen auf Zetteln notiert.
Nun kann der Klassenrat beginnen, Ronja ist die Moderatorin.

Ronja: Der Klassenrat ist eröffnet. Ich habe hier den ersten Zettel.
Wir wollen heute zuerst darüber abstimmen, ob wir entweder eine Lesenacht
oder einen Klassenausflug machen wollen.
Anton: Ich bin für einen Ausflug, denn da fällt jede Menge Unterricht aus.
5 **Julia:** Blöde Idee. Wer weiß, wohin wir da fahren. Vielleicht noch
in ein Museum!
Yasemin: Ich würde gern eine Lesenacht machen. Da können wir
alle zusammen lange aufbleiben.
Leo: Oh, ja, meine Mutter backt sicherlich für uns alle Pizza!
10 **Kerem:** Leute, ich habe eine tolle Idee für einen Ausflug. Wir gehen
in einen Hochseilgarten. Das macht allen Spaß, ist abenteuerlich und
wir müssen Teamgeist beweisen.
Ronja: Wir haben jetzt tolle Ideen gesammelt: Anton und Kerem
sind für einen Ausflug. Yasemin und Leo sind für die Lesenacht.
15 Wir wollen jetzt über die Vorschläge abstimmen.

5 a. Lest das Gespräch mit verteilten Rollen.
b. Welche Beiträge findet ihr besonders überzeugend? Begründet.

Meinungen begründen ➤ S. 21

6 Welche Aufgaben hat Ronja als Moderatorin am Anfang,
während und am Ende des Klassenrates? Sprecht darüber.

7 Über welches Thema möchtet ihr im Klassenrat sprechen?
Entscheidet euch für ein Thema und besprecht es dann
mit Hilfe der Arbeitstechnik.

Arbeitstechnik

Der Klassenrat

So kann euer Klassenrat ablaufen:
- Jede/r **schreibt auf Zettel**, über welche **Themen** sie/er sprechen möchte.
  Schreibt immer nur eine Idee auf einen Zettel.
- **Sammelt eure Ideen**, z. B. in einem Ideenkasten.
- Wählt vor jedem Klassenrat eine **Moderatorin** oder einen **Moderator**.
  Sie oder er **eröffnet** den Klassenrat, **liest** die Zettel **vor** und
  leitet auch die **Diskussion** und die **Abstimmung**.
- Besprecht, in welcher **Reihenfolge** ihr über die Themen beraten wollt.
- **Diskutiert** dann über die einzelnen Themen.
- Euer **Klassenlehrer** oder eure **Klassenlehrerin** sollte mit im Stuhlkreis sitzen.
  Ihr könnt ihn oder sie **um Rat fragen**.
- **Schreibt** eure **Ergebnisse auf**.

Meinungen und Wünsche äußern

In der Pause kommt es zwischen Steve und Hannes zum Streit.

Steve fordert Hannes auf: „Ey, Hannes, mach' bloß das Fenster zu!" Hannes unterhält sich gerade mit Julia und antwortet: „Mach's doch selber zu!" Julia schüttelt den Kopf: „Mann, Steve, ich finde, dass du das auch netter sagen kannst!" – „Ich will aber, dass das Fenster sofort geschlossen wird, es zieht!", ruft Steve. „So, lieber Steve, kannst du das vergessen", sagt Hannes. „Ich wünsche mir, dass du höflich bist. Dann helfe ich dir gerne."

1 Steves Bitte wird nicht erfüllt. Warum nicht? Sprecht darüber.

Bitten kann man auf unterschiedliche Weise ausdrücken.

2 Wie klingt Steves Bitte, wenn du sie anders formulierst?
- **a.** Schreibe jeweils zwei höfliche und zwei bestimmt klingende Sätze auf.
- **b.** Prüft, wie sich die Wirkung der Sätze verändert.

Starthilfe
Ich möchte bitte, dass ...

Meinungen kannst du mit dass-Sätzen ausdrücken.

3
- **a.** Schreibe die drei **dass**-Sätze aus dem Text ab.
- **b.** Markiere jeweils das Komma und die Verben.

4 Welche Meinung hast du zu Steves Verhalten?
- **a.** Schreibe zwei **dass**-Sätze auf.
- **b.** Schreibe deine Meinung in einem kurzen Text auf.

Ich bin der Meinung, dass ... Ich glaube nicht, dass ...

Merkwissen
Nach Verben des Sagens, Denkens und Meinens folgen oft **dass**-Sätze.
Der **dass**-Satz wird durch ein **Komma** vom Hauptsatz abgetrennt.
Das **gebeugte Verb** steht **am Ende** des **dass**-Satzes.
Ich möchte, dass du mich ausreden lässt.

Verben des Sagens und Meinens:

denken	wissen
erkennen	verstehen
sagen	finden
hoffen	glauben
meinen	fühlen

Meinungen begründen

Die Klasse 5a diskutiert im Klassenrat darüber, ob sie ein Aquarium für den Klassenraum kaufen soll.

David: Ich bin dafür, ein Aquarium zu kaufen, denn es verschönert den Klassenraum.
Janina: Ach nein, ich bin dagegen, weil wir dann noch einen Dienst haben.
Max: Ja, ich möchte auch kein Aquarium, denn Fische und Pflanzen sind teuer.
Sevim: Also, ich bin für ein Aquarium, weil es Spaß macht, die Fische zu beobachten.

1 Welche Meinung haben David und Sevim zu dem Aquarium? Welche Meinung haben Janina und Max? Schreibe es auf.

David, Janina, Max und Sevim begründen ihre Meinung.

2 Wie begründen David, Janina, Max und Sevim ihre Meinung?
- **a.** Schreibe die Sätze auf.
- **b.** Markiere in den Sätzen **denn** und **weil**.
- **c.** Unterstreiche die Verben in den **denn**-Sätzen und in den **weil**-Sätzen.
- **d.** Vergleiche: An welcher Stelle steht in den **denn**-Sätzen und in den **weil**-Sätzen jeweils das Verb?

3 Bist du für oder gegen die Anschaffung eines Aquariums?
- **a.** Begründe deine Meinung mit **denn**- und **weil**-Sätzen.
- **b.** Markiere in deinen Sätzen jeweils das Komma.

mehr Übungen zu **weil**-Sätzen
➤ **S. 26–27, 280**

4 Was schlägst du zur Verschönerung eures Klassenraumes vor? Formuliere dein Anliegen höflich und begründe es.

Merkwissen

Begründungen kannst du mit **denn** und **weil** einleiten. Vor **denn** und **weil** steht dann ein **Komma**.
Ich möchte ein Aquarium, denn Fische sind beruhigend.
Ich bin dagegen, weil sich auch in den Ferien jemand darum kümmern muss.

Die Klasse präsentieren

In diesem Kapitel habt ihr euch besser kennen gelernt.
Auch wenn jede und jeder von euch anders ist,
gibt es doch viele Gemeinsamkeiten.

W Nun könnt ihr euch präsentieren. Wählt dazu Aufgabe A oder B aus.

Aufgabe A: Stellt eure Gemeinsamkeiten anschaulich dar.

1 Was habt ihr voneinander erfahren?
a. Seht euch noch einmal eure „Ich-Kreise“ und die Arbeitsergebnisse an.
b. Stellt eure Gemeinsamkeiten anschaulich dar.

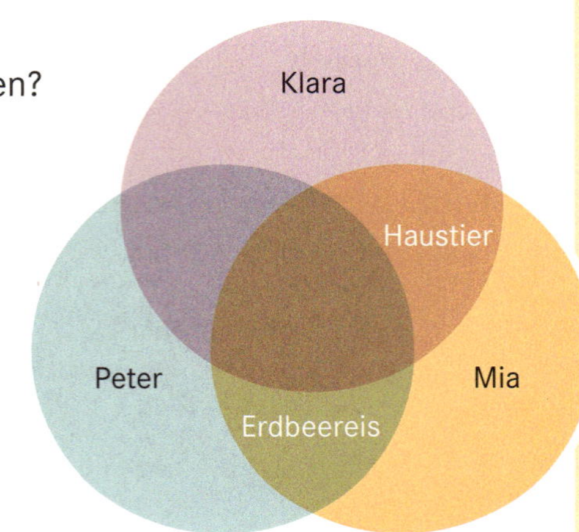

„Ich-Kreise“ ➤ S. 14
Aufgaben 1–5 ➤ S. 15

2 Präsentiert eure Ergebnisse in der Klasse.

3 Was verbindet euch in eurer Klasse? Entwickelt ein Bild oder ein Motto* dazu, das ihr im Klassenraum aufhängt.

* das Motto: ein Leitspruch

Aufgabe B: Gestaltet gemeinsam ein „Ich-du-wir-Buch“.

4 **a.** Jeder gestaltet eine Seite für das „Ich-du-wir-Buch“.
- Gestalte ein Schattenbild von dir.
- Schreibe deinen Namen auf das Schattenbild.
- Was sind deine Hobbys, deine Ziele, deine Träume, deine …? Gestalte dein Schattenbild mit kleinen Texten, Bildern oder Fotos.

b. Stellt eure Seiten in der Klasse vor.

5 Gestaltet nun gemeinsam das „Ich-du-wir-Buch“.
a. Gestaltet das Titelblatt eures Buches.
b. Ordnet die Texte, Bilder und Materialien für euer Buch.
c. Heftet das Buch zusammen.

Gespräche führen

Hier könnt ihr überprüfen, ob ihr Gesprächsregeln sicher anwenden könnt.

1 Worüber möchtet ihr im Klassenrat sprechen? Entscheidet euch für ein Thema.

2 Bildet zwei Gruppen:
- **Gruppe 1** bespricht das Thema im Klassenrat.
- **Gruppe 2** beobachtet die Diskussion.

Beide Gruppen bereiten sich vor.

3 **Gruppe 1:**
- Wählt einen Moderator.
- Überlegt gemeinsam, welche Aufgaben der Moderator zu Beginn, während und am Ende des Klassenrates hat.

4 **Gruppe 2:**
- Erstellt mit Hilfe eurer Gesprächsregeln einen Beobachtungsbogen.
- Legt fest, wer wen im Klassenrat beobachtet.

Gesprächsregeln ➤ S. 17, Aufgabe 9

Beobachtungsbogen für ______	ja	nein
– hat Mitschüler ausreden lassen	■	■
– ist beim Thema geblieben	■	■
– …	■	■

5 Besprecht nun das Thema im Klassenrat. **Gruppe 1** diskutiert. **Gruppe 2** beobachtet die Diskussion.

6 Wertet den Klassenrat gemeinsam aus.
Gruppe 1:
- Zu welchem Ergebnis seid ihr gekommen?
- Wie habt ihr euch während der Diskussion gefühlt?
- Hat der Moderator seine Aufgaben gemeistert?

Gruppe 2:
- Welche Gesprächsregeln wurden eingehalten?
- Was kann verbessert werden?

Training ➤ S. 24–25
Weiterführendes ➤ S. 26–27

Genau zuhören

Mit den folgenden Spielideen könnt ihr das genaue Zuhören noch einmal üben.

Ein Bilddiktat zeichnen

1 Wie gut könnt ihr euch gegenseitig verstehen?
- Einer wählt einen Gegenstand aus. Ihr könnt von den Bildern auswählen oder euch einen anderen Gegenstand überlegen. Aber nicht verraten!
- Er beschreibt den Gegenstand genau, ohne ihn zu nennen.
- Der andere zeichnet dann genau das, was beschrieben wird.
- Überprüft, ob das Bild mit dem Gegenstand übereinstimmt. Wenn nicht, überlegt gemeinsam, woran das liegen könnte.

Nach Anweisungen zeichnen

2 Setzt euch mit dem Rücken zueinander.
Jeder hat ein Blatt Papier und einen Stift.
- Beide sollen ein Bild zeichnen. Einer beschreibt genau, was auf dem Bild zu sehen sein soll.
- Der andere zeichnet genau das, was beschrieben wird.
- Vergleicht die Zeichnungen miteinander. Wenn die Zeichnungen nicht übereinstimmen, überlegt gemeinsam, woran das liegen könnte.

3 Warum ist Zuhören manchmal schwierig?
Sprecht darüber.

**Charlotte und Max wollen sich besser kennen lernen.
Sie befragen sich und stellen sich anschließend gegenseitig vor.**

4 Lies, wie Max Charlotte vorstellt.

Max: Charlottes Hobby ist Musik. Sie spielt seit vier Jahren Schlagzeug. Das finde ich cool! Das Spannendste, was sie je erlebt hat, war eine Klettertour in den Bergen. Dabei mussten sie eine Wand hochklettern, die fast senkrecht war. Das Langweiligste war für sie die Fahrt in den Urlaub, als sie fünf Stunden lang im Stau gestanden haben. Sie war an der See, und da wäre sie jetzt auch am liebsten, wenn sie sich irgendwo hinzaubern könnte. Ihr Lieblingsessen ist Pizza mit Sardellen.

5 Welche Fragen hat Max Charlotte gestellt?
Schreibe sie auf.

Höre genau zu, dann kannst du Informationen richtig weitergeben.

6 Stelle eine Mitschülerin oder einen Mitschüler der Klasse vor.
- Schreibe fünf Fragen auf.
- Stelle deine Fragen deiner Mitschülerin oder deinem Mitschüler. Merke dir die Antworten.
- Erzählt den anderen, was ihr übereinander erfahren habt.

7 **a.** Findet heraus, was euch beim Zuhören hilft.
- Bildet Dreiergruppen.
- Benennt einen Sprecher, einen Zuhörer und einen Beobachter.
- Der Sprecher spricht eine Minute über ein Thema.
  Tipp: Ihr könnt von einem spannenden Film, eurer Lieblingsband oder vom letzten Wochenende erzählen.
- Der Zuhörer hört zu und berichtet danach dem Beobachter, was er gehört hat.

b. Wertet eure Gespräche mit Hilfe der folgenden Fragen aus:
- Woran habt ihr erkannt, dass der Zuhörer gut zugehört hat?
- Hat er die wichtigsten Informationen wiedergegeben?
- Was hat euch beim Zuhören geholfen?

c. Tragt eure Ergebnisse auf einem Plakat zusammen.

Starthilfe

Genau zuhören
- den anderen ansehen, Blickkontakt halten
- ...

Meinungen mit Argumenten begründen

Wenn ihr zusammen etwas beschließen wollt, tauscht ihr zunächst Meinungen aus. Dabei seid ihr euch nicht immer einig. So wie die Schülerinnen und Schüler in dieser Diskussion:

Emma: Ich fände es toll, wenn wir ein Klassenfrühstück organisieren.
Amaru: Oh ja, das macht bestimmt Spaß! Jeder könnte etwas mitbringen.
Laura: Ich frühstücke lieber in Ruhe zu Hause. Da kann ich mit meiner Schwester quatschen.
5 **Serkan:** Aber wenn wir zusammen frühstücken, können wir uns auch unterhalten. Ich finde Emmas Idee gut.
Ben: Ich bin dagegen, morgens kann ich gar nichts essen.
Laila: Aber das Frühstück ist wichtig, so können wir gut in den Tag starten.
Ben: Ein gemeinsames Frühstück ist aber teuer, wir brauchen dann ja
10 ganz viel, weil jeder andere Dinge mag.
Emma: Da stimme ich dir nicht zu. Wenn jeder etwas mitbringt, ist es gar nicht so teuer.

mehr zum Thema: „Frühstücken mit Köpfchen" ➤ S. 42–43

1 Worüber diskutieren die Schülerinnen und Schüler?
a. Formuliere das Thema.
b. Formuliere die zwei gegensätzlichen Meinungen.

2 Wer vertritt welche Meinung?
a. Trage deine Ergebnisse aus Aufgabe 1 in eine Tabelle ein.
b. Schreibe auf, wer welche Meinung vertritt.

Starthilfe

Thema: …	
Meinung 1: …	**Meinung 2: …**
– Emma …	– Laura …

Eine Meinung lässt sich durch Argumente begründen.

3 **a.** Ordne die Pro-Argumente und die Kontra-Argumente der Schülerinnen und Schüler in einer Tabelle.
b. Ergänze weitere Pro- und Kontra-Argumente.

4 Ben ist gegen das Gruppenfrühstück, weil es teuer ist. Emma versucht, ihn zu überzeugen.
a. Lies noch einmal, was Emma sagt.
b. Schreibe Emmas Argument auf.

Info
Mit **Argumenten** kann man Meinungen begründen. Man kann sie nach **Pro** (für) und **Kontra** (dagegen) ordnen.

Die Klasse 5 b hat sich dafür entschieden, ein Klassenfrühstück zu organisieren. In einem Brief möchte sie den Klassenlehrer Herrn Lempel um Erlaubnis bitten.

Crailsheim, 5. Oktober 20..

Lieber Herr Lempel,

wir haben im Klassenrat darüber diskutiert, wie wir uns in unserer Klasse noch mehr wohlfühlen können.
Deshalb möchten wir gern ein regelmäßiges Klassenfrühstück organisieren.

Wir möchten .

Sie sind vielleicht .

Aber wir .

Wir hoffen, dass Sie mit unserem Vorschlag einverstanden sind.

Viele Grüße
Ihre Klasse 5 b

5 Warum möchte die Klasse ein Klassenfrühstück organisieren? Begründe mit **denn**- oder **weil**-Sätzen.

Meinungen begründen ➤ S. 21
mehr Übungen zu **weil**-Sätzen ➤ S. 280

Vielleicht ist Herr Lempel auch erst gegen ein Klassenfrühstück.

6 Ergänze den Brief mit Emmas Vorschlag und ihrer Begründung, warum ein Klassenfrühstück gar nicht so teuer sein muss.

7 Formuliere einen eigenen Einleitungssatz.

8 **a.** Schreibe den Brief nun vollständig auf. Ergänze deine Sätze aus den Aufgaben 5 und 6.
Tipp: Schreibe den Brief mit dem Computer.
b. Überprüfe die Rechtschreibung.

Welche Meinung habt ihr? Seid ihr für oder gegen eine Lesenacht?

9 Diskutiert darüber, ob ihr eine Lesenacht organisieren möchtet.
- Begründet eure Meinung mit Argumenten.
- Geht auch auf die Argumente der anderen ein.
- Beachtet die Gesprächsregeln.
- Einigt euch abschließend auf ein gemeinsames Ergebnis.

Rund ums Essen

- Sachtexte erschließen
- Grafiken erschließen

Was wir essen – Collage von Melanie und Alessandra

Wenn ihr ungefähr 80 Jahre alt seid und euch bis dahin
dreimal täglich zu den Hauptmahlzeiten hingesetzt habt,
habt ihr etwa 87 600 Mahlzeiten zu euch genommen,
mit allen Zwischenmahlzeiten etwa 146 000.
Das sind mehr als fünf Jahre essen und trinken ohne Pause.
So viel Essen?

1 Tauscht euch über die Collage aus.
- Wie heißen die einzelnen Nahrungsmittel?
- Was wisst ihr über sie?
- Zu welchen Gelegenheiten esst ihr die Nahrungsmittel (auf Festen, allein, zu Hause ...)?

Nicht alle Nahrungsmittel schmecken gleich.

2 Welche Nahrungsmittel schmecken süß, sauer, salzig, bitter?
a. Schreibt sie mit den bestimmten Artikeln auf.
b. Ergänzt eigene Beispiele.

Starthilfe

süß	sauer	salzig	bitter
der Kuchen	...	...	die Petersilie

Nahrungsmittel werden in Gruppen geordnet.

3 **a.** Ordnet die Nahrungsmittel von Seite 28 in eine Tabelle ein.
b. Ergänzt weitere Beispiele.

Starthilfe

Getreide	Gemüse	Obst	Milch-produkte	Fisch/ Fleisch	Öle/ Fette	Süßes	Fast Food	Getränke
das Vollkorn-brötchen ...	...	...	...	...	...	...	...	...

4 **a.** Was hat jeder von euch gestern im Einzelnen gegessen? Schreibt es auf.
b. Schreibt dann alle Nahrungsmittel in einer Rangliste auf.

Starthilfe

Marmelade IIII Brot IIIIII ...	Rangliste: 1. Brot 2. ...

In diesem Kapitel informiert ihr euch über das Thema Essen. Dabei lernt ihr, Sachtexte und Grafiken zu erschließen.

Einen Sachtext erschließen

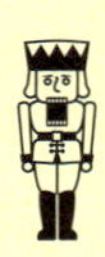

Mit dem Textknacker kannst du den folgenden Sachtext zum Thema Essen knacken. Hier erfährst du Schritt für Schritt, wie es geht.

1. Schritt: Vor dem Lesen

1 Du weißt schon einiges über Nahrungsmittel und Essgewohnheiten. Sammle alles, was du schon weißt, in einem Cluster.

Cluster ➤ S. 299

Bilder erzählen dir viel, schon bevor du mit dem Lesen anfängst.

2 **a.** Sieh dir die Bilder zum Text genau an.
b. Was ist auf den Bildern zu sehen? Schreibe zu jedem Bild einen kurzen Satz auf.

Bilder zum Sachtext ➤ S. 31–32

Starthilfe
Auf Bild 1 sehe ich gesunde und ...

Die Überschrift verrät dir etwas über das Thema des Textes.

3 **a.** Schreibe die Hauptüberschrift des Textes auf.
b. Worum geht es in dem Text vermutlich? Schreibe es auf.

2. Schritt: Das erste Lesen

Der Sachtext ist in drei Teile gegliedert.
Du kannst nur Teil 1 oder auch die Teile 2 und 3 bearbeiten.

4 **a.** Überfliege den Text oder lies ihn einmal durch.
b. Schreibe Stichworte auf.
- Welche Wörter oder Wortgruppen fallen dir auf?
- Überprüfe deine Vermutung aus Aufgabe 3 b: Worum geht es in dem Text?

einen Sachtext überfliegen ➤ S. 196

Nahrungsmittel und Essgewohnheiten

Teil 1

Es wird gegessen, was auf den Tisch kommt

Zu Hause ist das oft so. Auch in der Jugendherberge heißt es:
„Hier wird nicht für jeden eine Extrawurst gebraten!"
Wer bestimmt aber, was wir essen, wenn wir erwachsen sind?
5 Warum essen wir? Wir essen, weil wir Hunger haben und
weil Lebewesen nur leben können, wenn sie Nahrung zu sich nehmen.

Warum aber essen wir bestimmte Nahrungsmittel?

Wir essen, was wir von früher her gewohnt sind. Wir essen Dinge,
weil sie modern oder „in" sind. Wir essen manches, weil es gesünder ist
10 als anderes. Aus religiösen Gründen essen wir bestimmte Dinge
und andere nicht. Wir essen bestimmte Dinge, wenn wir krank sind.
Wir essen, weil wir gelangweilt sind. Wir essen manches, was in der Werbung
angepriesen wird.

Das Wasser läuft einem im Mund zusammen

15 Speichel oder Spucke hilft beim Verdauen von Nahrungsmitteln, Speichel
bringt aber auch die Aromastoffe des Essens zu den Geschmacksknospen
auf der Zunge. Manches Essen gibt einem ein gutes Gefühl im Mund.
Das Knuspern beim Kauen verlockt, Fett und Salz lassen das Wasser
im Mund zusammenlaufen. So werden beim Essen eines klassischen
20 Hamburgers viele Reize angesprochen: ein leckeres Brötchen,
eine flache Scheibe Hackfleisch, eine süßsaure Gurkenscheibe und
ein knackiges Salatblatt – diese Geschmacksvielfalt produziert viel Speichel.

Wer bestimmt eigentlich unsere Vorlieben und Essgewohnheiten?

Manchmal werden wir verführt, nämlich durch Werbung. Was passiert,
25 wenn Kinder Werbespots über Essen und Trinken sehen? Man hat das
untersucht und festgestellt, dass Kinder während der Sendung und danach
besonders viel Schokolade, Gummibärchen und Chips aßen.
Farbe und Glanz von Süßigkeiten sind wichtig. Schokopastillen werden
deshalb mit buntem, glänzendem Überzug
30 angeboten, mit stumpf-grauem Belag
hätten sie keinen Erfolg.
Auch die Verpackung verlockt
zum Kaufen.

Sprichwörter verstehen
➤ S. 39

1

2

3

Teil 2

Was man nicht kennt, das isst man nicht

Auf Reisen gibt es oft ungewohnte Kost, besonders für den, der in Länder mit heißem Klima fährt. Deshalb bieten die Küchen großer Hotels an Urlaubsorten häufig sogenannte internationale Gerichte an und Touristen können fast wie zu Hause essen, ohne ungewohnte Gewürze oder ungewohnte Zutaten. Warum lehnen Menschen unbekannte Kost ab? Sie kennen bestimmte Nahrungsmittel, Gewürze oder Zubereitungen nicht, sie vertragen sie nicht oder sie schmecken ihnen einfach nicht. In vielen Regionen der Erde gibt es besondere Nahrungsmittel, und die Menschen, die dort aufgewachsen sind, haben sich daran gewöhnt. Meist sind die Ernährungsgewohnheiten dort auch sinnvoll, z. B. ist das Essen von Salzigem mit gleichzeitigem Trinken von viel Wasser in heißen Ländern wichtig.

4

mehr zum Thema: „Fladenbrote auf der ganzen Welt“ ➤ S. 286–287

Teil 3

Das Experiment von Pawlow

Mmm – lecker! Wenn man das liest, läuft einem gerade das Wasser im Mund zusammen, bevor man überhaupt angefangen hat zu essen. Warum das? 1905 bemerkte der russische Forscher Iwan Petrowitsch Pawlow, dass Zwingerhunde schon Speichel produzierten, sobald sie die Schritte ihres Herrn hörten, der ihnen ihr Futter brachte. Pawlow überprüfte diese Beobachtung mit einem Experiment, indem er die Futtergabe (löst Speichelfluss aus) mit einem anderen vorhergehenden Geräusch, nämlich einem Glockenton, verband. Nach häufigem Wiederholen des Experimentes hatten die Hunde gelernt: Glockenton = Futter; das Wasser lief ihnen schon vor dem Essen im Maul zusammen. Die Hunde waren konditioniert*. Auch Haustiere sind so konditioniert. Wenn Frauchen oder Herrchen die knisternde Futtertüte öffnet oder die Lasche an der Dose aufzieht, dann sitzen Bello oder Minka schon bei Fuß, den Blick erwartungsvoll auf die Tüte oder die Dose gerichtet.

5

* konditioniert sein: etwas durch ein Signal gelernt haben und darauf reagieren

Werden Menschen auch konditioniert?

Ja, denn das Konditionieren ist eine Form des Lernens. Babys und Kleinkinder sind lernfähig, sie können alles an Geschmack lieben oder ablehnen lernen: Süßes, Scharfes, Saures, Salziges, Bitteres. Im Lauf der Jahre und der Erziehung kommt es zu einer Gewöhnung: Das chinesische Kind hat gelernt, den chinesischen Geschmack zu bevorzugen, das italienische Kind den italienischen und das Kind aus Russland den russischen Geschmack. Aber ändert sich das nie?

3. Schritt: Den Text genau lesen

5 Lies den Text noch einmal Absatz für Absatz.

Absätze gliedern den Text. Manchmal stehen auch Zwischenüberschriften über den Absätzen.

6 Schreibe die Zwischenüberschriften der Absätze auf.
Lass unter jeder Zwischenüberschrift drei Zeilen frei.

Manche Wörter sind zum Verstehen besonders wichtig. Sie sind Schlüsselwörter. Sie helfen dir, die wichtigsten Informationen eines Textes zu entnehmen. Häufig beantworten die Schlüsselwörter W-Fragen (Was? Wie? Warum? ...).

7 Schreibe zu jedem Absatz unter die Zwischenüberschrift Schlüsselwörter auf.

a. In Teil 1 sind sie bereits hervorgehoben.

b. Finde in den Teilen 2 und 3 selbst Schlüsselwörter.

Starthilfe

Nahrungsmittel und Essgewohnheiten – meine Schlüsselwörter
1. Absatz: Es wird gegessen, was auf den Tisch kommt
Extrawurst, warum essen ...

8 Beantworte die folgenden W-Fragen. Schreibe Stichworte auf.

a.
- Warum essen Menschen bestimmte Nahrungsmittel?
- Was verlockt zum Essen?
- Welche Rolle spielt die Werbung bei unseren Essgewohnheiten?

b. Wenn Menschen etwas nicht kennen, essen sie es oft nicht. Warum?

c.
- Was hat Pawlow entdeckt?
- Wie sah sein Versuch aus?
- Wie werden Menschen konditioniert?

d. Formuliere weitere W-Fragen und beantworte sie.

9 Bildet Dreiergruppen:

a. Sammelt eure Antworten zu den W-Fragen aus Aufgabe 8.

b. Schreibt diese in ganzen Sätzen unter die einzelnen Zwischenüberschriften der Absätze.

c. Lest eure Antworten nochmals genau.
Markiert in jedem Satz die wichtigsten ein bis zwei Wörter.

Manchmal ist ein unbekanntes Wort wichtig, um einen Absatz zu verstehen.

unbekannte Wörter verstehen:
Wörter wandern ➤ S. 38

  **10** **a.** Manchmal wird ein Wort erklärt. Seht am Rand nach.
b. Versucht, unbekannte Wörter aus dem Zusammenhang zu erklären.
c. Schlagt Wörter, die ihr nicht aus dem Zusammenhang erklären könnt, im Wörterbuch oder in einem Lexikon nach.

nachschlagen
➤ S. 200, 222–223

4. Schritt: Nach dem Lesen

11 Was hast du Neues erfahren? Ergänze deinen Cluster:
Schreibe die Ergänzungen mit einer anderen Farbe dazu.

Cluster: Nahrungsmittel und Essgewohnheiten
➤ S. 30

  **12** **a.** Arbeitet in Dreiergruppen: ⊙ ⊙ ⊙ ◍ ◍ ◍ ● ● ●
Informiert euch mit Hilfe eurer Cluster über den Sachtext.
b. Bildet neue Dreiergruppen: ⊙ ◍ ● ⊙ ◍ ● ⊙ ◍ ●
Erklärt euch gegenseitig eure Cluster.
Die Schülerinnen und Schüler mit ⊙ beginnen.

Du hast nun die Schritte des Textknackers angewendet. Hier sind sie noch einmal zusammengefasst:

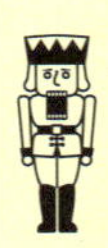

Arbeitstechnik

Einen Sachtext mit dem Textknacker lesen

1. Schritt: Vor dem Lesen
Du siehst dir den **Text als Ganzes** an.
- Was weißt du schon über das **Thema**?
- Was erzählen dir die **Bilder** und die **Überschrift**?
- Worum könnte es gehen?

2. Schritt: Das erste Lesen
Du **überfliegst** den Text **oder** du **liest** ihn **einmal** durch.
- Was fällt dir auf?
- Was kennst du schon?
- Worum geht es?

3. Schritt: Den Text genau lesen
Du achtest auf:
- die **Überschrift**
- die **Absätze**
- die **Schlüsselwörter**
- **unbekannte Wörter**

4. Schritt: Nach dem Lesen
Du **arbeitest mit dem Inhalt** des Textes.
- Welche **Informationen** sind für dich und deine Aufgabe wichtig?

Eine Grafik erschließen

Eine Ernährungspyramide verstehen

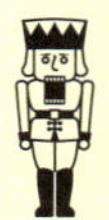

Wie isst man gesund? Ernährungspyramiden bieten Hilfe an.
Die folgende Ernährungspyramide stammt aus Deutschland.
Mit dem Textknacker könnt ihr sie verstehen.

1. Schritt: Vor dem Lesen

1 **a.** Seht euch die Ernährungspyramide als Ganzes an.
b. Sprecht darüber:
- Was fällt euch als Erstes auf?
- Wie heißt die Überschrift?
- Worüber könnte die Grafik informieren?

2. Schritt: Das erste Lesen

2 **a.** Seht euch die Ernährungspyramide genauer an.
b. – Was ist in den verschiedenen Feldern dargestellt?
– Überprüft eure Vermutung: Worüber informiert die Grafik?

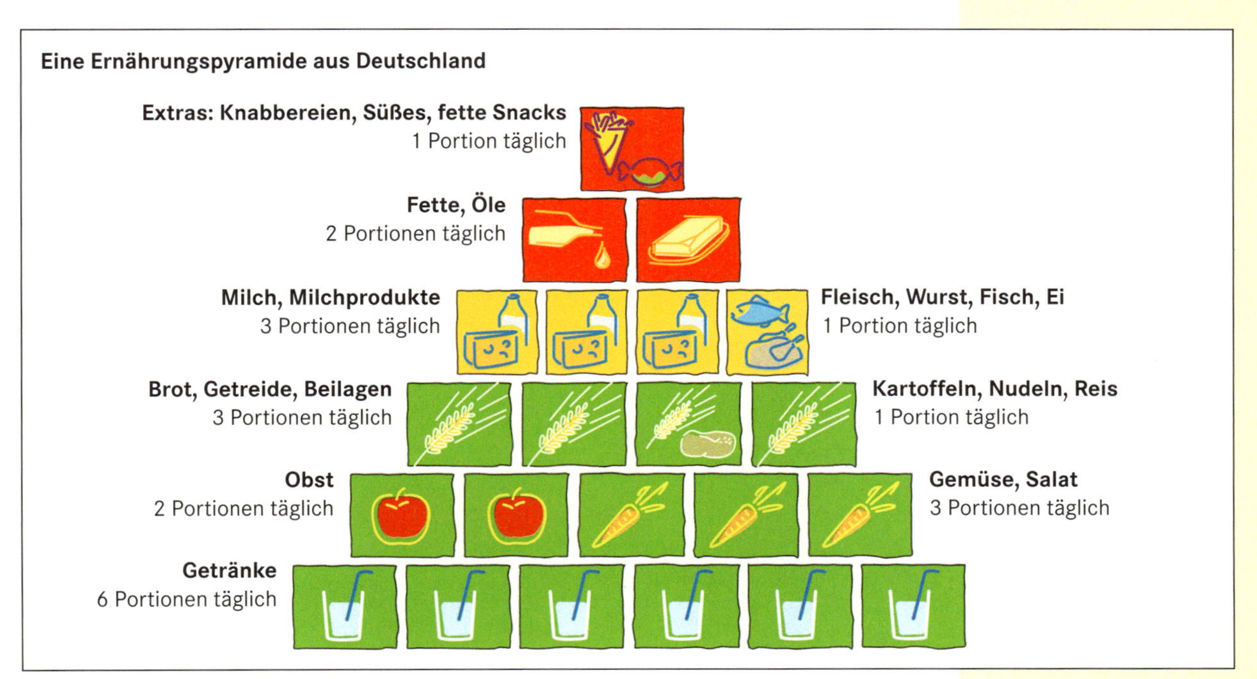

3. Schritt: Die Grafik genau lesen

3 Schreibt zu der Ernährungspyramide Stichworte auf. Beantwortet diese W-Fragen:
- Wovon soll man am meisten zu sich nehmen? Wovon am wenigsten?
- Wovon soll man etwas weniger und wovon soll man etwas mehr essen?

4. Schritt: Nach dem Lesen

4 Was wird in der Ernährungspyramide dargestellt?

a. Schreibe mit Hilfe deiner Stichworte aus Aufgabe 3 einen kurzen Text.

b. Überprüft eure Texte gegenseitig. Überarbeitet sie, wenn nötig.

Starthilfe

In der Ernährungspyramide wird dargestellt, wie sich Menschen gesund ernähren können. Im unteren, breiten Teil der Pyramide ...

5 Recherchiere, warum die Nahrungsmittel in der oberen Spitze der Pyramide in größeren Mengen ungesund sind.

Du hast nun die Schritte des Textknackers für Grafiken angewendet. Hier sind sie noch einmal zusammengefasst:

Arbeitstechnik

Eine Grafik mit dem Textknacker erschließen

Grafiken können zusätzliche Informationen zu Sachtexten enthalten.

1. Schritt: Vor dem Lesen

Du siehst dir die **Grafik als Ganzes** an.
- Was erzählt dir die **Überschrift**?
- Worum könnte es gehen?

2. Schritt: Das erste Lesen

Du **siehst** dir die Grafik **genauer** an.
- Was kennst du schon?
- Welche **Angaben** enthält die Grafik? Du findest sie unter oder neben der Grafik.
- Worüber informiert die Grafik?

3. Schritt: Die Grafik genau lesen

Du **untersuchst** die Grafik genau.
- **Schlage** unbekannte **Abkürzungen oder Wörter** im Wörterbuch **nach**.
- Welche Fragen kannst du mit Hilfe der Grafik beantworten? **Stelle Fragen** an die Grafik.

4. Schritt: Nach dem Lesen

Du **arbeitest mit dem Inhalt** der Grafik.
- **Beantworte** die **Fragen**, die du an die Grafik gestellt hast.

Ernährungspyramiden vergleichen

Die folgende Ernährungspyramide stammt aus Asien.

Textknacker für Grafiken
➤ S. 36

1 Erschließe auch diese Ernährungspyramide Schritt für Schritt mit dem Textknacker.

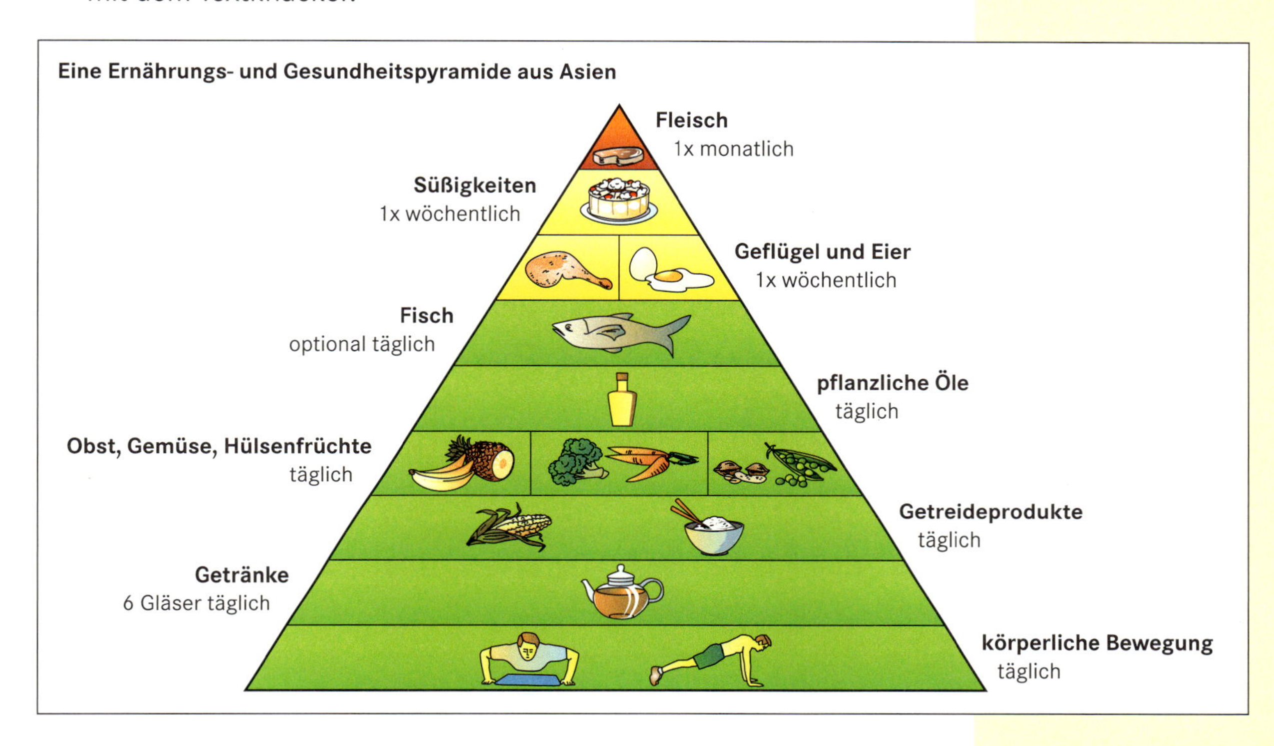

2 Welche W-Fragen beantwortet die Ernährungspyramide?
a. Schreibe Fragen auf.
b. Beantworte die Fragen in Stichworten.

3 Vergleiche die Ernährungspyramide aus Asien mit der Ernährungspyramide aus Deutschland. Was haben sie gemeinsam, worin unterscheiden sie sich? Schreibe Stichworte auf.

Ernährungspyramide aus Deutschland ➤ S. 35

4 Warum unterscheiden sich die Pyramiden?
a. Informiere dich im Internet, wie sich die europäische Lebensweise von der asiatischen Lebensweise unterscheidet.
b. Stelle dein Ergebnis der Lerngruppe vor.

im Internet recherchieren
➤ S. 201–203

Wörter wandern

Manche Wörter wandern von einem Land zum anderen, von einer Sprache in eine andere. Dabei verändern sie sich.

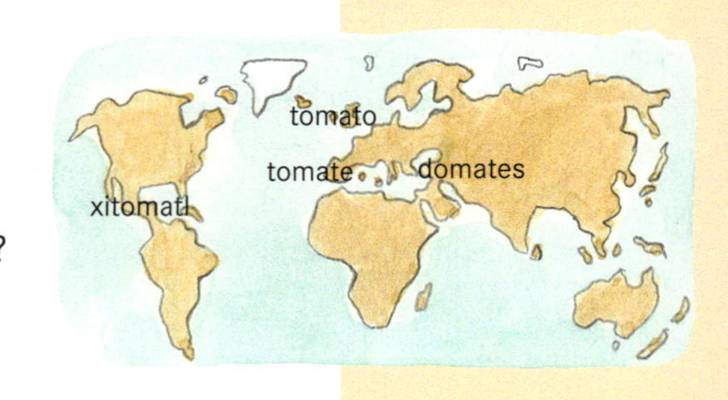

1 Erkennst du die Bedeutung der folgenden Wörter?
- **a.** Lies die Wörter laut.
- **b.** Schreibe die Wörter auf.
- **c.** Schreibe die deutsche Bedeutung dazu.

tomate (spanisch), domates (türkisch), tomato (englisch), xitomatl (nahuatl)*

2 **a.** Überlegt gemeinsam: Was haben die Wörter gemeinsam? Warum gehören sie zusammen?
b. Markiert, was in den Wörtern gleich ist.

Auch das Wort pápa (deutsch: Kartoffel) hat sich verändert.

3 **a.** Lest die Wörter in der Abbildung laut.
b. Welche Wörter sind einander ähnlich? Begründet.

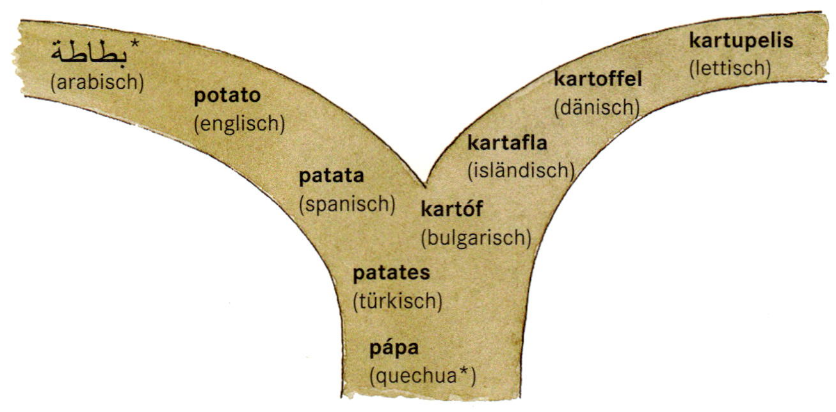

4 Aus welcher Sprache kommt das Wort **Kartoffel**?
- **a.** Lies den Artikel aus dem Lexikon.
- **b.** Beantworte dann die Frage schriftlich.

Die Kartoffel: Es gibt zwei Wege, wie die Kartoffel von Peru in Südamerika nach Europa kam: einen Weg über Irland, England und die Niederlande und einen über Portugal, Spanien, Frankreich und Italien.
Der Name **Kartoffel** kommt von italienisch **tartufolo**, denn das Aussehen der Kartoffel erinnert an Trüffel, italienisch **tartufolo**, mit denen sie am Anfang verglichen wurde.

* Nahuatl (gesprochen: Nawátl) ist die Sprache der Azteken, eines Volkes in Mexiko.

* بطاطة – gesprochen: batata

* Quechua (gesprochen: Ketschua) ist die Sprache der Inka, eines Volkes in Peru.

mehr zum Thema Kartoffel
➤ S. 257–259

Sprichwörter verstehen

Sprichwörter drücken in einem kurzen Satz eine Weisheit oder eine Lebensregel aus. In dem Sachtext „Nahrungsmittel und Essgewohnheiten“ findest du die folgenden Sprichwörter:

Sachtext ➤ S. 31–32

Es wird gegessen, was auf den Tisch kommt.
Das Wasser läuft einem im Mund zusammen.
Was man nicht kennt, das isst man nicht.

1 Schreibe die Sprichwörter ab.

2 a. Wählt zwei Sprichwörter aus.
b. Was bedeuten die Sprichwörter? Schreibt es auf.

3 a. Überlegt, was die einzelnen Sprichwörter bedeuten.
b. Schreibt die Bedeutung in eigenen Worten auf.

4 Denkt euch Situationen aus, in denen ihr die Sprichwörter anwenden könntet.

Auch in diesen englischen Sprichwörtern geht es ums Essen.

An apple a day keeps the doctor away.
Appetite comes with eating.

5 a. Findet gemeinsam heraus, was die Sprichwörter bedeuten. Ihr könnt ein Wörterbuch zu Hilfe nehmen.
b. Schreibt die Bedeutung in eigenen Worten auf.

Überall auf der Welt gibt es Sprichwörter rund ums Essen.

6 a. Kennt ihr Sprichwörter in anderen Sprachen? Schreibt sie auf.
b. Erklärt sie euch gegenseitig.
c. Welche der Sprichwörter gibt es fast wörtlich auch auf Deutsch? Schreibt sie dazu.

7 Stellt eure Sprichwörter der Klasse vor.

Einen Sachtext und eine Grafik erschließen

Textknacker ➤ S. 34

Hier kannst du überprüfen, ob du den Textknacker sicher anwenden kannst.

1 a. Sieh dir das Bild und die Überschrift an.
b. Worum geht es in dem Text? Schreibe einen Satz auf.

1. Schritt:
Vor dem Lesen

2 Lies den ganzen Text.

2. Schritt:
Das erste Lesen

Täglich eine Hand voll Nüsse

Erst nach dem Knacken der harten Schale gelangt man
an den leckeren Kern der Nuss.
Nüsse enthalten viel Fett. Bisher dachte man, dass Fett den Körper
krank macht und ungesund ist. Aber der Körper braucht auch Fett,
es ist der wichtigste Wärme- und Energiespeicher.
Das Fett in Nüssen besteht hauptsächlich aus gesunden Stoffen,
welche das Herz und den Kreislauf vor Erkrankungen schützen.

Nüsse sind kleine Kraftpakete. Sie enthalten jede Menge Vitamine und
Mineralstoffe*. Vitamine sind gesund und schützen vor Krankheiten.
Vitamin B stärkt die Nerven und Muskeln. Vitamin E sorgt für schöne Haut.
Die Mineralstoffe stärken Knochen und Zähne.
Nüsse enthalten auch Eiweiße*, die uns fit machen. Sie helfen
dem Körper beim Aufbau von Haaren, Knochen und Haut.
Außerdem enthalten Nüsse gesunde Fettsäuren.
Sogenannte Omega-3-Fettsäuren halten die Blutgefäße elastisch und beugen
deshalb Herz- und Kreislauferkrankungen vor.
Die Grafik zeigt den Anteil dieser Fettsäure bei verschiedenen Nusssorten.

mehr über Vitamine ➤ S. 287

* die Mineralstoffe: werden benötigt, damit Nerven und Muskeln richtig arbeiten können

* die Eiweiße: werden benötigt, damit der Körper wachsen und leben kann

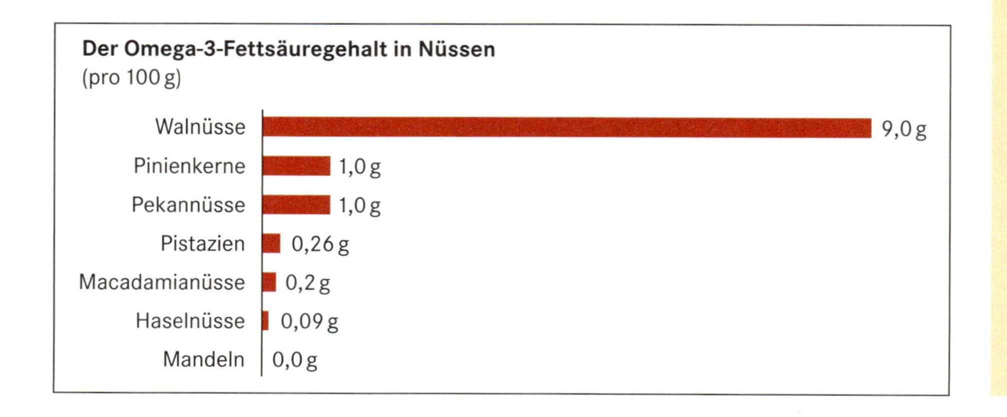

Nüsse sollten Teil der gesunden Ernährung sein. Aber man muss wissen, dass Nüsse viele Kalorien haben. Es reicht, täglich eine Hand voll Nüsse
20 zu essen. Sie schmecken am besten, wenn man sie erst kurz vor dem Essen knackt. Man kann Nüsse auch als Zutat für Müsli, Joghurt- oder Quarkspeisen verwenden.

Allerdings haben bestimmte Nusssorten wie z. B. Erdnuss, Haselnuss und Walnuss auch ein hohes Allergie-Risiko. Sie können unter Umständen
25 zu erheblichen Beschwerden führen. Wenn allergische Beschwerden nach dem Verzehr von Nüssen bekannt sind, dann sollten diese Nüsse gemieden werden.

3 a. Lies den Text noch einmal genau Absatz für Absatz.
b. Lege eine Folie über den Text und markiere die Schlüsselwörter. In den ersten drei Absätzen sind sie bereits hervorgehoben. Du kannst sie verwenden.
c. Schreibe die Schlüsselwörter auf.

3. Schritt: Den Text genau lesen

4 a. Formuliere für jeden Absatz eine Zwischenüberschrift.
b. Notiere unter jeder Zwischenüberschrift nur die wichtigsten Schlüsselwörter.

5 Welche zusätzlichen Informationen gibt die Grafik?
a. Lies die Grafik mit dem Textknacker.
b. Schreibe Stichworte zur Grafik auf.

Grafik: Der Omega-3-Fettsäuregehalt in Nüssen ➤ S. 40

6 Schreibe die wichtigsten Informationen des Textes und der Grafik in ganzen Sätzen auf. Die W-Fragen helfen dir dabei.
- Warum braucht der Körper Fett?
- Welche Inhaltsstoffe sind in Nüssen enthalten?
- Welcher Inhaltsstoff ist besonders gesund für Herz und Kreislauf?
- Welche Nusssorte hat einen besonders hohen Anteil von diesem Inhaltsstoff?
- Was solltest du bei dem Verzehr von Nüssen beachten?

4. Schritt: Nach dem Lesen

7 Fasse den Text und die Grafik in eigenen Worten zusammen.

8 a. Besprich deine Arbeitsergebnisse mit deiner Lehrkraft.
b. Schreibe auf:
  - Welche Schritte des Textknackers kannst du sicher anwenden?
  - Was solltest du noch üben?

Training ➤ S. 42–43
Weiterführendes ➤ S. 44–45
Textknacker zum Üben ➤ S. 194–195

Einen Sachtext und eine Grafik erschließen

In dem folgenden Sachtext findest du weitere Informationen zum Thema Rund ums Essen. Erschließe ihn mit dem Textknacker.

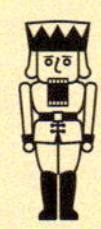

Textknacker ➤ S. 34

1 a. Was erzählen dir die Bilder? Wie heißt die Überschrift?
b. Worum könnte es in dem Text gehen? Schreibe es auf.

1. Schritt: Vor dem Lesen

2 a. Überfliege den Text.
b. Schreibe Stichworte zu diesen Fragen auf.
- Welche Wörter oder Wortgruppen fallen dir auf?
- Überprüfe deine Vermutung: Worum geht es in dem Text?

2. Schritt: Das erste Lesen

Frühstücken mit Köpfchen

1 Jeden Morgen dasselbe: aufstehen, waschen, anziehen und schnell irgendetwas frühstücken. Oder das Frühstück fällt weg, wenn du spät dran bist … – Ist ein Frühstück wirklich so wichtig? Ja, denn schließlich hat dein Körper die ganze Nacht keine Nahrung erhalten. Alles, 5 was du morgens isst, soll dir neue Energie geben. Die Energie kommt aus Nahrungsmitteln. Sie enthalten Kohlenhydrate, Eiweiße, Fett und Vitamine. Alle diese Stoffe haben wichtige Aufgaben für deinen Körper und liefern Energie.

2 „Gesunde" Kohlenhydrate findest du in Vollkornbrot oder Müsli. 10 Sie geben dir Energie für mehrere Stunden. Auch helle Brötchen und Marmelade enthalten Kohlenhydrate – aber nicht so gute. Sie geben nur für kurze Zeit Energie.

3 Ebenso wichtig für deine gesunde Ernährung sind Eiweiße. Da bietet dir das Frühstück eine leckere Auswahl: Eier, 15 Milch, Joghurt, Quark, Käse, magere Wurst oder ein paar Nüsse enthalten besonders viele Eiweiße. Diese braucht dein Körper zum Aufbau der Knochen und Muskeln. Für dich sind sie also besonders wichtig, da du noch im Wachstum bist.

20 **4** Auch Fett liefert Energie, sogar mehr als doppelt so viel wie Kohlenhydrate und Eiweiß. Streiche Butter oder Margarine auf dein Brot, aber nur in kleinen Mengen. Fett hilft deinem Körper bei seinen vielen Arbeiten, die er Tag für Tag erledigen muss.

5 Ohne eine tägliche Portion Vitamine fühlst du dich schnell müde.
25 Sie sind vor allem in Obst und Gemüse enthalten. In der Schale von Äpfeln und Birnen stecken übrigens die meisten Vitamine. Du solltest die Früchte also gründlich waschen, aber nicht schälen.

3 a. Lies den ganzen Text Absatz für Absatz.
b. Schreibe zu den Absätzen 1 bis 6 eine Zwischenüberschrift auf.
c. Schreibe dann die Schlüsselwörter dazu.

3. Schritt: Den Text genau lesen

4 Was hast du im Text erfahren? Beantworte diese Fragen:
- Warum brauche ich ein gesundes Frühstück?
- Wie sieht ein gesundes Frühstück aus?

4. Schritt: Nach dem Lesen

5 Der Text gibt dir Anweisungen (Instruktionen), wie du deinen Körper gut mit Eiweißen versorgen kannst. Welche Nahrungsmittel solltest du essen? Schreibe es auf.

Auch die Grafik kannst du mit dem Textknacker erschließen.

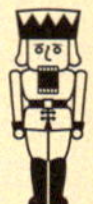

Textknacker für Grafiken
➤ S. 36

6 Wie heißt die Überschrift? Worum könnte es gehen?

1. Schritt: Vor dem Lesen

7 a. Welche Angaben stehen neben der Grafik?
b. Überprüfe deine Vermutung: Worüber informiert die Grafik?

2. Schritt: Das erste Lesen

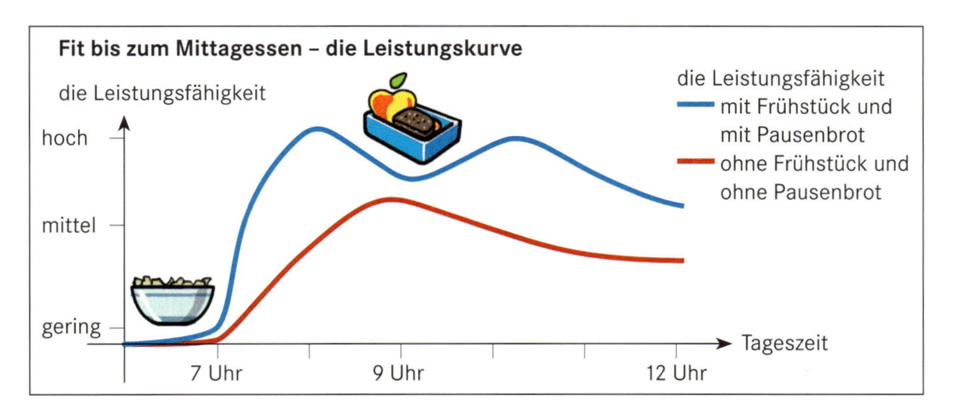

8 Beantworte die folgenden Fragen in Stichworten.
- Was zeigt die blaue Kurve? Was zeigt die rote Kurve?
- Wie ist die Leistungsfähigkeit ohne Frühstück?
- Wie verändert sich die Leistungsfähigkeit mit Pausenbrot?

3. Schritt: Die Grafik genau lesen

9 Bist du leistungsfähiger mit Frühstück oder ohne Frühstück? Beantworte die Frage in ganzen Sätzen.

4. Schritt: Nach dem Lesen

Einen Sachtext verstehen und Informationen präsentieren

In dem folgenden Sachtext findest du weitere Informationen zum Thema Rund ums Essen.

Textknacker ➤ S. 34

1 Lies den Sachtext mit dem Textknacker.

Kann Fast Food auch gesund sein? Marion Clausen

Wenn Juri Hunger verspürt, muss schnell eine Mahlzeit her. Solange er Taschengeld hat, leistet sich Juri am liebsten einen Döner mit viel Fleisch und Soße. Natürlich weiß er, dass Fast Food dick machen kann und ungesund ist. Aber ab und zu ein Döner – das soll schädlich sein?

5 Fast Food heißt so, weil es schnell serviert wird. Das Verzehren im Stehen oder sogar im Gehen ist ein weiteres Kennzeichen. Unter diesen Umständen wird das Gericht im Nu verschlungen, bevor man überhaupt ein Sättigungsgefühl verspüren kann. Die Speisen werden wenig gekaut, was die Verdauung erschwert. Es wäre viel gesünder, sich beim Essen
10 Zeit zu lassen und aufzuhören, wenn man satt ist.
In einem Schnellimbiss muss auch die Zubereitung schnell gehen. Darum werden dort in der Küche viele Fertigprodukte verarbeitet, die schon vorgekocht und fertig abgeschmeckt sind. Häufig werden dabei Zutaten wie zu viel Salz, Zucker oder Weißmehl verwendet. Auch werden
15 viele Gerichte in heißem Frittierfett aufgebacken. Dieses Fett kann gesundheitsschädlich sein und es macht die Speisen zusätzlich kalorienreich. Das ist ungesund.

Kinder und Jugendliche ernähren sich häufig falsch. Dies zeigt die Grafik, die nach einer umfangreichen Ernährungsstudie angefertigt wurde.

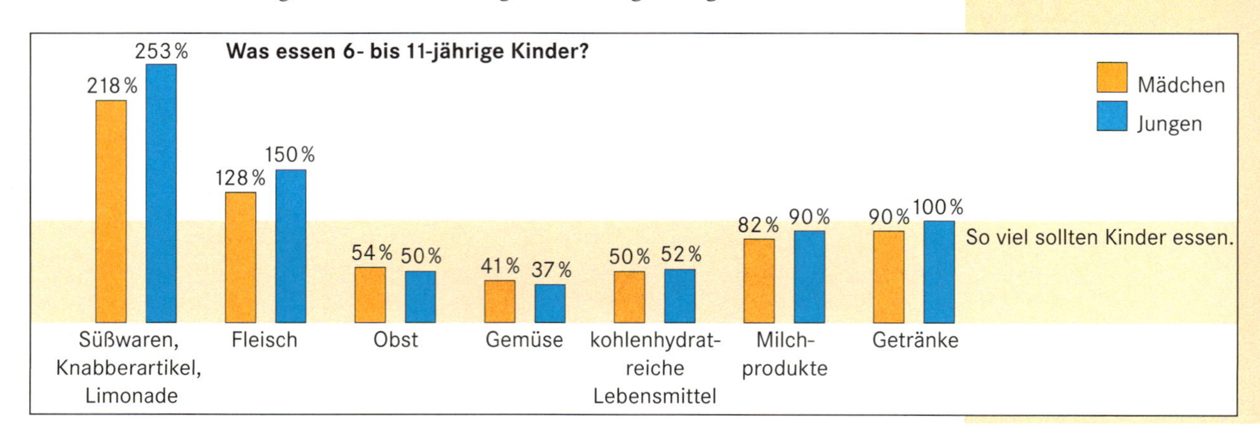

Juri weiß jetzt, worauf er bei seiner Ernährung achten muss.
Durch eine geschickte Auswahl kann er hin und wieder Fast Food essen und dabei trotzdem gesund bleiben. Viele Dönerbuden bieten mittlerweile Fleischsorten mit weniger Fett an, z. B. Hähnchen- oder Putenfleisch.
Wenn er dann noch um mehr Salat als Fleisch in seiner Brottasche bittet, wird Juris Döner zu einer gesunden Mahlzeit, die lange satt macht.
Auch der klassische Hamburger ist beliebt. Da er aus magerem Rindfleisch besteht, hat er nur 255 Kalorien und 9 Gramm Fett. Den Käse sollte man allerdings weglassen. Wenn man statt Pommes einen Salat dazu isst, hat man eine ausgewogene Mahlzeit. Hamburger mit Fisch oder Geflügelfleisch sind ebenfalls eine gute Alternative. Ein magerer Belag sollte auch bei Sandwiches eine Rolle spielen: Hühnerbrust, viele Tomaten- oder Gurkenscheiben und einige Salatblätter sorgen für wertvolle Inhaltsstoffe.
Manchmal müssen es aber die heißen Kartoffelstäbchen sein. Dann sollte man sich mit einer kleinen Portion begnügen und lieber dicke Fritten wählen, weil sie weniger Fett aufsaugen als die dünnen. Dazu wählt man am besten eine rote Soße. Sie enthält meist weniger Kalorien als eine weiße Soße mit fetter Mayonnaise.

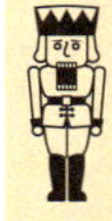

Textknacker für Grafiken ➤ S. 36

2 Erschließe die Grafik mit dem Textknacker.
- **a.** Was erfährst du in der Grafik? Schreibe Stichworte auf.
- **b.** Wovon essen 6- bis 11-jährige Kinder am meisten? Schreibe einen Satz dazu auf.

3
- **a.** Tauscht euch über den Text und die Grafik aus. Welche Informationen sind wichtig?
- **b.** Schreibt die wichtigsten Informationen auf.
- **c.** Welche Anweisungen (Instruktionen) kann Juri seinen Mitschülern geben, damit sie sich auch mit Fast Food gesund ernähren können? Schreibt drei Beispiele auf.

Starthilfe
Mehr Salat als Fleisch ...

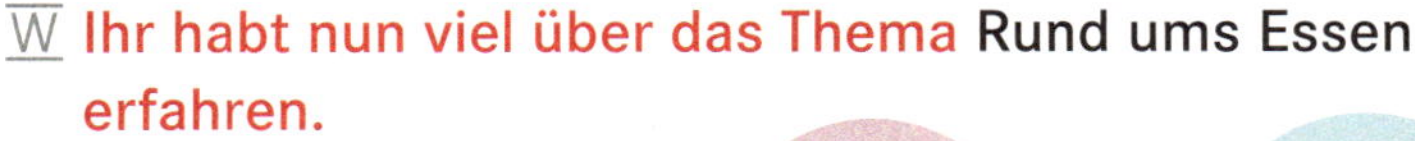

W **Ihr habt nun viel über das Thema Rund ums Essen erfahren.**

4
- **a.** Wählt ein Teilthema aus und gestaltet ein Plakat mit euren Arbeitsergebnissen.
- **b.** Präsentiert eure Plakate in der Lerngruppe.

Plakat ➤ S. 299

An der Schule arbeiten

- Sich informieren: Texte nutzen
- Andere informieren: Berufe-Steckbriefe schreiben

1 An der Schule arbeiten viele Menschen.
Welche Berufe entdeckt ihr auf den Bildern? Beschreibt die Berufe.

2 Welche Arbeitsmittel seht ihr? Was kann man damit machen?

3 Was wisst ihr noch über die dargestellten Berufe?

4 Gibt es an eurer Schule weitere Berufe? Schreibt sie auf.

5 Was möchtet ihr noch über die verschiedenen Berufe erfahren? Sammelt Fragen.

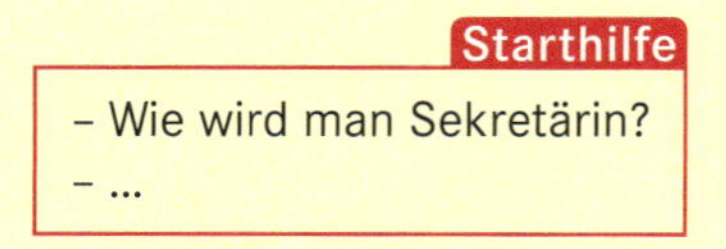
Starthilfe

- Wie wird man Sekretärin?
- …

6 Erstellt eine Tabelle mit Berufen an eurer Schule.

Starthilfe

der Beruf	Wo und wann arbeiten diese Menschen?	Was tun diese Menschen in ihren Berufen?
die Sekretärin	…	…

In diesem Kapitel lernt ihr Berufe an der Schule kennen. Ihr informiert euch über die Berufe und beschreibt sie in Steckbriefen.

Sich informieren: Berufe an der Schule kennen lernen

Die Sekretärin Frau Roth und der Hausmeister Herr Klein beantworten Fragen zu ihrem Beruf.

1 Lies die Fragen und die Antworten.

Welche Ausbildung haben Sie?

Ich habe einen Werkrealschulabschluss.

Bei der Arbeit brauche ich oft mein Telefon und einige Werkzeuge wie zum Beispiel eine Wasserwaage.

Ich habe einen Realschulabschluss.

Die meiste Zeit verbringe ich am Computer und am Telefon. Oft bearbeite ich Listen und Karteikarten mit Bleistift und Kugelschreiber.

Welche Arbeitsmittel verwenden Sie hauptsächlich?

Ich bin gelernter Metallbauer.

Welchen Schulabschluss haben Sie?

Ich habe eine Ausbildung zur Bürokauffrau gemacht. Heute heißt der Beruf Kauffrau für Büromanagement.

2 Welche Informationen geben Frau Roth und Herr Klein?

a. Übertrage die Tabelle in dein Heft.

b. Ordne die Fragen und Antworten richtig zu.

Starthilfe

Frage	die Sekretärin	der Hausmeister
Welchen Schulabschluss haben Sie?	Ich habe einen ...	Ich habe einen ...

Was hat eine Sekretärin und was hat ein Hausmeister den ganzen Tag zu tun? In den folgenden Texten erfährst du es genauer.

Textknacker ➤ S. 194–195

3 Lies den Text über die Schulsekretärin mit dem Textknacker.
a. Was erzählen dir das Bild und die Überschrift? Schreibe einen Satz auf.
b. Lies dann den ganzen Text. Achte auf die Schlüsselwörter.

Mein Arbeitstag als Schulsekretärin

Ich heiße Luise Roth. Schon seit 22 Jahren arbeite ich
an dieser Schule als Schulsekretärin.
Vor 25 Jahren habe ich eine Ausbildung zur Bürokauffrau
gemacht. Direkt danach kam ich an diese Schule.
5 Zum Glück, denn die Schülerinnen und Schüler
halten mich jung und es ist immer was los!
Das Schulsekretariat ist mein Arbeitsplatz.
Es liegt zwischen dem Büro des Schulleiters und
dem Lehrerzimmer. Im Sekretariat steht
10 ein großer Schreibtisch, an dem ich viel arbeite.
Meine Arbeit ist sehr abwechslungsreich: Ich verwalte
für jeden Schüler eine Karteikarte mit wichtigen Informationen,
diese gebe ich auch in das Schulverwaltungsprogramm meines Computers
ein. Ich ordne Akten und schreibe Briefe für den Schulleiter.
15 Zwischendurch nehme ich viele Telefonate an: Ich gebe Eltern Auskünfte
oder leite Anrufe an die Schulleitung weiter. Manchmal muss ich
verletzte Schüler versorgen. Oft reicht aber ein kleiner Trost.
Außerdem helfe ich den Lehrern bei der Organisation von Veranstaltungen,
zum Beispiel dem Sportfest. Dafür bereite ich Listen und Urkunden vor.
20 Mein Arbeitstag beginnt um 7:30 Uhr und endet um 15:00 Uhr.
An besonderen Tagen mache ich aber auch mal Überstunden.
Zu meinen wichtigsten Arbeitsmitteln gehören der Computer,
die Aktenordner, der Kugelschreiber und das Telefon – auch wenn ich das
an manchen Tagen am liebsten abschalten würde.

4 Welche Informationen über Frau Roths Beruf findest du im Text?
Beantworte die Fragen in Stichworten:
- Welche Tätigkeiten erledigt Frau Roth?
- Wie heißen ihre wichtigsten Arbeitsmittel?
- Wo arbeitet Frau Roth?

Arbeitsmittel und Tätigkeiten genau bezeichnen ➤ S. 54–55

Starthilfe
die Tätigkeiten: Karteikarten der Schüler verwalten ...
die Arbeitsmittel: der Computer ...

Tina und Nadja haben Hausmeister Klein bei seiner Arbeit begleitet und ihn dabei interviewt.

5 Lies das Interview mit dem Textknacker.

Textknacker ➤ S. 194–195

Vorgestellt: Hausmeister Klein Volker Thomas

Tina und Nadja: Hallo, Herr Klein, was machen Sie denn gerade?
Klein: Ich ziehe die Schrauben nach. An dem Fenster haben sich ein paar Befestigungsschrauben gelöst,
5 deshalb hat es geklemmt. Jetzt geht es wieder einwandfrei auf und zu.
Nadja: Wie sieht ein typischer Tag für Sie aus?
Klein: Nach dem Frühstück mache ich einen ersten Rundgang, gucke, ob alles in Ordnung ist und
10 so gegen 6:30 Uhr schließe ich dann die Schule auf.
Tina: Dann ist doch noch kein Mensch da.
Klein: Doch. Gestern zum Beispiel kam schon gleich um halb sieben ein Elektriker, weil die Steckdosen im Kunstraum erneuert werden mussten.
15 **Nadja:** Was machen Sie, wenn die Schüler alle eintreffen?
Klein: Dann müssen die Klassenräume aufgeschlossen sein. Ich passe auf, dass es auf den Treppen nicht so ein Gedränge gibt. Aber wenn der Gong ertönt, ist erst einmal Ruhe. Dann kümmere ich mich um meinen Verkaufsstand: belegte Brötchen, Milch, Kakao,
20 Mineralwasser für die große Pause.
Tina: Sie haben hier einen interessanten Werkzeugkasten dabei. Was machen Sie damit?
Klein: Hammer, Beißzange, Schraubendreher – die brauche ich fast jeden Tag. Gestern habe ich zum Beispiel im Physikraum
25 eine neue Schautafel aufgehängt. Für den Haken in der Wand benutze ich diesen Akkubohrer, um ein Loch zu bohren. Und damit die Tafel auch schön gerade hängt, brauche ich die Wasserwaage hier.
Nadja: Und diese Zange?
Klein: Das ist eine Rohrzange. Damit kann ich einen Wasserhahn
30 reparieren, wenn er tropft.
Nadja: Sie müssen ja alles können. Was haben Sie gelernt?
Klein: Nach meiner Lehre als Metallbauer habe ich in einem größeren Betrieb gearbeitet. Das war ein wenig eintönig. Dann kam das Angebot, als Hausmeister zu arbeiten –
35 und ich habe zugesagt.

Tina: Wir waren bei Ihrem Tagesablauf – wie geht es nach der großen Pause weiter?

Klein: An einer Schule gibt es immer etwas zu flicken und zu basteln. Da quietscht eine Tür, dort ist ein Stuhl kaputt.

40 **Tina:** Und nach der Mittagspause?

Klein: Nach meiner kurzen Mittagspause von 13:00 Uhr bis 13:30 Uhr habe ich noch lange keinen Feierabend. Nachher muss ich noch die Aula mit Tischen und Bänken herrichten, da findet morgen Abend eine Veranstaltung statt. Dabei helfen mir ein paar Schüler.
45 Nachmittags gegen 15:00 Uhr sammle ich den Müll auf dem Pausenhof ein: Papier, Dosen, Plastik. Was sich recyceln lässt, kommt in die gelbe Tonne. Heute muss ich noch kurz mit den Reinigungsfrauen deren Dienstplan durchsprechen. So gegen 17:00 Uhr schließe ich dann alles ab.

Nadja: Schluss für den Tag?

50 **Klein:** Nicht ganz. Ich bin auch für die Turnhalle zuständig. Gegen 17:30 Uhr kommen an vier Tagen die Sportvereine. Denen schließe ich die Halle und die Umkleidekabinen auf.
So gegen 20:30 Uhr ist der Trainingsbetrieb zu Ende.
55 Dann gehe ich nochmals kurz zur Turnhalle, mache alle Lichter aus und schließe alle Türen ab.
Jetzt kann ich meinen Feierabend endlich genießen.

Tina: Das ist ja ein langer Tag. Vielen Dank, Herr Klein, dass Sie sich Zeit für uns genommen haben.

6 Was erfährst du über Herrn Kleins Arbeitstag? Schreibe die wichtigsten Tätigkeiten in Stichworten auf. Notiere auch die Uhrzeiten dazu.

7 Herr Klein gibt Auskunft über Arbeitsmittel, die er zur Erledigung seiner Tätigkeiten braucht.
- **a.** Notiere die Arbeitsmittel. Schreibe jedes Arbeitsmittel in eine neue Zeile.
- **b.** Bei manchen Arbeitsmitteln erklärt Herr Klein, wofür er sie benötigt. Schreibe diese Tätigkeit zum Arbeitsmittel dazu.

Arbeitsmittel und Tätigkeiten genau bezeichnen
➤ S. 54–55

8 Wo arbeitet Herr Klein? Lege eine Liste mit den Arbeitsorten an.

9 Was möchtet ihr noch über den Beruf des Hausmeisters erfahren? Recherchiert weitere Informationen zum Beruf des Hausmeisters im Internet oder fragt an eurer Schule nach.

gezielt W-Fragen formulieren
➤ S. 55, Aufgabe 7

Andere informieren: Einen Berufe-Steckbrief schreiben

Die Redaktion der Schülerzeitung möchte in Steckbriefen über einige Berufe an der Schule informieren.

In einem Steckbrief beschreibst du die Berufe in Stichworten.

1 Die Überschriften solltest du in einem Steckbrief verwenden. Überlege dir eine sinnvolle Reihenfolge der Überschriften.

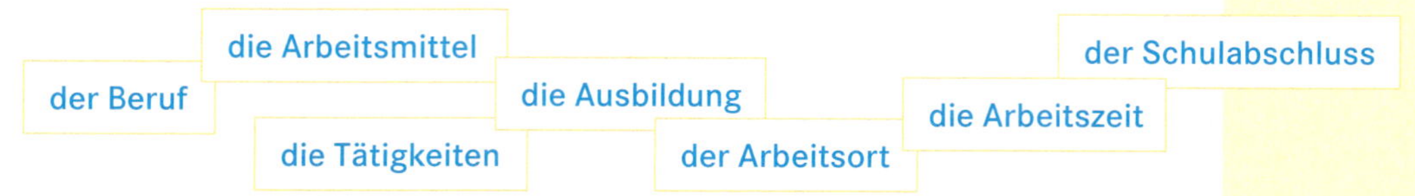

2 **a.** Sprich mit einer Partnerin oder einem Partner über deinen Vorschlag. Einigt euch auf eine sinnvolle Reihenfolge.
b. Stellt eure Anordnung des Steckbriefs einem weiteren Paar vor. Begründet dabei eure Reihenfolge.

Nun kannst du einen Steckbrief schreiben und überarbeiten.

3 Bearbeite die Aufgaben 4–7.
a. Schreibe einen Steckbrief über den Beruf der Sekretärin.
b. Schreibe einen Steckbrief über den Beruf des Hausmeisters.

1. Schritt: Überschriften sinnvoll anordnen und aufschreiben

4 Schreibe die Überschriften in der von dir gewählten Anordnung untereinander. Lass genügend Platz für die Informationen zu den Überschriften.

2. Schritt: Die wichtigsten Informationen notieren

5 Schreibe zu jeder Überschrift Informationen zum Beruf in Stichworten auf.
- Verwende dazu deine Arbeitsergebnisse.
- Notiere nur sachliche Angaben.

Starthilfe
der Beruf: Sekretärin
der Arbeitsort: ...
die Arbeitszeit: von ... bis ... Uhr
...

Sekretärin ➤ S. 48–49
Hausmeister ➤ S. 48, 50–51

3. Schritt: Material für den Steckbrief sammeln

6 a. Finde Bilder, auf denen Menschen in dem Beruf arbeiten.
b. Lege diese Bilder für deine weitere Arbeit bereit.
c. An welchen Stellen möchtest du Bilder platzieren? Kennzeichne die Stellen im Steckbrief.

Steckbrief: Frau Roth

- der Beruf:
Sekretärin
- die Tätigkeiten:
wichtige Telefongespräche mit Eltern führen, Anrufe an die Schulleitung weiterleiten, die Schülerkartei verwalten, für die Schulleitung Briefe schreiben und Akten ordnen, die Post annehmen und verteilen, wichtige Post in Ordnern abheften, kranken Schülerinnen und Schülern helfen, Lehrerinnen und Lehrern bei der Organisation von Veranstaltungen helfen
- die Arbeitsmittel:
Schreibmaschine, Computer, Aktenordner...
- Arbeitsort:

4. Schritt: Den Steckbrief überarbeiten

7 Überarbeite deinen Steckbrief zusammen mit einer Partnerin oder einem Partner.

8 Schreibe deinen Steckbrief ins Reine.
a. Denke daran, dass du sauber und gut leserlich schreibst.
b. Hebe die Überschriften hervor. Du kannst sie farblich kennzeichnen oder unterstreichen.
c. Klebe die Bilder auf.

Arbeitstechnik

Einen Berufe-Steckbrief schreiben und überarbeiten

1. Schritt: Überschriften sinnvoll anordnen und aufschreiben
- **Notiere** die wichtigsten **Überschriften** in einer **sinnvollen Reihenfolge**:
  - den Beruf
  - die Tätigkeiten
  - die Arbeitsmittel
  - den Arbeitsort
  - die Arbeitszeit
  - den Schulabschluss
  - die Ausbildung

2. Schritt: Die wichtigsten Informationen notieren
- **Ordne** deine gesammelten **Informationen** den Überschriften zu.
- **Schreibe** kurze und genaue **Stichworte** auf.
- Beschränke dich auf **sachliche Angaben**.

3. Schritt: Material für den Steckbrief sammeln
- Sammle zur Veranschaulichung geeignetes Material, z. B. Bilder, auf denen Menschen in dem Beruf arbeiten.

4. Schritt: Den Steckbrief überarbeiten
- **Überprüfe** die **Informationen**: Sind sie vollständig und verständlich?
- **Ergänze** fehlende Informationen.
- Hebe die **Überschriften** hervor.
- Füge geeignete **Bilder** ein.

9 Präsentiere deinen Steckbrief der Klasse.

Arbeitsmittel und Tätigkeiten genau bezeichnen

Auf dieser Seite übst du, die Namen verschiedener Arbeitsmittel sprachlich richtig zu verwenden.

1 **a.** Sieh dir das Bild genau an.
b. Welche Arbeitsmittel entdeckst du? Ordne die Arbeitsmittel vom Rand den passenden Nummern zu.
c. Schreibe die Namen der Arbeitsmittel mit ihrem Artikel auf.

Starthilfe
1 der Hefter, 2 ...

der Hefter
der Textmarker
die Karteikarte
der Korrekturroller
der Klebebandspender

2 Wie heißen die übrigen Arbeitsmittel?
Schreibt gemeinsam die Namen der Arbeitsmittel auf.
Tipp: Wenn ihr den Namen eines Arbeitsmittels nicht kennt, holt euch Hilfe bei eurer Lehrerin oder eurem Lehrer.

3 Du hast einige Arbeitsmittel des Hausmeisters kennen gelernt. Wie heißen die Nomen für die Arbeitsmittel im Singular und Plural richtig?
a. Übertrage die Tabelle in dein Heft und ergänze die Angaben.
b. Trage weitere Arbeitsmittel des Hausmeisters in die Tabelle ein.
Tipp: Überprüfe mit dem Wörterbuch.

mehr Übungen zu Nomen ➤ S. 247–248

Hausmeister ➤ S. 48, 50–51

Starthilfe

Singular	Plural
– der Schraubendreher – ... – ...	– ... – die Rohrzangen – ...

W **Was tut eine Sekretärin, was ein Hausmeister?**
Tätigkeiten musst du richtig beschreiben. Wähle Aufgabe 4 oder 5.

4 Schreibe Verben für die Tätigkeiten der Sekretärin oder des Hausmeisters im Infinitiv auf und ergänze die Personalform.

Starthilfe
verwalten – sie verwaltet, …

Verben ➤ S. 308

5 **a.** Wähle mehrere Arbeitsmittel der Sekretärin oder des Hausmeisters aus.
b. Schreibe zu jedem dieser Arbeitsmittel mindestens eine Tätigkeit auf, die damit erledigt werden kann.

Starthilfe
der Kugelschreiber → Briefe unterschreiben,
Listen ausfüllen, Notizen machen …

In einem Steckbrief schreibst du Stichworte auf.
Hier kannst du üben, aus Sätzen Stichworte zu machen.

6 **a.** Lies die Sätze.
b. Schreibe die Informationen in Stichworten auf.

Starthilfe
Frau Roth schreibt täglich mehrere Briefe an die Eltern. →
Elternbriefe schreiben

Stichworte aufschreiben ➤ S. 299

1 Frau Roth ordnet Zeugnisunterlagen und Schülerakten in verschiedene Aktenordner ein.
2 Frau Roth überträgt die Daten von Schülerinnen und Schülern von Karteikarten in das Schulverwaltungsprogramm.
3 Fast jeden Tag muss Herr Klein die Schrauben an Stühlen und Tischen mit einem Schraubendreher nachziehen.
4 Herr Klein misst für die nächste Schulmöbelbestellung die einzelnen Klassenzimmer mit einem Meterstab aus.

Wenn ihr euch umfassend informieren möchtet,
müsst ihr gezielt Fragen stellen.

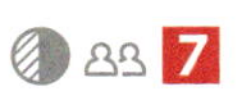 **7** **a.** Formuliert geeignete W-Fragen, damit ihr weitere Informationen zum Beruf Hausmeister bekommt.

Starthilfe
Was gefällt dem Hausmeister an seinem Beruf am besten?
Wo arbeitet ein Hausmeister außer an der Schule noch? …

weitere Informationen zum Hausmeister recherchieren ➤ S. 51, Aufgabe 9

b. Schreibt eure Fragen und Antworten auf ein Plakat.

Plakat ➤ S. 299

Einen Berufe-Steckbrief überarbeiten

Überprüfe, ob du einen Berufe-Steckbrief überarbeiten kannst.

1 Was weißt du schon über den Beruf der Sekretärin? Notiere Stichworte.
Tipp: Informiere dich im Internet oder frage an deiner Schule nach.

Informationen zum Beruf der Sekretärin ➤ S. 48–49

im Internet recherchieren ➤ S. 201–203

2 Lies den fehlerhaften Steckbrief über den Beruf der Sekretärin.

Achtung: Fehler!

Berufe-Steckbrief
- *arbeitet an einer Schule im Sekretariat*
- *besitzt eine Schreibmaschine und einen modernen Computer*
- *führt am Telefon wichtige Gespräche mit Eltern*
- *leitet Anrufe an die Schulleitung weiter*
- *nimmt die Post an und heftet wichtige Post in Ordnern ab*
- *geht gerne wandern*
- *Arbeitszeit: 7:30 Uhr bis 15:00 Uhr*
- *muss selbstständig arbeiten*
- *hilft kranken Schülerinnen und Schülern*
- *hat eine Berufsausbildung als Bürokauffrau*
- *hat einen mittleren Schulabschluss*
- *besitzt einen kleinen Hund*

3 Überprüfe den Steckbrief. Beantworte diese Fragen in Stichworten:
- Was fehlt in diesem Steckbrief?
- Welche Angaben sollten nicht enthalten sein?

Tipp: Vergleiche mit deinem Steckbrief zum Beruf der Sekretärin.

Steckbrief: Sekretärin ➤ S. 53, Aufgabe 8

4 Wie sollte ein Steckbrief zur Sekretärin aussehen?
a. Überarbeite deinen Steckbrief zur Sekretärin, wenn nötig.
b. Schreibe den Steckbrief mit Hilfe der Arbeitstechnik neu.

Arbeitstechnik: Einen Berufe-Steckbrief schreiben und überarbeiten ➤ S. 53

5 Vergleicht eure Steckbriefe in Partnerarbeit:
Besprecht:
- Habt ihr die gleichen Überschriften aufgenommen?
- Habt ihr dieselben Informationen berücksichtigt?

Training ➤ S. 57–59
Weiterführendes ➤ S. 60–63

Einen Steckbrief zum Beruf Bäcker schreiben

Maja und Tim möchten den Beruf des Bäckers in einem Steckbrief vorstellen. Sie besuchen den Bäcker, Herrn Klasing, der die Schule mit Brötchen und Brezeln beliefert.

1 Was wisst ihr schon über den Beruf des Bäckers? Notiert dazu einige Stichworte.

2 Lies den Text mit dem Textknacker.

Textknacker ➤ S. 194–195

Herr Klasing erzählt von den Tätigkeiten eines Bäckers.

Als Bäcker gehöre ich zu den Handwerkern. Ich backe täglich verschiedene Sorten Brot und Brötchen und kenne die Rezepte der Teige auswendig. Als Bäcker stelle ich aber nicht nur herzhafte Backwaren her, (5) also verschiedene Brotsorten, Brezeln und Brötchen, sondern auch süße Backwaren aus Blätter-, Mürbe- und Hefeteig. Bestimmt kennt ihr auch süße Stückle, den leckeren Hefekranz oder in der Weihnachtszeit die feinen Ausstecherle.
(10) Viele anstrengende Aufgaben, wie beispielsweise den Teig zu mischen, übernehmen heute immer mehr Maschinen. Das macht mir das Leben leichter. Alles andere ist immer noch Handarbeit. Ich muss die Menge der Zutaten (15) berechnen. Diese muss ich wiegen und dann mischen. Nun wird der Teig gerührt oder geknetet und danach in Backformen gefüllt. Diese kommen dann in den Backofen. Bei meiner Arbeit helfen mir meine Auszubildenden. Ich gebe ihnen Hinweise und achte darauf, dass alles frisch und richtig (20) hergestellt wird.

3 Was macht ein Bäcker?
Schreibe die Tätigkeiten in Stichworten auf.
Die Schlüsselwörter helfen dir.

Steckbrief Bäcker
- der Beruf
- die Tätigkeiten
- die Arbeitsmittel
- der Arbeitsort
- die Arbeitszeit
- der Schulabschluss
- die Ausbildung

Herr Klasing braucht für seine Tätigkeiten unterschiedliche Arbeitsmittel.

4 Welche Arbeitsmittel braucht Herr Klasing?
Sprecht über die Bilder:
- Welche Arbeitsmittel kennt ihr?
- Was kann man damit tun?

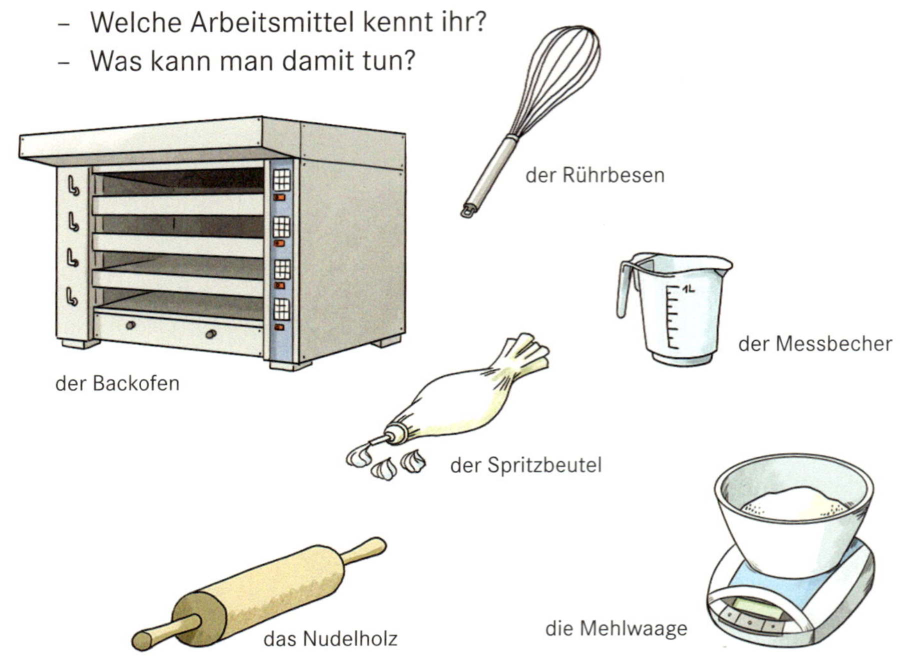

5 Was kann Herr Klasing mit welchem Arbeitsmittel tun?
a. Ordne den Tätigkeiten das passende Arbeitsmittel zu.
b. Schreibe die Sätze vollständig auf. Achte auf die richtige Schreibweise.

die Teigknetmaschine

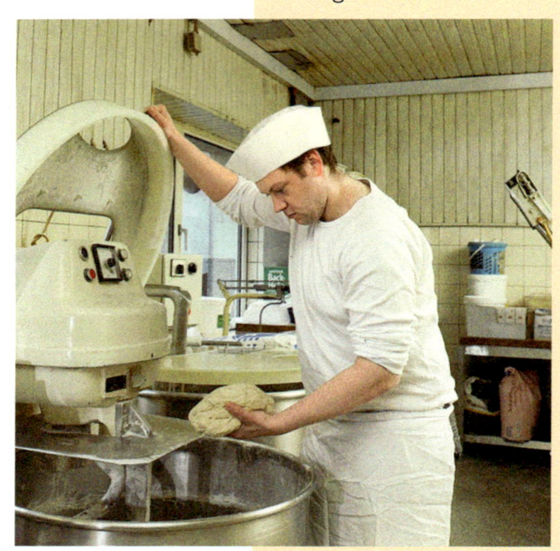

Für das Abwiegen der unterschiedlichen Mehlsorten
verwendet Herr Klasing ______.
______ benutzt Herr Klasing, um die verschiedenen
Zutaten abmessen zu können.
5 Danach lässt er mit ______ den Teig kneten.
Wenn Herr Klasing Zutaten verrühren möchte,
gebraucht er dazu ______.
Für das Ausrollen des Teigs verwendet er ______.
Herr Klasing stellt täglich unterschiedliche Backwaren her.
10 Für das Formen von Spritzgebäck benutzt Herr Klasing ______.
Damit er das Brot, die Brötchen, die Brezeln und das Kleingebäck
backen kann, muss er ______ vorheizen und die beladenen Bleche
hineinschieben.

Herr Klasing erzählt, dass er nicht nur in der Backstube arbeitet.

Einmal in der Woche fahre ich zum Großmarkt und kaufe dort Backzutaten ein. Jeden Dienstag verkaufe ich in meinem Geschäft Backwaren und Kaffee. Außerdem beliefere ich dienstags und donnerstags die Gemeinschaftsschule in unserer Stadt mit Brötchen und Brezeln.

6 Wo arbeitet Herr Klasing? Schreibe die Arbeitsorte auf.

Herr Klasing zeigt Maja und Tim seinen Arbeitsplan.

<table>
<tr><th colspan="7">Arbeitsplan</th></tr>
<tr><th>Mo</th><th>Di</th><th>Mi</th><th>Do</th><th>Fr</th><th>Sa</th><th>So</th></tr>
<tr><td rowspan="5">frei</td><td colspan="5">Beginn: 4:00 Uhr</td><td rowspan="5">frei</td></tr>
<tr><td>Schule:
7:00 Uhr –
7:30 Uhr</td><td></td><td>Schule:
7:00 Uhr –
7:30 Uhr</td><td></td><td></td></tr>
<tr><td colspan="5">Pause: 8:00 Uhr – 8:30 Uhr</td></tr>
<tr><td>Geschäft:
10:00 Uhr –
12:00 Uhr</td><td>Großmarkt:
9:00 Uhr –
11:00 Uhr</td><td></td><td></td><td></td></tr>
<tr><td colspan="3">Ende: 12:00 Uhr</td><td colspan="2">Ende: 13:00 Uhr</td></tr>
</table>

7 An welchen Tagen arbeitet Herr Klasing und wie lange?
Notiere seine Arbeitszeiten:
- Wann arbeitet er außerhalb der Backstube?
- Wann hat er Pausen?
- Wann hat er Feierabend?
- An welchen Tagen arbeitet er nicht?

Welchen Schulabschluss und welche Ausbildung braucht man für den Beruf des Bäckers? Herr Klasing gibt Auskunft.

Nach dem Hauptschulabschluss habe ich eine dreijährige Lehrzeit als Bäcker in einer großen Bäckerei abgelegt. Dort habe ich sehr viel gelernt und hatte auch viel Spaß.

8 Schreibe einen Berufe-Steckbrief über den Beruf des Bäckers. Verwende dazu deine Notizen.

9 Überarbeitet eure Steckbriefe.

Steckbrief Bäcker
- *der Beruf*
- *die Tätigkeiten*
- *die Arbeitsmittel*
- *der Arbeitsort*
- *die Arbeitszeit*
- *der Schulabschluss*
- *die Ausbildung*

einen Berufe-Steckbrief schreiben und überarbeiten
➤ S. 52–53

Einen Beruf im Interview erkunden

Lena und Deniz möchten in der Schülerzeitung
den Beruf des Lehrers vorstellen.
Deshalb interviewen sie ihren Lehrer, Herrn Mutschler.

1. Schritt: Ideen sammeln und eine Fragenliste erstellen

Lena und Deniz informieren sich zunächst im Internet
über den Beruf der Lehrerin / des Lehrers.

Textknacker ➤ S. 194–195

 **1** **a.** Lies die Informationen mit dem Textknacker.
b. Schreibe die wichtigsten Informationen in Stichworten auf.

Der Beruf der Lehrerin / des Lehrers

Lehrerinnen und Lehrer an allgemeinbildenden Schulen unterrichten
in unterschiedlichen Schularten wie an Gemeinschaftsschulen
und in verschiedenen Fächern wie Deutsch oder Mathematik.
Die wichtigsten Aufgaben sind das Erziehen und Unterrichten
5 von Schülerinnen und Schülern. Lehrerinnen und Lehrer vermitteln
den Kindern Kompetenzen und Wissen. Sie korrigieren Schülerarbeiten,
bereiten die Lernzeiten vor und beraten Schülerinnen und Schüler sowie
deren Eltern, wie ein Kind am besten an der Schule lernen kann.
Darüber hinaus vermitteln Lehrerinnen und Lehrer Werte. Das bedeutet,
10 dass die Kinder und Jugendlichen zum Beispiel lernen müssen, wie wichtig
Werte wie Höflichkeit und Respekt im Umgang mit anderen Menschen sind.
Lehrerinnen und Lehrer unterstützen aber auch bei persönlichen
Angelegenheiten, zum Beispiel bei Problemen oder Streitigkeiten.

Lena und Deniz sammeln Fragen, um das Interview vorzubereiten.

  **2** Lest die Fragen.

1 Was wissen wir schon über den Beruf des Lehrers?

2 Was möchten wir noch erfahren?

3 Was ist wohl interessant für unsere Lerngruppe?

4 Welche Aspekte interessieren uns am meisten?

3 Was möchtet ihr über den Beruf des Lehrers erfahren?

a. Beantwortet in Stichworten die Fragen 1–4 aus Aufgabe 2 für euch.

b. Notiert dann konkrete W-Fragen, damit ihr umfassende Informationen erhaltet.

Tipp: Nutzt eure Stichworte aus Aufgabe 1.

Starthilfe

Wo arbeitet ein Lehrer außer an der Schule noch?
Warum hat er sich für diesen Beruf entschieden?

4 Erstellt mit Hilfe eurer Arbeitsergebnisse eine Fragenliste.

Tipps:
- Bringt die Fragen in eine sinnvolle Reihenfolge.
- Mit welcher Frage wollt ihr beginnen?

2. Schritt: Das Interview planen

Lena und Deniz überlegen, was sie noch vorbereiten müssen.

Lena: Ich werde mit Herrn Mutschler einen Termin fürs Interview vereinbaren. Hast du alle Fragen notiert?
Deniz: Ja, habe ich gemacht.
Lena: Jetzt üben wir noch mal, wer welche Frage stellt.
5 **Deniz:** Ja, lies doch mal laut vor. Dann versprichst du dich nicht so leicht.
Lena: Was müssen wir noch vorbereiten?
Deniz: Wir können um ein Foto bitten, dann brauchen wir eine Kamera.
10 **Lena:** Außerdem sollten wir das Interview aufnehmen. Dann können wir gut zuhören und müssen nicht alles mitschreiben.
Deniz: Am besten ist es, wir schreiben einen Arbeitsplan.

5 Welche Aufgaben müssen erledigt werden?
Schreibe in Stichworten auf, was Lena und Deniz erledigen müssen und wer die Aufgabe übernimmt.

Starthilfe

Arbeitsplan: Interview mit Herrn Mutschler	
Was?	**Wer?**
– einen Interviewtermin vereinbaren – …	– Lena – …

3. Schritt: Das Interview durchführen

Lena und Deniz interviewen Herrn Mutschler.

6 Lies die Ausschnitte aus dem Interview.

7 Notiere in Stichworten, was du aus dem Interview noch über den Beruf des Lehrers erfährst.

Lena und Deniz: Guten Tag, Herr Mutschler, wir wollen Ihnen gerne einige Fragen zu Ihrem Beruf stellen.
Herr Mutschler: Hallo, Lena, hallo, Deniz! Gerne doch! Legt nur los mit euren Fragen.

Deniz: Welchen Schulabschluss braucht man, um Lehrer werden zu können?
Herr Mutschler: Man braucht das Abitur.

Lena: Muss man nach dem Abitur dann studieren?
Herr Mutschler: Ja. Ich habe z. B. an einer Pädagogischen Hochschule studiert und unterrichte hier an der Schule Deutsch und Sport. Meine Kollegin, Frau Zögler, die hier Englisch und Französisch unterrichtet, studierte dafür an einer Universität.

Deniz: Und ist man dann nach dem Studium mit der Ausbildung fertig?
Herr Mutschler: Nein. Man absolviert den Vorbereitungsdienst bzw. das Referendariat. Nun muss man noch einmal Prüfungen bestehen, ehe man als Lehrer arbeiten darf.

Lena: Muss ein Lehrer etwas Besonderes können?
Herr Mutschler: Ja, es ist wichtig, dass man sich auf andere Menschen einlassen kann. Ein Lehrer muss Freude am Umgang mit Kindern und Jugendlichen haben, sonst wird die Arbeit sehr anstrengend. Und man muss Verständnis für junge Menschen, für ihre Sorgen und Nöte haben. Das Wichtigste ist: Man muss fair sein.

Lena: Was macht Ihnen am meisten Freude an der Schule?
Herr Mutschler: Wenn Kinder sich über ihren Lernerfolg freuen. Und wenn wir zusammen lachen können. Das finde ich super!

Deniz: Vielen Dank, Herr Mutschler, dass Sie sich Zeit für unsere Fragen genommen haben.

4. Schritt: Das Interview präsentieren

W **Lena und Deniz möchten in der Schülerzeitung die Informationen von Herrn Mutschler als Berufe-Steckbrief präsentieren. Nun seid ihr dran. Bearbeitet Aufgabe 8 oder 9.**

8 **a.** Stellt den Beruf des Lehrers in einem Berufe-Steckbrief vor.
b. Überarbeitet euren Steckbrief.
c. Stellt euren Steckbrief im Klassenraum aus.
d. Welcher Steckbrief gefällt euch am besten? Begründet.

einen Berufe-Steckbrief schreiben und überarbeiten
➤ **S. 52–53**

9 **a.** Was möchtet ihr über den Lehrerberuf erfahren? Erarbeitet mit Hilfe eurer Arbeitsergebnisse ein Interview zum Lehrerberuf. Ihr könnt auch einen anderen Beruf vom Rand oder aus eurer Schule auswählen.
b. Führt das Interview durch.
c. Präsentiert die Informationen der Lerngruppe.

die Raumpflegerin, der Raumpfleger

die Schulleiterin, der Schulleiter

die Schul-sozialarbeiterin, der Schul-sozialarbeiter

Berufe an eurer Schule
➤ **S. 46–47, Aufgaben 4 bis 6**

Arbeitstechnik

Ein Interview planen und durchführen

1. Schritt: Ideen sammeln und eine Fragenliste erstellen
- **Informiert** euch über das Thema (z.B. im Internet, in Bibliotheken ...), damit ihr gezielt Fragen stellen könnt.
- Erstellt eine **Liste mit Fragen** für das Interview. Überlegt:
  - **Was** ist **interessant** für euch und eure Lerngruppe?
  - Welche **W-Fragen** möchtet ihr stellen?
  - Mit welcher Frage möchtet ihr beginnen? **Legt eine Reihenfolge** für die Fragen **fest**.

2. Schritt: Das Interview planen
- **Vereinbart** einen **Interviewtermin**.
- Überlegt, was ihr noch **organisieren** müsst (z.B. Kamera, Aufnahmegerät).
- Erstellt einen **Arbeitsplan** (Was? Wer? Bis wann?).
- **Übt** das Interview **mit verteilten Rollen**.

3. Schritt: Das Interview führen
- **Begrüßt** euren Interviewpartner höflich.
- **Stellt** euch kurz **vor**.
- **Stellt** nacheinander eure **Fragen**.
- **Hört** gut **zu**. **Fragt nach**, falls eine Antwort unverständlich ist.

4. Schritt: Die Informationen des Interviews präsentieren
- Entscheidet, wie ihr die Informationen aus dem Interview **präsentieren** wollt (z.B. als Steckbrief, Plakat oder Kurzvortrag).

Feste feiern

- Ein Kurzreferat vorbereiten, vortragen und Feedback geben
- Einladungsbriefe schreiben

Feste gibt es auf der ganzen Welt. Sie haben verschiedene Anlässe und finden zu verschiedenen Zeiten im Jahr statt.

1 Seht euch die Fotos auf Seite 64 an.
- Welche Feste könnten abgebildet sein?
- Was wisst ihr über die Feste?

2 Welche Feste kennt ihr?
a. Sammelt die Namen von Festen.
b. Ordnet sie in eine Tabelle ein.

Dieses Fest ...			
... feiere ich in der Familie.	**... feiere ich mit Freunden.**	**... feiere ich im Stadtteil.**	**... ist ein religiöses Fest.**
Silvester/ Neujahr ...	...	Straßenfest ...	...

3 Welches Fest feiert ihr besonders gern?
a. Erzählt davon. Die Leitfragen helfen euch.
b. Bringt ein Foto mit oder zeichnet ein Bild.

Leitfragen:
- Was für ein Fest ist es?
- Wann feiert ihr?
- Mit wem feiert ihr?
- Wie feiert ihr?
- Welche Bräuche gehören dazu?
- Was gefällt euch besonders gut an dem Fest?

Feste und Bräuche gliedern das Jahr, auch eures.

4 Gestaltet einen Festkalender für eure Klasse.
a. Besorgt euch einen Jahreskalender oder legt selbst einen an.
b. Tragt die Feste, die ihr feiert, in euren Kalender ein.

In diesem Kapitel informiert ihr euch gegenseitig über verschiedene Feste und schreibt Einladungen für euer eigenes Fest.

Ein Kurzreferat vorbereiten: Sich über Feste informieren

Der folgende Sachtext informiert über Feste auf der ganzen Welt.

Textknacker ➤ **S. 194–195**

1 Lies den Sachtext mit dem Textknacker.

Feste auf der ganzen Welt

Teil 1

Viele Menschen auf der ganzen Welt feiern gern Feste. Das kann ein Fest in der Familie sein, ein Fest in der Umgebung, ein religiöses Fest, ein …

Damit ein Fest wirklich schön verläuft, bereitet man es oft lange vor. Einladungen werden geschrieben oder telefonisch ausgesprochen, damit auch alle zum Mitfeiern kommen. Zur Vorbereitung gehört auch, dass man die Zutaten für Speisen und Getränke kauft und zubereitet. Der Ort, an dem gefeiert werden soll, wird vorbereitet und oft bunt geschmückt.

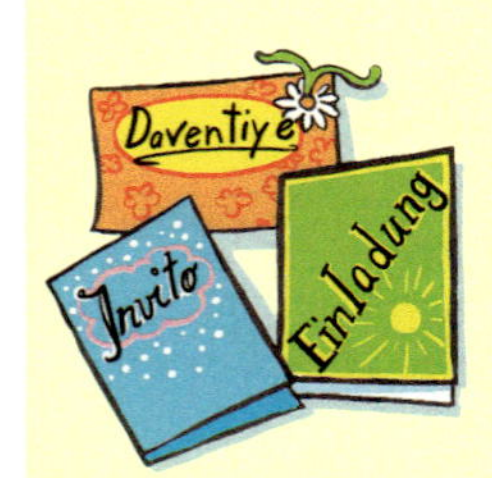

Wenn der Tag der Feier dann gekommen ist, ziehen sich die Menschen manchmal schön an. Oder aber sie verkleiden sich mit farbenprächtigen Kleidern wie beim Karneval oder in der Fastnacht, die man nicht nur in Deutschland, sondern z. B. auch in Ungarn, Italien, Spanien und Brasilien feiert. Die Menschen essen und trinken zusammen, sie tanzen, spielen und sind fröhlich.

Licht spielt bei Festen eine ganz besondere Rolle. An vielen Orten der Welt wird das neue Jahr etwa mit einem Feuerwerk begrüßt. Kerzen leuchten in der Advents- und Weihnachtszeit, Lampions erhellen ein Gartenfest. Das alles macht diesen Tag zu einem ganz besonderen Tag.

Teil 2

Halloween wird am 31. Oktober gefeiert. Es war in alter Zeit ein Erntefest und gleichzeitig ein Fest, um die Geister der Toten zu vertreiben. Heute ist das Fest – mit von innen beleuchteten ausgehöhlten Kürbissen – ein Spaß für die Kinder.

Besondere Feste für Kinder sind das türkische Kinderfest „Çocuk bayramı“ am 23. April, das japanische Kinderfest „Kodomo-no-Hi“ am 5. Mai und der deutsche Nikolaustag am 6. Dezember. Wer weiß schon, dass Nikolaus im 4. Jahrhundert nach Christi Geburt in der heutigen Türkei geboren wurde?

Teil 3

Menschen feiern schon seit vielen tausend Jahren miteinander, überall auf der Welt. Und so ist es kein Wunder, dass der Ursprung vieler Feste in sehr alter Zeit liegt.

Der Jahreswechsel ist ein Beispiel dafür. Er wird allerdings nicht überall auf der Welt in der Nacht vom 31. Dezember zum 1. Januar gefeiert. In China z. B. beginnt das Jahr gleichzeitig mit dem Frühlingsanfang an einem Tag im Februar.

mehr über
das chinesische Neujahrsfest
➤ S. 78

Auch andere Feste hängen von den Jahreszeiten ab, z. B. der Abschied vom Winter und der Beginn des Frühlings. Das iranische Nouruz-Fest am 21. März ist ein Frühlingsfest und gleichzeitig der erste Tag des neuen Jahres. Das Osterfest ist kein eigentliches Frühlingsfest, sondern das höchste religiöse Fest der Christenheit. Es wird am ersten Sonntag nach dem Frühlingsvollmond gefeiert.

Teil 4

Es gibt weitere Feste zu den Jahreszeiten, z. B. die Erntefeste, die überall auf der Erde gefeiert werden. Sie sind abhängig vom Zeitpunkt der Ernte. In Deutschland und vielen anderen Ländern wird im Herbst das christliche Erntedankfest gefeiert. Oftmals gibt es Festumzüge. Kirchen und Festwagen werden mit Früchten, Blumen und Getreide geschmückt. Eine andere Form dieses Erntedankfestes wird in den USA als „Thanksgiving“ gefeiert. Als Tradition gibt es dazu einen Truthahn als Festmahl. In vielen Teilen Indiens wird im Januar das hinduistische Makar „Sankranti“ gefeiert. Hier steht vor allem die Ernte von Zuckerrohr im Mittelpunkt. Die Menschen bereiten Süßigkeiten aus frischem Rohrzucker und Sesam zu und schenken sie sich gegenseitig. Ein weiteres Erntefest ist „Sukkot“, das im Herbst gefeiert wird. Bei diesem jüdischen Laubhüttenfest bauen die Menschen Hütten und schmücken sie anschließend mit Erntegaben. Religiöse Feiertage erinnern oft an ganz besondere Ereignisse, z. B. die Geburt von Jesus im Christentum oder die Geburt von Mohammed im Islam.

2 Beantworte die folgenden W-Fragen. Schreibe Stichworte auf.
- Welche Feste für Kinder werden im Text genannt?
- Welche Feste hängen von den Jahreszeiten ab?
- Welche Erntefeste gibt es?
- Woran erinnern oft religiöse Feste?

3 Bildet Dreiergruppen:
Informiert euch gegenseitig über eure Antworten aus Aufgabe 2.

Projektidee:
Ein Fest der Kulturen feiern
➤ S. 206–209, 302

Das Kurzreferat vorbereiten

In einem Kurzreferat kannst du anderen ein Fest vorstellen.
Das Kurzreferat kannst du in sechs Schritten vorbereiten.
Am Beispiel des türkischen Kinderfestes lernst du
die sechs Schritte kennen.

1. Schritt: Das Thema aussuchen

W **1** Wähle ein Fest aus, das du vorstellen möchtest.

2 **a.** Was weißt du schon alles über das Fest?
Sammle die Informationen in einer Mindmap.
b. Worüber möchtest du mehr wissen?
Notiere weitere Fragen und Ideen.

Arbeitstechnik

Ideensammlung: Mindmap

Eine Mindmap ist eine **„Gedankenlandkarte"**.
Mit einer Mindmap kannst du **Ideen sammeln** und deine **Gedanken ordnen**.
- Schreibe das **Thema in die Mitte** eines leeren Blattes.
- **Rahme** das Thema **ein**.
- Zeichne **Linien** von der Mitte, also vom Thema aus.
- Schreibe wichtige **Stichworte** oder **Fragen** zum Thema auf die Linien.
- Zeichne **Abzweigungen** von den Linien.
- Schreibe **Unterpunkte** auf die Abzweigungen.

2. Schritt: Informationen beschaffen

3 **a.** Suche und frage in einer Bibliothek nach passenden Büchern.
b. Informiere dich im Internet über dein gewähltes Fest.
Nutze Suchmaschinen, z. B.: **www.blinde-kuh.de**.
c. Wähle ein bis zwei Texte aus, die vermutlich am besten
über dein Fest informieren.

im Internet recherchieren
➤ S. 201–203

3. Schritt: Informationen aus Texten entnehmen

Der Textknacker hilft dir, deine recherchierten Texte zu verstehen. An dem folgenden Text kannst du ihn noch einmal üben.

4 Sieh dir die Abbildung an und lies die Überschrift. Worum geht es vermutlich in dem Text?

1. Schritt: Vor dem Lesen

5 Lies den ganzen Text.

2. Schritt: Das erste Lesen

23. April: „Çocuk bayramı", das türkische Kinderfest

Dieses Fest der Kinder wird zu Ehren des ersten Präsidenten der Türkei, Mustafa Kemal, genannt Atatürk* (1881–1938), gefeiert. Am 23. April 1920 gründete er das erste türkische Parlament* in Ankara. Sieben Jahre später wurde beschlossen, diesen Feiertag den Kindern zu schenken und
5 jedes Jahr zu feiern.

Die Kinder stehen natürlich im Mittelpunkt. Sie dürfen an diesem Tag oft in den Schulen die Lehrer spielen oder im Parlament auf den Sesseln der Abgeordneten sitzen. Auf jeden Fall wird dieses Fest mit Liedern, Tänzen, Theaterstücken, Umzügen und leckerem Essen so richtig gefeiert.

10 Seit 1979 trägt das Fest den Namen „Internationales Kinderfest". In vielen Städten veranstalten Vereine und Organisationen im April gemeinsame Feste für Kinder aus allen Ländern. Wenn man zusammen lacht und spielt, lernt man sich am besten kennen und verstehen. Und wann gibt es eine bessere Gelegenheit dazu als bei einem Kinderfest?

* Atatürk = Vater der Türken

* das Parlament: die gewählte Volksvertretung, das Abgeordnetenhaus

Denkmal in Istanbul

6 **a.** Lies den Text noch einmal genau, Absatz für Absatz.
b. Schreibe zu jedem Absatz Schlüsselwörter auf. Die W-Fragen (Was? Wer? Wo? Wann? Wie? Warum?) helfen dir.

3. Schritt: Den Text genau lesen

Starthilfe

Çocuk bayramı – das türkische Kinderfest
1. Absatz:
- zu Ehren des ersten Präsidenten der Türkei, Mustafa Kemal, genannt Atatürk
- ...
2. Absatz: ...

7 Schlage unbekannte Wörter nach.

nachschlagen
➤ S. 200, 222–223

8 Was hast du über das türkische Kinderfest erfahren? Informiere darüber deine Partnerin oder deinen Partner mit Hilfe deiner Schlüsselwörter.

4. Schritt: Nach dem Lesen

9 a. Lies nun deine recherchierten Texte mit dem Textknacker.
b. Was hast du Neues erfahren? Ergänze deine Mindmap.

➤ S. 68, Aufgabe 3c

Textknacker ➤ S. 194–195

Mindmap:
Das türkische Kinderfest
➤ S. 68

Für das Kurzreferat legst du am besten Karteikarten an.

10 Wähle die wichtigsten Informationen aus deinen Texten aus.
a. Schreibe jede Frage aus der Mindmap auf eine Karteikarte.
b. Beantworte die Fragen auf den Karteikarten in Stichworten. Schreibe nur die wichtigsten Informationen auf.

Wie entstanden?
– 23. April 1920:
erstes türkisches
Parlament

Arbeitstechnik

Stichworte aufschreiben

Stichworte unterstützen dein Gedächtnis, z. B. bei einem **Kurzreferat**.
Sie sind beim Sprechen dein **„Geländer"**.
- Formuliere Stichworte **kurz und knapp**:
  Was ist **das Wichtigste**? Was sind **Schlüsselwörter**?
- Schreibe **nur einzelne Wörter**, höchstens **Wortgruppen** auf.
  Dabei helfen dir auch die W-Fragen: **Wo?**, **Was?**, **Wie?**
- Schreibe **übersichtlich** und in gut lesbarer Schrift.
  So kannst du dich beim Sprechen leichter orientieren.

Training:
Stichworte aufschreiben
➤ S. 78–79

11 Was möchtest du noch über das Fest erzählen?
Ergänze deine Karteikarten mit weiteren Fragen und Stichworten.

12 Überprüfe deine Notizen.
- Wo solltest du überflüssige Informationen streichen?
- Wo willst du etwas ergänzen oder genauer erklären?

4. Schritt: Das Kurzreferat gliedern und die Notizen ordnen

– in vielen Städten
– gemeinsame Feste für Kinder

– Lieder, Tänze, Theaterstücke

– 23. April 1920:
erstes türkisches Parlament

Damit die Zuhörer deinem Kurzreferat gut folgen können, musst du die Inhalte in Abschnitte unterteilen und sinnvoll ordnen.

13 Überlege, wie du dein Kurzreferat gliedern willst.
a. Ordne die Informationen in einer passenden Reihenfolge.
Tipp: Lege die Karteikarten auf einen Tisch. So kannst du sie verschieben und unterschiedliche Reihenfolgen ausprobieren.
b. Nummeriere die Karteikarten mit einem Bleistift.

5. Schritt: Überschrift, Einleitung und Schluss formulieren

Nun brauchst du für dein Kurzreferat noch eine Überschrift, eine interessante Einleitung und einen passenden Schluss.

14 Formuliere eine Überschrift, die neugierig macht.

15 Sage in deiner Einleitung, worüber du in deinem Kurzreferat informieren möchtest. Schreibe ein bis zwei Sätze auf.

16 Was gefällt dir besonders gut an dem Fest?
Notiere Stichworte für ein bis zwei Schlusssätze.

6. Schritt: Den Vortrag vorbereiten und üben

17 Überprüfe deine Notizen für das Kurzreferat.
a. Sind die Notizen übersichtlich? Markiere wichtige Stichworte.
b. Ist die Reihenfolge deiner Karteikarten sinnvoll?

18 **a.** Überlege, wie du dein Kurzreferat anschaulich vortragen kannst.
- Willst du das Thema und die wichtigsten Stichworte an die Tafel oder auf ein Plakat schreiben?
- Willst du passende Fotos oder andere Materialien zeigen?

b. Notiere auf deinen Karteikarten die passenden Stellen für das Material.

Weiterführendes:
Ein Plakat gestalten ➤ **S. 80**

19 Übt, eure Kurzreferate möglichst frei vorzutragen.
a. Einer hält sein Kurzreferat. Der andere hört aufmerksam zu.
b. Was war gut? Was kann verbessert werden?
Gebt euch gegenseitig Tipps.

ein Kurzreferat vorbereiten und vortragen ➤ **S. 204–205**

Du hast nun dein Kurzreferat in sechs Schritten vorbereitet. Hier sind die Schritte noch einmal zusammengefasst:

Arbeitstechnik

Ein Kurzreferat vorbereiten

1. **Schritt:** Das Thema aussuchen
2. **Schritt:** Informationen beschaffen
3. **Schritt:** Informationen aus Texten entnehmen
4. **Schritt:** Das Kurzreferat gliedern und die Notizen ordnen
5. **Schritt:** Überschrift, Einleitung und Schluss formulieren
6. **Schritt:** Den Vortrag vorbereiten und üben

Einen Einladungsbrief schreiben

Meltem möchte zu einem Sommerfest einladen und hat eine Einladung geschrieben.

1 **a.** Lies die Einladung von Meltem.
b. Welche wichtigen Informationen enthält die Einladung? Die Fragen am Rand helfen dir.

Wozu?
Wer?
Wann (Datum, Uhrzeit)?
Wo?
Was mitbringen?

Lieber Nils,
ich lade dich herzlich zu meinem Sommerfest am 21. Juni ein. Es beginnt um 14 Uhr in der Blumenstraße 3. Bring bitte ein lustiges Spiel mit.
Liebe Grüße
Meltem

Ihr möchtet nun selbst ein Klassenfest feiern. Dazu möchtet ihr auch die Eltern einladen.

ein Projekt planen, durchführen und auswerten
➤ S. 206–209

Stuttgart, 04. 04. 2016 / Freiburg, 4. April 2016 / Ulm, April 2016

Einladung • invitation • invito • invitación • davetiye

Liebe Eltern, / Hi! / Hallo!

Wir / wir feiern bald / am 12. 05. 2016 / im Frühling / ein Sommerfest / ein Frühlingsfest / einen Geburtstag / in der Turnhalle / auf dem Schulhof / im Gruppenraum der 5 a in der Marienschule / Anne-Frank-Schule.

Wir / laden / Sie / die Eltern herzlich ein.

Stiftet / Stiften Sie / Spendet / Spenden Sie bitte Kuchen / Kartoffelsalat / Nudelsalat, der fehlt uns noch.

Kommt! / Kommen Sie! / Kommt ihr? / Kommen Sie? Wir freuen uns auf Sie!

Herzliche Grüße / Viele Grüße / Mit freundlichen Grüßen

alle / Die Klasse 5 a / die Klasse 5 a

2 Du hast verschiedene Möglichkeiten, die Einladung zu schreiben. Schreibe den Einladungsbrief vollständig auf.
Tipp: Schreibe den Einladungsbrief mit dem Computer.

3 Zu welchem Fest möchtest du einladen?

a. Wähle eines der Feste vom Rand aus.

b. Kennst du noch weitere Feste?
Wähle eines aus und schreibe es auf.

4 Schreibe eine Einladungskarte oder einen Einladungsbrief.

a. Überlege zunächst, was du auf die Einladung schreiben willst.
Notiere Stichworte.

b. Schreibe einen Entwurf.

5 Überprüfe deinen Entwurf mit Hilfe der folgenden Checkfragen.

Checkfragen: Eine Einladung schreiben
- *Steht das Datum dabei?*
- *Wer wird eingeladen?*
- *Wozu wird eingeladen?*
- *Wann soll das Fest stattfinden?*
- *Wo soll das Fest stattfinden?*
- *Was sollen die Gäste mitbringen?*
- *Jst der Gruß enthalten?*

6 Überprüfe auch die Rechtschreibung:
- Nach der Anrede kannst du ein Komma setzen,
schreibe dann klein weiter.
Setzt du ein Ausrufezeichen, schreibe groß weiter.
- Schreibe das Anredepronomen **Sie** immer groß.
Die Anredepronomen **du** und **ihr** kannst du entweder
groß- oder kleinschreiben.

7 Gestalte deine Einladung ansprechend.
- Entscheide dich für ein Papierformat:
DIN A4 (= so groß wie ein Ordner),
DIN A5 (= so groß wie ein kleines Schulheft)
oder Kartenformat.
- Das Wort **Einladung** ist sehr wichtig. Wo soll es stehen?
- Ziehe dünne Linien mit Lineal und Bleistift,
damit deine Sätze gut verteilt auf dem Blatt stehen.
- Eine Einladung soll etwas Schönes sein.
Schmücke sie deshalb.

(die) Geburtstagsfeier

(das) Schulfest

(das) Jahrgangs-begrüßungsfest

(die) Adventsfeier

(das) Frühlingsfest

Anrede und Grußformel passend verwenden ➤ S. 75

Anredepronomen verwenden ➤ S. 74

Anredepronomen verwenden

Die Klasse 5 a bereitet ein Fest vor. Die Klassenlehrerin Frau Müller informiert die Eltern darüber in einem Brief.

Liebe Eltern,

am nächsten Freitag trifft sich die Klasse 5 a von 14 bis 17 Uhr in der Schule, um ihr Sommerfest vorzubereiten. Bitte sorgen Sie dafür, dass Ihr Kind die gesamte Zeit dabei sein kann, und geben Sie ihm bitte wetterfeste Kleidung mit. Ich danke Ihnen sehr für Ihre Unterstützung.

Mit besten Grüßen
Petra Müller

1 **a.** Schreibe den Brief ab.
b. Markiere alle Anredepronomen (Anredefürwörter).

Die Klasse möchte die Lehrkräfte zu ihrem Fest einladen.

Liebe Lehrerinnen und liebe Lehrer,

am nächsten Freitag feiern wir unser Sommerfest. Wir möchten ______ herzlich dazu einladen und würden uns sehr über ______ Kommen freuen.

Wir treffen uns um 16 Uhr im Gruppenraum der 5 a. Es gibt Musik und Kuchen.

Bitte teilen ______ uns mit, ob wir mit ______ Kommen rechnen können. Wir bedanken uns im Voraus für ______ Antwort.

Herzliche Grüße
die Klasse 5 a

Ihr
Ihre
Ihrem
Sie
Sie

2 Schreibe den Brief ab. Ergänze dabei passende Anredepronomen.

3 Herr Schmitt schreibt der Klasse, dass er gern kommen wird.
a. Schreibe den Brief an die Klasse.
b. Markiere in deinem Brief alle Anredepronomen.

Starthilfe

Liebe Klasse 5 a,
vielen Dank für eure Einladung. Ich habe mich sehr darüber gefreut. …

Merkwissen

Schreibe das Anredepronomen **Sie** (**Ihr**, **Ihre**, **Ihnen**) immer groß.
Die Anredepronomen **du** (**dir**, **dich**) und **ihr** (**euch**) kannst du entweder groß- oder kleinschreiben.

Anrede und Grußformel passend verwenden

In Briefen kannst du unterschiedliche Anreden verwenden.

Liebe Svetlana, ich möchte dich ganz herzlich zu meinem Fest einladen.

Sehr geehrter Herr Kraut! Wir möchten Sie und Ihre Familie ...

Liebe Freunde, ich habe bald Geburtstag und möchte euch zu meiner Fete einladen.

Hallo zusammen, wie geht's euch denn? Ich will nächste Woche richtig feiern.

1 **a.** Sprecht über die folgenden Fragen:
- Wodurch unterscheiden sich die Anreden?
- In welchen Situationen werden welche Anreden verwendet?

b. Zu eurem Sommerfest möchtet ihr auch die Schulleitung, den Hausmeister sowie die Klassensprecher der Unterstufe einladen. Schreibt passende Anreden auf.

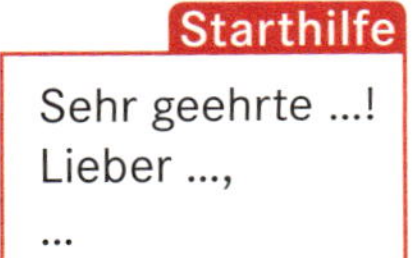

Einen Brief kannst du mit verschiedenen Grußformeln beenden.

Viele Grüße

Liebe Grüße

Tschüss
dein Stefan

Mit freundlichen Grüßen

2 In welchen Situationen können die Grußformeln verwendet werden? Sprecht darüber.

3 Ordnet die Grußformeln aus Aufgabe 2 den folgenden Anreden zu.

Lieber Daniel!

Sehr geehrte Frau Flussberger,

Hi Mia!

Sehr geehrte Damen und Herren,

Merkwissen

Nach der **Anrede** kannst du ein **Komma** setzen, **schreibe** dann **klein** weiter.
Setzt du ein **Ausrufezeichen**, **schreibe groß** weiter.
Nach der **Grußformel** folgt die **Unterschrift** – ohne Komma.

Ein Kurzreferat vortragen

ein Kurzreferat vorbereiten
➤ S. 68-71

In diesem Kapitel hast du ein Kurzreferat vorbereitet. Nun kannst du deine Klasse über ein Fest informieren.

1 Bereite dein Kurzreferat vor.
a. Ordne deine Karteikarten.
b. Lege auch weitere Materialien bereit.

2 Trage dein Kurzreferat der Klasse vor.

Die Zuhörenden machen sich Notizen zum Vortrag selbst und beobachten die Vortragenden. Teilt dazu zwei Gruppen ein:
Gruppe 1: gut zuhören
Gruppe 2: gut beobachten

3 **Gruppe 1** hört gut zu: **Was** wird gesagt?
- Zu welchem Fest wird etwas gesagt?
- Was wird zu dem Fest gesagt?
- Ist die Sprache verständlich?
- Sind die Informationen sinnvoll gegliedert?

Schreibt zu jeder Frage Stichworte auf.

4 **Gruppe 2** beobachtet den Vortragenden:
Wie wird der Vortrag gehalten?
Verwendet die folgende Checkliste.

Checkliste: Ein Kurzreferat frei vortragen	Ja	Nein
– Wird frei gesprochen und nur wenig abgelesen?	■	■
– Wird langsam und deutlich gesprochen?	■	■
– Werden die Zuhörenden angesehen?	■	■
– Werden Bilder und Materialien an passenden Stellen gezeigt?	■	■

5 Wertet die Kurzreferate gemeinsam aus.
Gruppe 1:
- War das Kurzreferat verständlich?
- Habt ihr Rückfragen an den Vortragenden?

Gruppe 2:
- Was hat euch gefallen?
- Was kann verbessert werden?

mehr zum Kurzreferat:
Training ➤ S. 78–79
➤ S. 204–205

Einladungsbriefe schreiben

In diesem Kapitel hast du gelernt, Einladungsbriefe zu schreiben.

Nico möchte seine ehemalige Lehrerin aus der Grundschule zum Fest einladen.

Hey Frau Schmitt!

Endlich komme ich mal dazu Ihnen zu schreiben. Ich bin jetzt schon seit drei Monaten an der Erich-Kästner-Schule in Neustadt und mir gefällt es hier ganz gut.

Meine Lehrer und Mitschüler sind ganz nett, aber bei dir hat es mir besser gefallen. Wir müssen hier immer so viel lernen und haben auch manchmal Nachmittagsunterricht. Bei dir konnten wir immer zur Mittagszeit nach Hause, das war cool.

Ach, ich bin übrigens in der 5 a und meine Klassenlehrerin heißt Frau Müller. Wir feiern bald ein Klassenfest. Dazu lade ich sie herzlich ein. Das Fest beginnt um 16 Uhr und geht mindestens 3 Stunden. Ich würde mich freuen, wenn sie kommen, dann zeige ich ihnen meine Schule.

Also bis bald
Ihr ehemaliger Schüler Nico

Achtung: Fehler!

1 Überprüfe Nicos Einladungsbrief.
- Welche Information fehlt?
- Sind die Anrede und die Grußformel angemessen?
- Werden passende Anredepronomen verwendet?
- Ist das Anredepronomen **Sie** großgeschrieben?

Wer wird eingeladen?

Wozu wird eingeladen?

Wann soll das Fest stattfinden?

Wo soll das Fest stattfinden?

2 Schreibe den überarbeiteten Einladungsbrief auf.
Ergänze dabei die fehlende Information aus Aufgabe 1.
Du musst sie dir ausdenken.

Du möchtest zu einem Spielenachmittag in die Schule einladen.

3 **a.** Schreibe eine Einladung zu einem Spielenachmittag.
- Überlege, wen du einladen möchtest (Freunde, Eltern, Lehrer).
- Schreibe alle wichtigen Informationen auf.
- Verwende eine passende Anrede und eine passende Grußformel.
- Verwende passende Anredepronomen.

b. Überprüft gegenseitig eure Einladungen.

Weiterführendes ➤ S. 81

Stichworte aufschreiben

Für dein Kurzreferat schreibst du Stichworte auf Karteikarten. Hier übst du noch einmal, Stichworte zu einem Text aufzuschreiben.

Saphira bereitet ein Kurzreferat über das chinesische Neujahrsfest vor. Sie informiert sich in dem folgenden Sachtext.

1 Lies den Sachtext mit dem Textknacker.

Textknacker ➤ S. 194–195

Das chinesische Neujahrsfest

In China orientiert man sich beim Beginn des neuen Jahres traditionell an einem Mondkalender. Das neue Jahr beginnt immer mit dem Neumond des ersten Monats. Dieser fällt jedes Jahr in die Zeitspanne zwischen dem 21. Januar und dem 21. Februar.

Der erste Tag des Jahres wird mit dem traditionellen Frühlingsfest begrüßt. Bereits am Vorabend feiern die Familien bis tief in die Nacht. Man isst zusammen, unterhält sich, spielt Spiele und lacht miteinander.

Am Neujahrstag stehen alle früh auf und ziehen sich schöne Kleidung an. Man lässt Feuerwerk, Kracher und Raketen los. Nach dem Frühstück besucht man Freunde und Verwandte. Alle Kinder bekommen von den Erwachsenen Hongbao, einen roten Umschlag mit Geld, geschenkt. Das Haus wird geputzt, um das Schlechte und Böse hinauszufegen.

Egal ob Kracher, Feuerwerk oder Dekoration – alles muss rot sein. Bei den Chinesen ist Rot eine sehr festliche Farbe. Die Farbe soll alle bösen Geister verjagen und sie ist die Glücksfarbe aller Chinesen.

2 Schreibe zu jedem Absatz Schlüsselwörter auf.

a. Im ersten Absatz sind die Schlüsselwörter bereits hervorgehoben.

b. Finde in den anderen Absätzen selbst die Schlüsselwörter.

Bei der Vorbereitung des Kurzreferats helfen dir W-Fragen.

3 Schreibe die folgenden Fragen jeweils auf Karteikarten.
- Was für ein Fest ist es?
- Wann wird gefeiert?
- Wer feiert?
- Wie wird gefeiert?

Saphira macht sich Notizen zu den W-Fragen.

Was für ein Fest ist es?
– chinesisches Neujahrsfest
– traditionelles Frühlingsfest

Wann wird gefeiert?
– Neumond des ersten Monats
– zwischen dem ...
– ...

4 Welche Informationen hat Saphira aufgeschrieben?
a. Lies Saphiras Karteikarten.
b. Schreibe die Karteikarten ab.
c. Vergleiche mit dem Text: In welcher Zeile stehen die Informationen? Schreibe jeweils die Zeile auf.

5 Welche Informationen stehen noch im Text? Ergänze die zweite Karteikarte.

6 Schreibe zu den weiteren beiden Fragen Stichworte auf Karteikarten.
Tipp: Du kannst zunächst eine Folie über den Text legen und die Antworten markieren.

7 Überprüfe deine Karteikarten.
- Hast du zu jeder Frage etwas aufgeschrieben?
- Hast du nur Stichworte aufgeschrieben?

8 Informiere mit Hilfe deiner Karteikarten über das chinesische Neujahrsfest.
a. Ordne die Karteikarten in einer sinnvollen Reihenfolge.
b. Halte deinen Vortrag vor einer Partnerin oder einem Partner.

Arbeitstechnik:
Stichworte aufschreiben
➤ S. 70

Ein Plakat gestalten

Auf einem Plakat kannst du Informationen gut sichtbar und ansprechend präsentieren.
Zu dem Fest, das du vorgestellt hast, kannst du ein Plakat gestalten.

1 Überlege dir eine passende Überschrift für dein Plakat.

Das Plakat soll nur die wichtigsten Informationen enthalten.

2 Welche Informationen möchtest du aufschreiben?
- **a.** Lies noch einmal deine Karteikarten.
- **b.** Unterstreiche wichtige Stichworte auf den Karteikarten.

3 Entwirf dein Plakat.
- **a.** Schreibe einen Entwurf auf ein DIN-A4-Blatt. Notiere deine Stichworte von den Karteikarten.
- **b.** Überprüfe die Rechtschreibung.

4
- **a.** Markiere in deinem Entwurf Stellen, an denen du Bilder aufkleben möchtest.
- **b.** Wähle passende Fotos aus oder zeichne Bilder.

Nun kannst du dein Plakat gestalten.

5 Gestalte dein Plakat mit Texten, Farben und Bildern.
- **a.** Schreibe den Text in schöner Schrift ab.
  - Überlege, welche Stifte du für handgeschriebene Texte wählst.
  - Damit der Text auch aus größerer Entfernung gut lesbar ist, wähle große Buchstaben und hebe wichtige Wörter hervor.
- **b.** Klebe deine Fotos oder Bilder auf.

Arbeitstechnik

Ein Plakat gestalten

- Wähle ein großes **Papierformat** aus.
- Finde eine passende **Überschrift**.
- Entscheide, welche **Texte** und welche **Bilder** auf das Plakat sollen.
- Überlege, wie du **Überschrift, Texte und Bilder anordnen** willst.
- Schreibe **groß** genug und **gut lesbar**.
- Nimm andere Stifte für **Hervorhebungen**.

Einen offiziellen Brief schreiben

Die Erich-Kästner-Gemeinschaftsschule in Neustadt feiert ein großes Fest. Die Klasse 5a organisiert eine Verlosung. Ercan und Katja bitten in einem Brief den Kulturverein Neustadt um Mithilfe.

Der Brief ist etwas durcheinandergeraten.

A
wir wollen am Freitag, dem 02. 07. 2016 ein Schulfest feiern.
Wir, die Klasse 5 a, organisieren die Verlosung und basteln dafür Lose. Es soll auch Preise geben.
Da Ihr Verein unserer Schule regelmäßig hilft, möchten wir Sie um Unterstützung bitten. Können Sie uns bei der Organisation der Verlosung helfen? Haben Sie Sachspenden, die wir als Gewinne verwenden können?
Wir freuen uns, wenn Sie uns helfen, und bedanken uns schon im Voraus.

B
Ercan und Katja für die Klasse 5 a

C
Herr Schwarz
Kulturverein Neustadt
Lange Gasse 3
12345 Neustadt

D
Sehr geehrter Herr Schwarz,

E
Neustadt, 4. Februar 2016

F
Mit freundlichen Grüßen

1 Ordne die Begriffe den einzelnen Briefteilen zu.

Adresse   Brieftext   Anrede
Ort, Datum   Grußformel   Unterschrift

Starthilfe
A Brieftext, B ...

2 Schreibe den Brief in der richtigen Reihenfolge auf.

3 Schreibe nun einen Brief an die Schulleiterin Frau Flussberger und lade sie ein, auf dem Schulfest die Verlosung zu eröffnen.
Beachte den Aufbau des Briefes: Briefkopf (Adresse, Ort, Datum), Anrede, Brieftext, Briefschluss (Grußformel und Unterschrift).

Von Wünschen erzählen

- Mündlich erzählen
- Schriftlich erzählen

Alle Menschen haben Wünsche. Diese Wünsche können sehr unterschiedlich sein.

1 Sprecht über die Wünsche auf Seite 82. Worin unterscheiden sie sich?

2 Wenn du dir in diesem Moment etwas wünschen dürftest, was wäre das? Schreibe deinen Wunsch auf.

W **3** Erzähle eine Wunschgeschichte.
Wähle aus:
- Wie könnte sich einer der Wünsche auf Seite 82 erfüllen?
- Wie könnte sich dein Wunsch erfüllen?

4 Wann ist dir einmal ein großer Wunsch in Erfüllung gegangen? Oder hast du schon einmal jemandem einen Wunsch erfüllt? Erzähle davon.

Was wünscht ihr euch?
Was wünscht ihr anderen?
Eure Wünsche könnt ihr an einem Wünschezweig sammeln.

5 Bastelt einen Wünschezweig.
- Stellt einen großen Zweig in eurem Gruppenraum auf.
- Schneidet bunte Papierstreifen aus.
- Jeder bekommt zwei Streifen.
- Jeder schreibt einen Wunsch für sich und einen Wunsch für die Klasse auf.
- Bindet die Papierstreifen am Zweig fest.

6 **a.** Lest die Wünsche vor und sprecht darüber.
W **b.** Wie könnte ein Wunsch vom Wünschezweig in Erfüllung gehen? Wählt einen Wunsch aus und erzählt eine Wunschgeschichte.

In diesem Kapitel erzählt ihr mündlich und schriftlich Geschichten von Wünschen. Dabei lernt ihr, anschaulich und lebendig zu erzählen.

Wunschgeschichten erzählen

Mein größter Wunsch

Milan erzählt:

Ich würde so gern fliegen können! Ich möchte einmal einfach die Arme ausbreiten und über unsere Stadt fliegen.
Am liebsten an einem Nachmittag, wenn viele Menschen unterwegs sind.
Ich würde allein fliegen. Dazu muss ich mich nur an mein Fenster stellen, die Arme ausbreiten und mich abstoßen. Und schon bin ich in der Luft und schwebe zwischen den Häusern. Auf der Straße fahren die Autos, im Park sehe ich Hunde und Kinder.
Plötzlich entdecke ich meine Freunde Jonas, Maja und Pauline, die Fußball spielen. Sie sehen mich nicht, weil ich hoch in der Luft schwebe. Maja schießt ein Tor und jubelt. Ich freue mich für sie und klatsche in die Hände.
Oh Schreck! Schnell breite ich die Arme wieder aus, damit ich nicht abstürze. Die Baumkrone kommt mir ganz schön nahe.
Aber sicher fliege ich um den Baum und schwebe weiter.

1 Welchen Wunsch hat Milan?

2 Untersuche die Geschichte genauer:
- Warum ist die Geschichte interessant?
- Milan erzählt anschaulich. Woran liegt das?
- Wie löst sich die Spannung zum Schluss auf?

Wohin?
Wann?
Was geschieht?
Wie?

3 Was würdest du tun, wenn du fliegen könntest?
Sammle Ideen in einer Mindmap.

Mindmap ➤ S. 299

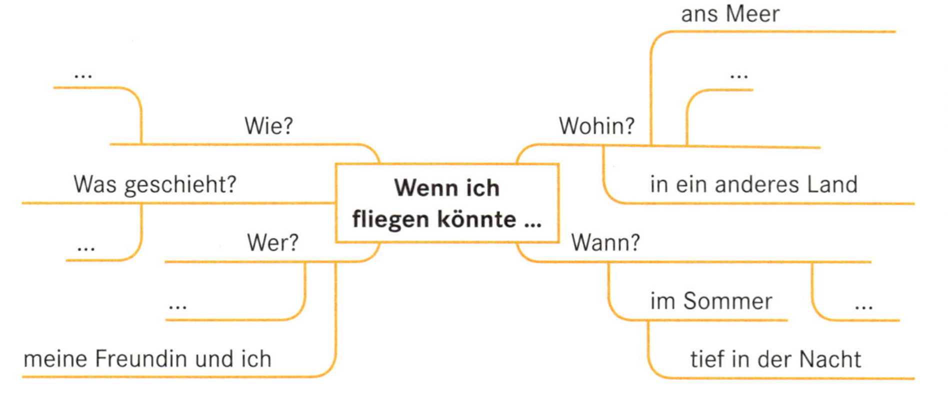

Stelle dir vor, dein Wunsch, fliegen zu können, geht in Erfüllung. Was würdest du erleben? Du kannst dazu eine Geschichte erzählen.

4 Entscheide dich für eine Idee aus deiner Mindmap.

5 Schreibe mit Hilfe deiner Mindmap Stichworte auf Kärtchen.
Schreibe auf jedes Kärtchen nur einen Gedanken.
- Wer kommt in der Geschichte vor?
- Wann spielt die Geschichte?
- Wohin würdest du fliegen?

6 Was geschieht nacheinander?
Was könnte geschehen, damit die Spannung sich erhöht?
Schreibe auch dazu deine Gedanken auf Kärtchen.

7 Wie wird deine Geschichte anschaulich und lebendig?
Ergänze deine Kärtchen.
- Beschreibe genau, was du beim Fliegen siehst, hörst und riechst, damit deine Zuhörer sich alles gut vorstellen können.
- Was denkst und fühlst du beim Fliegen?

8 Wie endet deine Geschichte?
Schreibe Stichworte auf ein weiteres Kärtchen.

9 Was willst du wann erzählen? Nummeriere deine Kärtchen in einer passenden Reihenfolge.

10 Übe, die ganze Geschichte mit den Kärtchen zu erzählen.
- Verwende unterschiedliche Satzanfänge.
- Erzähle anschaulich, auch durch die Stimme und die Betonung.
- Erzähle zum Schluss, wie sich die Spannung auflöst.

11 **a.** Erzähle nun die Geschichte einer Partnerin oder einem Partner.
b. Gebt euch gegenseitig Rückmeldungen:
- Was ist gut gelungen?
- Was kann noch verbessert werden?
  Macht konkrete Vorschläge.

12 Erzähle deine Geschichte nun deiner Klasse.

Eine Geschichte anschaulicher erzählen

Was kann geschehen, wenn alle Wünsche in Erfüllung gehen? Die folgende Geschichte erzählt davon.

1 **a.** Seht euch die Bilder an und lest die Überschrift. Worum könnte es in dem Text gehen?
b. Lest anschließend die Geschichte von König Midas.

König Midas

Der mächtige König Midas wünschte sich, dass alles, was er berührt,
zu Gold wird. Dieser Wunsch wurde ihm von Dionysos* erfüllt:
Alles, was Midas berührte, wurde zu reinem Gold!
Midas brach einen Zweig vom Baum und er wurde zu Gold.
5 Er hob einen Stein vom Boden auf und auch dieser wurde zu Gold.
Der König war überglücklich. Mit einer Berührung verwandelte er
auch seinen Stuhl und Tisch in Gold.
König Midas lud seine Freunde zu einem Festmahl ein. Hungrig und durstig
setzte er sich an den gedeckten Tisch. Doch kaum berührte er das Brot,
10 wurde es zu Gold. Kaum nahm er einen Schluck aus seinem Becher,
hatte er flüssiges Gold im Mund. Was sollte er nur tun?

* Dionysos: ein griechischer Gott

2 Worum geht es in der Geschichte?
Schreibt Stichworte zu den folgenden Fragen auf.
- Welchen Wunsch hat König Midas?
- Was geschieht, als sein Wunsch erfüllt wird? Wie reagiert König Midas?
- Was geschieht während des Festmahls?

Die Geschichte von König Midas könnt ihr an verschiedenen Stellen lebendiger und anschaulicher erzählen.

3 **a.** Bildet Tandems: ⊙◍ ⊙● ◍●

W **b.** Wählt gemeinsam eine Situation aus.
- Dionysos erfüllt König Midas seinen Wunsch.
  Was besprechen die beiden wohl?
- König Midas lädt seine Freunde zu einem Festmahl ein.
  Was geschieht dort?
- König Midas kann weder essen noch trinken.
  Wie fühlt er sich wohl? Was denkt er?

4 Überlegt gemeinsam: Wie wird die Situation anschaulich?
Wie könnt ihr Gegenstände und Gefühle anschaulich beschreiben?
Schreibt Stichworte auf.
- Verwendet Adjektive, die das Erzählte anschaulich machen.
- Verwendet treffende Verben.

⊙ ärgerlich betrübt freudig glücklich strahlend zornig

⊙ flüstern sich freuen jammern klagen schimpfen weinen

5 Erzählt euch gegenseitig die Geschichte mit Hilfe eurer Stichworte aus den Aufgaben 2 und 4.
- Verwendet wörtliche Rede.
- Verwendet unterschiedliche Satzanfänge.

wörtliche Rede verwenden
➤ S. 90–91

„Was sollte er nur tun?" Du kannst die Geschichte weitererzählen.

6 Was könnte in der Geschichte von König Midas noch geschehen?
Erzähle zwei weitere Situationen.

7 Wie endet die Geschichte?
Denke dir einen Schluss aus und erzähle ihn.

Arbeitstechnik

Anschaulich erzählen

- Beschreibe Personen, Orte und Gefühle mit **treffenden Adjektiven**.
- Durch **Gedanken** und **wörtliche Rede** wird die Geschichte lebendig.
- Verwende **treffende Verben**.
- Verwende unterschiedliche **Satzanfänge**.

Zu einem Jugendbuchauszug schreiben

Im Mittelpunkt des Jugendbuches „Ein Anfang, ein Ende und jede Menge Wünsche“ von Kevin Henkes steht das Tagebuch von Olivia. Dies ist der Eintrag vom 7. Juni.

7. Juni: Meine Wünsche Kevin Henkes

Ich wünsche mir, eines Tages ein Buch schreiben zu können. Nicht so eines wie im Kreativkurs. Ein richtiges, wie in der Bücherei oder im Buchladen. Und nicht einen Kriminalroman oder ein Abenteuerbuch, sondern eins über Gefühle. Vielleicht kann ich Kinder dazu anregen, Bücher über Gefühle anders zu sehen, so wie es mir bei einigen Schriftstellern gegangen ist. Die meisten meiner Mitschüler nennen so ein Buch, wie ich es schreiben will, ein Kapitel-Buch, aber ich nenne es Roman. Vielleicht bin ich mal das jüngste Mädchen, das einen Roman schrieb. Vielleicht kann ich einen ganz ungewöhnlichen Schreibstil erfinden, wie ihn kein anderer Schriftsteller hat. Den ersten Satz von meinem Roman habe ich schon im Kopf: „Ganz insgeheim wünschte sich das Waisenmädchen, dass seine Knochen hohl wären wie die eines Vogels und dass es einfach abheben und davonfliegen könnte.“

Außerdem wünsche ich mir, dass ich eines Tages an ein richtiges Meer fahren kann, so eins wie der Atlantische Ozean oder der Pazifik. Mir gefällt Madison* mit seinen vielen Seen (vor allem der Wingra-See** gefällt mir), aber ich glaube, es ist das Gleiche. Wenn ich achtzehn bin, möchte ich in einem Häuschen auf den Klippen wohnen, mit Aussicht auf das Meer. Was wünsche ich mir sonst noch? Ich wünsche mir, dass ich nächstes Schuljahr Martha Boyle kennen lerne (oder schon in den Sommerferien). Ich wünsche mir, dass wir Freundinnen werden. Das wünsche ich mir am meisten. Sie ist das netteste Mädchen in der ganzen Klasse.

* Madison: ein Ort im US-Bundesstaat Wisconsin

** der Wingra-See: ein See in Madison

Olivia hat „jede Menge Wünsche".

1 Von welchen Wünschen erzählt Olivia in diesem Tagebucheintrag? Schreibe die Wünsche auf.

2 Sprecht über Olivias Wünsche.
- Welche Wünsche sind leichter erfüllbar, welche eher nicht?
- Warum hat Olivia ihre Wünsche wohl nur ihrem Tagebuch erzählt?

Was könnte Olivia tun, um sich ihre Wünsche zu erfüllen? Du kannst es erzählen.

Planen
Schreiben
Überarbeiten

W **3** Plane deine Geschichte.
a. Wähle einen von Olivias Wünschen aus.
b. Überlege, wie sich dieser Wunsch erfüllen könnte. Schreibe Stichworte auf.

4 Schreibe nun deine Geschichte auf. Erzähle anschaulich, lebendig und abwechslungsreich.

5 **a.** Lest euch gegenseitig eure Geschichten vor.
b. Gebt euch gegenseitig Rückmeldungen.

6 Überprüft und überarbeitet anschließend eure Geschichten mit Hilfe der Arbeitstechnik **Anschaulich erzählen**. Überprüft auch die Rechtschreibung.

Arbeitstechnik:
Anschaulich erzählen ➤ S. 87

Olivia denkt über ihre Zukunft nach. Was wünschst du dir für deine Zukunft?

7 **a.** Schreibe einen kurzen Text oder eine Wunschgeschichte.
- Welche Wünsche hast du für die Zukunft?
- Was willst du auf jeden Fall erleben?
- Was ist dir wichtig?

b. Gestalte deinen Text mit Bildern.

8 Olivia wünscht sich, dass sie einen Roman schreiben könnte. Den ersten Satz hat sie schon im Kopf.
a. Lies im Tagebucheintrag nach.
b. Schreibe eine Fortsetzung auf.

Lesetipp zum Thema Wünsche:
„Herr von Ribbeck auf Ribbeck" ➤ S. 288–289

Wörtliche Rede verwenden

Geschichten wirken lebendiger, wenn sie wörtliche Rede enthalten.

1 Lies den Text.

Die Mutter erfüllt Danuta und Kasimir einen großen Wunsch: Die drei
besuchen den Jahrmarkt*. Am meisten locken die Geisterbahn,
der Spaß-Irrgarten und die Autoskooter. Danuta sagt, dass sie den Irrgarten
ausprobieren möchte. Kasimir antwortet, dass er lieber mit der Geisterbahn
5 fahren möchte. Die Mutter erwidert, dass sie doch beides machen könnten.
Nach so viel Spaß stehen Danuta und Kasimir mit großen Augen
vor dem Stand mit Zuckerwatte, Popcorn und Liebesäpfeln.
Die Mutter fragt, was sie haben möchten. Kasimir ruft,
dass er Zuckerwatte haben will. Danuta stimmt zu und sagt,
10 dass sie außerdem gerne einen roten Liebesapfel hätte.
Die Mutter entgegnet, es gebe jetzt nur eine Kleinigkeit,
da zu Hause das Abendessen wartet. Sie sagt, sie habe die Lieblingspizza
eingekauft. Danuta und Kasimir nicken und freuen sich
über den schönen Ausflug.

* der Jahrmarkt: die Kirmes, der Rummel

Danuta, Kasimir und die Mutter unterhalten sich.

2 Was sagen Danuta, Kasimir und die Mutter?

a. Lies noch einmal die Zeilen 1-5.

b. Schreibe die hervorgehobenen Sätze auf. Schreibe jeden Satz in eine neue Zeile und lasse hinter jedem Satz zwei Zeilen frei.

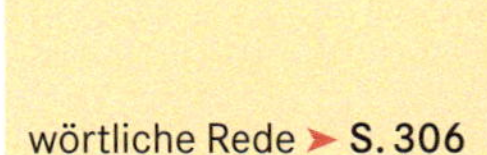

wörtliche Rede ➤ S. 306

3 **a.** Schreibe die Sätze als wörtliche Rede auf. Schreibe in die freien Zeilen.

b. Markiere in jedem Satz die Anführungszeichen.

c. Unterstreiche jeweils die Begleitsätze.

Starthilfe

Kasimir antwortet: „Ich möchte lieber …“

4 **a.** Schreibe weitere Textstellen als wörtliche Rede auf.
Tipp: Du kannst zunächst eine Folie über den Text legen und die Begleitsätze markieren.

b. Prüfe, ob du die Anführungszeichen gesetzt hast.

Starthilfe

Die Mutter fragt: „Was möchtet ihr haben?“
Kasimir ruft: „…“

Der folgende Text enthält wörtliche Rede. Es fehlen Satzzeichen.

Michael besucht seinen Freund John. Giancarlo und Kenan sind auch da. John sagt: Akwaaba! Die anderen wundern sich. Kenan sagt: Was heißt das? John sagt: In Ghana heißt das Willkommen! Kenan sagt: In der Türkei sagen wir Merhaba. Was sagt ihr in Italien dazu? Giancarlo sagt: Ciao. Und Michael sagt: Wir sagen nur Hallo!

Achtung: fehlende Satzzeichen!

5 Lies den Text laut und betont.

6 a. Schreibe den Text auf.
b. Markiere die Begleitsätze.
c. Setze die Zeichen für die wörtliche Rede.

In dem Text kommt sehr oft das Verb **sagen** vor.

Verben ➤ S. 308

7 Ersetzt das Verb **sagen** durch treffende Verben.
a. Sammelt andere Verben für **sagen** in einer Wörterliste. Ergänzt die Wörterliste am Rand durch weitere Wörter.
b. Wählt passende Verben aus. Schreibt den Text mit den neuen Verben auf.

fragen
meinen
erwidern
feststellen
...

8 Schreibe mit den Verben aus deiner Wörterliste einen kurzen Dialog auf.

Annika, Julius, Maurice und Pauline sprechen über Wünsche.

Maurice : „Manche Wünsche sind schwer zu erfüllen."
Pauline : „Wie meinst du das?"
Annika : „Na, zum Beispiel Wünsche, die man nicht kaufen kann."
Julius : „Das stimmt. Ich wünsche mir zum Beispiel, dass mein Opa wieder gesund wird."

9 Schreibe die Äußerungen in wörtlicher Rede und mit Begleitsätzen auf. Ergänze passende Verben.

10 Ergänze die Äußerungen. Schreibe zwei weitere passende Sätze mit Begleitsätzen und wörtlicher Rede auf.

11 Kontrolliert in Partnerarbeit eure Sätze aus den Aufgaben 9 und 10. Überprüft in den Sätzen des Partners, ob die Zeichen für die wörtliche Rede richtig gesetzt sind.

weitere Übungen zur wörtlichen Rede ➤ S. 238–239

Anschaulich erzählen

Hier kannst du überprüfen, ob du anschaulich erzählen kannst.

Eine alte Geschichte von Sternen und Wünschen erzählt man sich in China und Japan.

Die Prinzessin und der Hirte

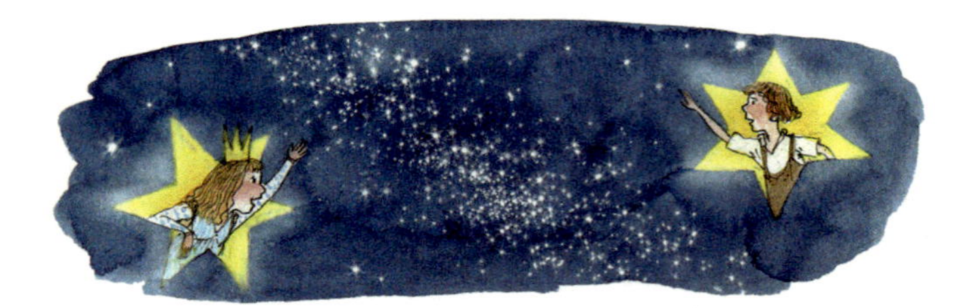

Eine Prinzessin und ein Hirte liebten sich. Sie liebten sich so sehr, dass sie alles andere vergaßen. Der Vater der Prinzessin, der Himmelsgott, war darüber so erzürnt*, dass er das Liebespaar als Sterne an den Himmel verbannte. Sie sind seitdem durch die Milchstraße voneinander getrennt. Nur einmal im Jahr, am siebten Tag des siebten Monats, dürfen sie sich sehen.

* erzürnt: verärgert

Die Geschichte kannst du auf verschiedene Weisen anschaulich und lebendig erzählen.

W **1** Wähle eine Situation aus und erzähle sie.
1 Der Vater der Prinzessin ist sehr erzürnt. Was sagt er zu den beiden?
2 Die Prinzessin und der Hirte werden an den Himmel verbannt und durch die Milchstraße getrennt. Wie fühlen sie sich?
3 Nur einmal im Jahr dürfen sich die Prinzessin und der Hirte sehen. Erzähle ausführlicher von ihrem Wiedersehen.

2 Erzähle die Geschichte aus der Sicht der Prinzessin, des Hirten oder des Vaters.

3 Erzählt euch gegenseitig eure Geschichten.

4 Gebt euch gegenseitig eine Rückmeldung.
Beachtet dabei die Arbeitstechnik **Anschaulich erzählen**.
- Was ist gut gelungen?
- Was kann noch verbessert werden?

Arbeitstechnik:
Anschaulich erzählen ➤ S. 87
Training ➤ S. 94–95
Weiterführendes
➤ S. 96–97, 98–99

Eine Geschichte überarbeiten

Milena hat eine Geschichte über ihren größten Wunsch geschrieben. Du kannst sie überarbeiten.

Eine Maus für einen Tag

Ich wünsche mir, für einen Tag eine Maus zu sein. Dann könnte ich
überall hin, ohne dass es jemand merkt.
Eines Morgens wache ich auf und stelle fest, dass alles so groß ist.
Ich schaue mich an: Ich bin ja eine Maus!
5 Und dann gehe ich in das Lager unseres Supermarktes und nasche von allem,
was ich schon immer probieren wollte. Das ist lecker! Und dann mache ich
einen Mittagsschlaf. Und dann krieche ich in unserem Garten
in das kleine Loch, das ich letzte Woche entdeckt habe.
In dem Mausloch treffe ich eine andere Maus.
10 Ich sage zu ihr: „Hallo, wollen wir zusammen den Gang erkunden?“
Und sie sagt: „Oh, ja! Ich habe mich bisher nur bis zur nächste Ecke getraut.“
Ich sage: „Zusammen macht das bestimmt mehr Spaß.“
Und die Maus sagt: „Komm mit!“
Zusammen erforschen wir den Gang. Er ist ziemlich lang. Ab und zu höre ich
15 Geräusche. Wer weiß, wer hier so lebt … Zum Glück sind wir zu zweit!
Abends gehe ich müde nach Hause, das war ein Abenteuer!
Ich schlafe ein und am nächsten Tag ist wieder alles ganz normal.

1 Überarbeite Milenas Geschichte.
- Verwende unterschiedliche Satzanfänge.
- Verwende treffende Verben.
- Beschreibe den Gang und die Geräusche mit treffenden Adjektiven genauer.
- Was könnten die beiden Mäuse in dem Gang entdecken? Wen könnten sie treffen? Erzähle es ausführlicher.

2 Schreibe die überarbeitete Geschichte auf.

3 Was könnte die Maus noch erleben? Schreibe eine Fortsetzung auf.

4 Besprich dein Ergebnis mit deiner Lehrerin oder deinem Lehrer.
- Was kannst du schon gut?
- Was solltest du noch üben?

Training ➤ S. 94–95
Weiterführendes
➤ S. 96–97, 98–99

Anschaulich erzählen

Hier kannst du noch einmal üben, Geschichten anschaulich zu erzählen.

Nicht immer erlebt ihr selbst aufregende Dinge, aber Geschichten könnt ihr euch auch wunderbar ausdenken.

1 Geschichten könnt ihr gemeinsam erzählen. Probiert es mit der Erzählidee **A** aus.

A Eine Geschichte nach Zufallswörtern erzählen

- Schreibt ein Nomen auf einen Zettel.
- Sammelt die Wörterzettel ein und vermischt sie gut.
- Zieht jeder einen Zettel.
- Legt fest, wer mit dem Erzählen beginnt.
- Einer beginnt, eine Geschichte zum gezogenen Wort zu erzählen, und ruft dann den nächsten Schüler auf.
- Dieser setzt die Geschichte fort. In der Fortsetzung muss sein Wort vorkommen.
- Wer zuletzt erzählt, sollte einen schönen Schluss erfinden.

die Socke
die Tomate
die Schnecke
der Knall
der Kaktus
der Schlüssel
die Nacht
der Schreck
der Finger
das Radio

2 Du kannst auch alleine eine Geschichte erzählen.

a. Wähle eine der Erzählanregungen **B** bis **E** aus.

b. Mache dir Notizen zu deiner Geschichte. Verwende dabei die Arbeitstechnik **Anschaulich erzählen**.

c. Erzähle dann deine Geschichte.
- Du kannst sie einer Partnerin oder einem Partner erzählen.
- Ihr könnt eure Geschichte im Erzählkreis erzählen.

Arbeitstechnik: Anschaulich erzählen ➤ **S. 87**

B Zu Reizwörtern erzählen

Erzähle eine Geschichte zu einem der Wörter aus der Randspalte. Oder du kannst dir ein beliebiges Wort aus diesem Buch oder aus einer Unterhaltung notieren und dazu erzählen. Du kannst auch zwei oder drei Wörter auswählen und dazu eine Geschichte erzählen.

Sternschnuppe
Fußball
Überraschung
Versteck
Scherben
Fußspuren
Geheimnis

C Zu Wortketten erzählen

Erzähle zu einer der folgenden Wortketten eine Geschichte.
Verwende die Wörter in der angegebenen Reihenfolge.

Abend – Stromausfall – Geräusch – Einbrecher – lachen

Morgen – Schlüssel – Suche – Hektik – Schneemann

D Zu einem Bild erzählen

Erzähle zu diesem Bild eine Geschichte.
Du kannst auch zu einem selbst gewählten Bild erzählen.

E Nach einem vorgegebenen Anfang erzählen

Setze den Anfang dieser Geschichte fort.

Gestern Abend sind unsere Eltern ausgegangen,
und da habe ich mir mit meinem kleinen Bruder einen superspannenden Film angesehen.
Danach wollte mein Bruder bei mir im Zimmer schlafen. Als es dunkel war,
haben wir plötzlich ein Klopfen am Fenster gehört …

Eine Fabel lesen und erzählen

Die folgende Fabel über Wünsche stammt von James Thurber. Im Anhang kannst du dich über den Autor informieren.

mehr über James Thurber ➤ S. 289

Der kleine Nachtschmetterling und der Stern James Thurber

Ein junger, empfindsamer* Nachtschmetterling hatte
einst sein Herz einem gewissen Stern zugewandt*.
Er erzählte seiner Mutter davon, und
die riet ihm, stattdessen sein Herz
5 lieber einer Bogenlampe
zuzuwenden. „Sterne
sind nicht das Rechte*,
dass man um sie herumhängt",
sagte sie, „Lampen sind das Rechte."
10 „Bei Lampen kommt man zu etwas", sagte sein Vater,
„wenn man Sternen nachjagt, kommt man zu gar nichts."
Aber der Sohn hörte nicht auf die Worte beider Eltern.
Jeden Abend in der Dämmerung schickte er sich an*, zu dem Stern
hinzufliegen, und jeden Morgen bei Tagesanbruch kroch er wieder heim,
15 erschöpft von seinem vergeblichen Bemühen. Eines Tages sagte sein Vater
zu ihm: „Du hast dir seit Monaten nicht einen Flügel verbrannt, mein Junge,
und es sieht mir ganz danach aus, als ob du es niemals tun würdest.
Alle deine Brüder haben sich schwer verbrannt, beim Rundflug
um Straßenlampen, und alle deine Schwestern haben sich arg versengt*
20 beim Rundflug um Hauslampen. Also vorwärts jetzt, hinaus mit dir und
lass dich brennen! Ein großer stämmiger* Nachtschmetterling-Bengel
wie du und noch ohne eine Narbe am Leib."
Der Nachtschmetterling verließ das Haus, aber er flog nicht
um Straßenlampen und er flog nicht um Hauslampen. Er versuchte sogleich*
25 wieder, den Stern zu erreichen, der viereindrittel Lichtjahre oder
fünfundzwanzig Trillionen Meilen weit entfernt war. Der Nachtschmetterling
dachte, der Stern habe sich nur in den Wipfelzweigen einer Ulme verfangen.
Er erreichte ihn nie, aber er versuchte es immer wieder, Nacht für Nacht,
und als er ein steinalter Nachtschmetterling war, begann er sich einzubilden,
30 er habe den Stern erreicht, und er erzählte es aller Welt. Das erfüllte ihn
mit einem tiefen, bleibenden Glück und er brachte es zu einem hohen Alter.
Seine Eltern und seine Brüder und Schwestern waren alle
noch in jungen Jahren zu Tode verbrannt.
Moral: Wer fliegt aus unserer Welt der Sorgen, bleibt wohlbehalten
35 heut und morgen.

* empfindsam: gefühlvoll
* zugewandt: geschenkt
* das Rechte: das Richtige
* sich anschicken: versuchen
* versengt: verbrannt
* stämmig: kräftig
* sogleich: sofort

Welche Wünsche hat der Nachtschmetterling?

1 **a.** Beschreibe den jungen Nachtschmetterling.
b. Was unterscheidet ihn von seinen Brüdern und Schwestern?

2 **a.** Notiere die Wünsche des jungen Nachtschmetterlings und die Wünsche seiner Eltern.
b. Worin unterscheiden sich die Wünsche? Notiere Stichworte.

Starthilfe

Nachtschmetterling: hatte sein Herz einem Stern zugewandt (Zeile 1–2)
Mutter: ...

3 Hat sich der Nachtschmetterling seinen Wunsch erfüllt? Begründe.

4 Als letzten Satz hat James Thurber eine Lehre zu seiner Fabel formuliert. Erkläre mit eigenen Worten, was sie bedeutet.

Info

Die **Moral** oder **Lehre** einer Geschichte ist das, was man aus der Geschichte lernen kann.

Die Fabel von James Thurber kannst du nacherzählen.

5 Worum geht es in der Fabel? Notiere Stichworte zur Handlung.
Tipp: Du kannst die Schlüsselwörter verwenden.

6 Erzähle die Fabel mündlich einer Partnerin oder einem Partner. Verwende dabei die folgende Arbeitstechnik.

Arbeitstechnik

Nacherzählen

- **Lies** die Geschichte **genau**.
- Notiere **Stichworte** zur Handlung auf **Erzählkärtchen**.
- Beachte, dass die Angaben auch **genau** sind.
- Lege die Kärtchen in der **richtigen Reihenfolge** bereit.
- Erzähle **anschaulich** und **spannend** mit eigenen Worten.
- Lass nichts Wichtiges aus.
- **Füge nichts hinzu**, was nicht in der Geschichte steht.
- Gib die Handlungsschritte in der **gleichen Reihenfolge** wieder, wie sie in der Geschichte vorkommen.
- Verwende das **Präteritum**.

Eine Lebensgeschichte lesen

Nicht alle Wünsche gehen in Erfüllung. Trotzdem kann ein sehnsüchtiger Wunsch eine große Wirkung haben.

Warum werden jedes Jahr Tausende von Origami-Kranichen nach Hiroshima geschickt? Davon wird in der folgenden Lebensgeschichte erzählt.

Sadako Sasaki im Alter von zwölf Jahren (etwa 1955)

Ein Wunsch, der weiterlebt

Sadako Sasaki lebte vor mehr als sechzig Jahren in Japan. Sie wurde am 7. Januar 1943 in Hiroshima geboren. Als sie zweieinhalb Jahre alt war, explodierte während des Zweiten Weltkriegs eine vom US-amerikanischen Militär abgeworfene Atombombe über ihrer Stadt.
5 Noch mit elf Jahren schien Sadako ein fröhliches, gesundes und sehr sportliches Mädchen zu sein. Doch eines Tages brach sie bei einem Lauftraining zusammen. Bei der anschließenden ärztlichen Untersuchung wurde Leukämie festgestellt, eine gefährliche Blutkrankheit. Viele Leute, die den Abwurf der Atombombe überlebt hatten,
10 litten damals an dieser Krankheit. Häufig starben sie daran.
Da erzählte Sadakos beste Freundin ihr von einer alten japanischen Legende*: Wer tausend Origami**-Kraniche*** falte, der bekäme von den Göttern einen Wunsch erfüllt. Sadakos größter Wunsch war es, gesund zu werden. Deshalb begann sie, Kraniche aus Papier zu falten.
15 Sie faltete über tausend Kraniche, aber ihr Wunsch erfüllte sich nicht: Sadako starb am 25. Oktober 1955.
Die Geschichte von Sadako wurde in Japan bekannt und seitdem falten Kinder im ganzen Land regelmäßig Papierkraniche und schicken sie nach Hiroshima. Dort steht im Friedenspark ein Denkmal
20 für Sadako, das Kinder-Friedensdenkmal. Dorthin werden all die bunten Kraniche gebracht. Sie erinnern an das Mädchen und daran, wie wichtig Frieden auf der Welt ist.
Bis heute gelten Origami-Kraniche nicht nur als Symbol der internationalen Friedensbewegung, sondern auch für den Widerstand
25 gegen den Einsatz von Atomwaffen.

* die Legende: eine überlieferte Geschichte
** Lies den Infokasten.
*** der Kranich: eine Vogelart

Info

Origami (japanisch, von oru: falten und kami: Papier) ist die Kunst des Papierfaltens. Beim klassischen Origami entsteht das Ergebnis aus einem meist quadratischen Papier – meistens ohne Verwendung von Schere oder Klebstoff.

Denkmal für Sadako

1 Erzähle in eigenen Worten die Lebensgeschichte von Sadako.
a. Schreibe zunächst Stichworte aus dem Text auf.
b. Schreibe auch auf, wie Sadakos Wunsch weiterlebte.
c. Erzähle dann ihre Lebensgeschichte.

Sadakos Wunsch wurde nicht erfüllt. Trotzdem werden in Japan noch immer Papierkraniche für sie gefaltet.

Tausende Origami-Kraniche im Park von Hiroshima

2 a. Schreibt Fragen auf, die ihr japanischen Schulkindern zu Sadako und den Origami-Kranichen stellen könntet.
b. Tauscht eure Fragen aus und notiert mögliche Antworten.
c. Lest die Fragen und die Antworten der Lerngruppe vor.

Starthilfe
Woher wisst ihr von den Kranichen im Park von Hiroshima? Warum ...

Auf Sadakos Denkmal steht eine Inschrift.

3 Schreibe eine Inschrift für Sadakos Denkmal auf.

4 Immer wieder gibt es Menschen, die schwer kranken Kindern einen Wunsch erfüllen wollen.
a. Informiere dich im Internet über Projekte dieser Art (z. B. **www.herzenswuensche.de**).
b. Stelle die Projekte der Lerngruppe vor.
c. Für welches Projekt würdest du dich engagieren? Begründe.

5 Falte selbst einen Origami-Kranich.
Informiere dich über Anleitungen im Internet.

im Internet recherchieren
➤ S. 201–203

Die Welt der Medien

- Medien bewusst nutzen
- Sich im Internet informieren

1 Seht euch die Fotos genau an und beschreibt sie.
a. Was ist auf den Fotos dargestellt? Tauscht euch aus.
b. Welche unterschiedlichen Medien erkennt ihr auf den Fotos? Beschreibt die Situationen.

2 Sprecht in der Klasse darüber:
- Welche Medien nutzt ihr häufig?
- Wofür nutzt ihr die Medien?

Wenn ihr an der Schule gemeinsam ein Projekt ausarbeitet und durchführt, dann nutzt ihr meist unterschiedliche Medien.

3 Schreibt auf, welche Medien ihr bisher für ein Schulprojekt genutzt habt.

In diesem Kapitel setzt ihr euch mit verschiedenen Medien auseinander und untersucht eure Mediennutzung.
Dabei übt ihr, Diagramme auszuwerten und selbst zu erstellen.
Außerdem informiert ihr euch im Internet:
Ihr lernt unterschiedliche Kindernachrichten kennen und gestaltet selbst eine Kindernachricht.

Medien nutzen – wann und wie?

Jana, Tugba, Sammy und Jonas haben sich über ihre Mediennutzung Gedanken gemacht.

1 Lies die Sprechblasen.

Also, meine Lieblingszeitschrift ist die „Geolino“. Die hole ich mir jeden Monat und dann lese ich die von Anfang bis Ende durch. Ich kann mich in der „Geolino“ über viele spannende Themen informieren, zum Beispiel über Erfindungen, Tiere oder andere Länder. Außerdem gibt es auch immer tolle Fotos und Rätsel. Das ist genau die richtige Zeitschrift für mich!

Ich schaue jeden Tag im Fernsehen meine Lieblingsserie an. In die Probleme der Darsteller kann ich mich so richtig hineinversetzen. Zu dieser Serie gibt es auch eine Webseite, auf der wir Fans uns austauschen können. Einmal in der Woche sehe ich mir „Logo“ an – so weiß ich, was in der Welt geschieht.

Den Fernseher schalte ich eigentlich nur selten an. Dafür aber den Computer, denn fast alle Sender haben inzwischen spezielle Internetseiten für Jugendliche. Da gibt es dann zum Beispiel Videos, Musik und viele Infos zu meinen Lieblingsstars. Außerdem werden die Nachrichten hier extra für Jugendliche geschrieben, sodass ich sie auch verstehen kann. Sobald ich aus der Schule komme, läuft bei mir der Computer und ich bin dann einfach online.

Mich interessiert vor allem Sport, z. B. wie meine Lieblingsmannschaft am Wochenende gespielt hat. Das schaue ich mir am liebsten im Internet an, denn da finde ich auch immer viele Bilder und weitere Informationen zu anderen Spielen. Im Fernsehen sehe ich auch gerne Trickfilme – die finde ich witzig.

2 Jana, Tugba, Sammy und Jonas nutzen unterschiedliche Medien.
a. Welche Medien nutzen sie wie oft und wofür?
b. Nenne Gemeinsamkeiten und Unterschiede der Medien.

Auch du nutzt bestimmt einige Medien regelmäßig.

3 Welche Medien nutzt du?
a. Übertrage die Tabelle in dein Heft.
b. Beantworte die Fragen für dich.

Starthilfe

Welche Medien nutzt du?	Welche Sendungen, Internetseiten, Zeitschriften ... interessieren dich?	Wie oft nutzt du sie?
Fernsehen	– Comics – „Logo" – ...	– täglich – einmal in der Woche – ...
Computer	– Kindernachrichten – ...	– zweimal in der Woche – ...
Zeitungen, Zeitschriften, Bücher	– Kinderzeitschrift – ...	– ... – ...
...	– ...	– ...

4 Bildet Gruppen: 
Vergleicht eure Mediennutzung. Beschreibt Gemeinsamkeiten und Unterschiede. Beantwortet die Fragen in Sätzen.
- Welche Medien nutzt ihr oft?
- Welche Medien nutzt nur einer von euch?
- Wer nutzt welche Medien viel öfter als die anderen?

Starthilfe

Gemeinsamkeiten: Natascha und ich chatten mit unseren Freunden gerne im Internet.
Unterschiede: Ich sehe sehr gerne Fußball im Fernsehen.
Natascha sieht lieber Castingshows.
Ich höre viel öfter Songs im Internet. Natascha ...

5 Fasse die Ergebnisse deiner Gruppe in einem kurzen Text zusammen.

6 Schreibe einen kurzen Text über deine Mediennutzung. Gib Auskunft darüber, welche Medien du nutzt und warum du sie nutzt.

Medien:
PC
Fernsehen
Handy
Zeitungen, Zeitschriften, Bücher
Gamekonsole
Radio
...

Sendungen/ Internetseiten/ Zeitschriften:
Trickfilme
Nachrichten
Onlinelexika
Soziale Netzwerke
Kinderzeitschriften

Ein Säulendiagramm zur Mediennutzung auswerten

Textknacker für Grafiken
➤ S. 197

Die „Kinder-und Medien-Studie" (KIM-Studie) untersucht die Mediennutzung von Kindern genauer. Hier siehst du ein Säulendiagramm daraus.

1. Schritt: Vor dem Lesen

1 Untersuche das Säulendiagramm mit dem Textknacker für Grafiken.
a. Sieh dir das Diagramm an. Lies auch die Überschrift.
b. Worüber informiert das Diagramm? Schreibe Stichworte auf.

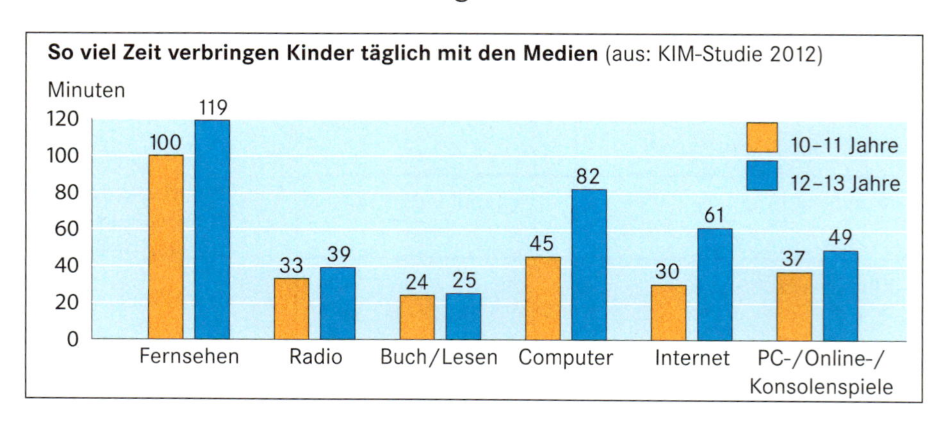

2. Schritt: Das erste Lesen

2 Sieh dir das Diagramm genauer an.
Beantworte die folgenden Fragen in Stichworten:
- Welche Angaben enthält das Diagramm?
- Wer wurde befragt?
- Worüber informiert die Grafik?

Starthilfe
Das Diagramm zeigt, wie viele Minuten am Tag Kinder ...
Es wurden Kinder im Alter von ... Jahren befragt.

3. Schritt: Die Grafik genau lesen

3 Beantworte nun die folgenden Fragen in Stichworten:
- Welche Medien nutzen Kinder am meisten?
- Welche Medien nutzen sie am seltensten?

4. Schritt: Nach dem Lesen

4 Was stellt das Diagramm dar?
Schreibe mit Hilfe deiner Stichworte einen kurzen Text.

Starthilfe
Das Säulendiagramm informiert darüber, wie viel Zeit Kinder im Alter von ... .
Am häufigsten nutzen Kinder im Alter von ...

Ein Säulendiagramm zur Mediennutzung erstellen

Auch du nutzt verschiedene Medien.
In einem Diagramm kannst du deine Mediennutzung darstellen.

1 Untersuche deine Mediennutzung.

a. Wie viele Minuten verbringst du täglich mit den verschiedenen Medien? Schreibe auf.

b. Erstelle ein Diagramm zu deiner Mediennutzung. Orientiere dich an dem Muster.
- Zeichne zwei Achsen.
- Beschrifte die senkrechte Achse mit den Minutenzahlen.
- Beschrifte die waagerechte Achse mit den Medien.

c. Zeichne bei jedem Medium eine farbige Säule mit deiner Minutenangabe.

Fernsehen
Radio
Buch
Lesen
Computer
Internet
PC-Spiele

Starthilfe

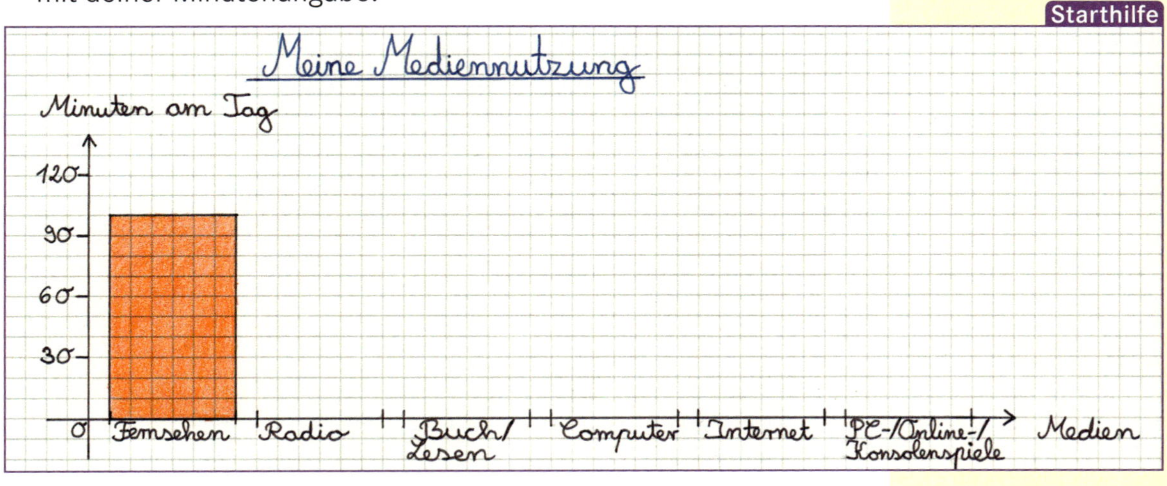

2 Vergleiche das Diagramm aus der KIM-Studie mit deinem Diagramm. Welche Gemeinsamkeiten und Unterschiede stellst du fest?

a. Beantworte diese Fragen in Stichworten:
- Mit welchen Medien verbringst du mehr Zeit als Gleichaltrige?
- Mit welchen Medien verbringst du weniger Zeit?
- Mit welchen Medien verbringst du etwa gleich viel Zeit?

b. Ergänze deinen Text zum Säulendiagramm der KIM-Studie.

Diagramm: So viel Zeit verbringen Kinder täglich mit den Medien ➤ **S. 104**

Text: Das Säulendiagramm ➤ **S. 104, Aufgabe 4**

3 Auf welches Medium könntest du am ehesten verzichten und auf welches am wenigsten? Woran könnte das liegen?

a. Sprich darüber mit einer Partnerin oder einem Partner.

b. Schreibt eure Begründung auf.

Eine Umfrage zur Mediennutzung durchführen

Ihr wisst nun schon einiges über die Mediennutzung von Kindern und Jugendlichen. Mehr könnt ihr erfahren, wenn ihr eine Umfrage durchführt.

Schritt 1: Die Umfrage vorbereiten

1 a. Entscheidet zunächst, wer befragt werden soll (z. B. die eigene Klasse, die Parallelklasse, die ganze Schule).
b. Bildet Gruppen:
c. Entscheidet, welche Gruppe wen befragen soll.
d. Überlegt euch, wann ihr die Umfrage durchführen könnt.
e. Verabredet einen Termin für die Umfrage.

2 Was wollt ihr über die Mediennutzung von Jugendlichen erfahren?
a. Überlegt euch Fragen und schreibt sie auf.
b. Überlegt, was für ein Typ von Frage sinnvoll ist, wenn ihr eine bestimmte Information haben wollt. Nutzt das Merkwissen.

3 a. Überlegt euch Antwortmöglichkeiten.
b. Ändert eure Fragen, wenn ihr nicht die passende Information erhaltet.
c. Erstellt eine Liste mit den Fragen und möglichen Antworten.

Merkwissen

Bei einer Umfrage kann man verschiedene Typen von Fragen stellen:
- **Ja-Nein-Fragen**: Fragen, auf die man mit ja oder nein antworten kann, zum Beispiel: Bist du jeden Tag online?
- **Offene Fragen**: Fragen ohne Einschränkung der Antwortmöglichkeiten, zum Beispiel: Was ist dein Lieblingsbuch?
- **Geschlossene Fragen**: Fragen mit vorgegebenen Antwortmöglichkeiten, zum Beispiel: Wofür nutzt du das Internet am meisten?
  a) Hausaufgaben/Schule b) Information c) E-Mails/Chatten

Schritt 2: Die Umfrage durchführen und auswerten

4 Führt die Umfrage durch und notiert die Antworten.
- Legt eine Strichliste zu jeder Frage an. Notiert, wie oft welche Antwortmöglichkeit angekreuzt wurde.
- Zählt die Antworten zusammen, siehe Starthilfe zu Aufgabe 5.

➤ S. 107, Aufgabe 5

5 a. Stellt die Ergebnisse eurer Umfrage in einem Diagramm, einer Tabelle oder in einem Text dar.
b. Übertragt eure Darstellung auf ein Plakat.

Starthilfe

Umfrage zur Mediennutzung in der Klasse 5 a		
Frage	**Antwort**	**Auswertung**
1. Mit welchen Medien verbringst du die meiste Zeit täglich? Kreuze an.	– Fernsehen – Radio – Computer – Buch – PC-/Online-/ Konsolenspiele	~~IIII~~ ~~IIII~~ III = 13 IIII = 4 ~~IIII~~ III = 8 ~~IIII~~ I = 6 ~~IIII~~ ~~IIII~~ ~~IIII~~ II = 17
2. Auf welches Medium kannst du am ehesten verzichten? Kreuze an.	– Fernsehen – ...	...
3. Auf welches Medium kannst du gar nicht verzichten? Kreuze an.	– ...	...
4. Welche Medien nutzt du, um dich mit Freunden zu unterhalten? Kreuze an.	– E-Mail – Telefon – Zettel – keine	...
5. ...	– ...	...

Schritt 3: Die Umfrage präsentieren und besprechen

6 Stellt mit einer Wandzeitung die Umfrageergebnisse aller Gruppen aus.
a. Schreibt sehr groß eine Überschrift auf ein Blatt, die für alle Gruppen gilt.
b. Jede Gruppe stellt ihre Umfrageergebnisse auf einem Plakat vor.
c. Jede Gruppe hängt ihr Plakat unter die Überschrift.

7 a. Seht euch die Ergebnisse aller Umfragen an.
b. Beantwortet anschließend die folgende Frage in Stichworten: Welche Ergebnisse der Umfragen überraschen euch?

8 Wie unterscheiden sich die Ergebnisse eurer Umfragen von den Ergebnissen in deinem Text zum Säulendiagramm der KIM-Studie?

Text: Das Säulendiagramm
➤ **S. 104, Aufgabe 4**

Projektidee: Abschalten?!

Wie ist es, ein ganzes Wochenende auf den Gebrauch von elektronischen Medien (Computer, Internet, Fernsehen, Handys ...) zu verzichten? Führt dazu einen Selbstversuch durch.

1. Schritt: Die Vorbereitung

1 Legt einen Termin für ein Wochenende ohne elektronische Medien fest.

2 Es ist wichtig, dass ihr eure Erfahrungen und Beobachtungen festhaltet.
Dazu bereitet jeder ein Blatt für Samstag und ein Blatt für Sonntag mit folgenden Fragen vor:
- Wie erging es dir morgens, mittags, abends ohne elektronische Medien?
- Wann hättest du gern welches Medium benutzt?
- Warum haben dir bestimmte Medien gefehlt?
- Was hast du in der Zeit gemacht, in der du sonst Medien benutzt hättest?
- Wann fiel es dir besonders schwer, auf elektronische Medien zu verzichten? Warum war das so?
- Auf welches Medium könntest du leicht verzichten? Warum?

2. Schritt: Die Durchführung

3 Verbringe dein Wochenende ohne elektronische Medien.

4 **a.** Nimm dir an jedem Abend Zeit und denke über den Tag nach.
b. Beantworte die Fragen.

Starthilfe

Mein Wochenende ohne elektronische Medien
Samstag, 5. 10.

Wie erging es dir heute ohne elektronische Medien?
- Nach dem Frühstück kam ich mir ziemlich hilflos vor, aber dann ...
- Mittags hätte ich fast ...

Wann hättest du gern welches Medium benutzt?
- 9:00 Uhr hätte ich normalerweise nach dem Frühstück gleich den Laptop eingeschaltet.
- 11:00 Uhr ...
- ...

3. Schritt: Die Auswertung

5 Tausche dich nach dem Wochenende mit einer Partnerin oder einem Partner aus.
a. Übertragt die Tabelle in euer Heft.
b. Beantwortet die Fragen in der Tabelle.
Schreibt eure Antworten auf.

Starthilfe

Unsere Erfahrungen mit dem Wochenende ohne elektronische Medien		
	Name Schüler/in 1	**Name Schüler/in 2**
Welche Medien habe ich nicht benutzt (und würde sie aber normalerweise am Wochenende benutzen)?		
Wann hätte ich gern welches Medium benutzt?		
Was habe ich in der Zeit gemacht, in der ich sonst Medien benutzt hätte?		
Auf welches Medium konnte ich leicht verzichten? Warum?		
Auf welches Medium konnte ich besonders schwer verzichten? Warum fiel es mir schwer?		
Was hat mir an dem Wochenende ohne elektronische Medien gefallen? Was nicht?		

6 Vergleicht eure Antworten miteinander:
Welche Gemeinsamkeiten und welche Unterschiede gibt es bei euch?

7 Sprecht in der Klasse darüber:
Welche Vor- und Nachteile könnte es haben, wenn ihr mit eurer Familie einen Tag in der Woche ohne Computer, Handy und Fernsehen verbringen würdet?

8 Schreibe einen kurzen Bericht über dein Wochenende ohne elektronische Medien.

Sich in den Medien informieren

Online-Kindernachrichten verstehen und lesen

1 **a.** Betrachtet die Internetseite genau.
b. Besprecht gemeinsam:
Über welche Themen könnt ihr euch auf dieser Seite informieren?

2 Auf welchen Seiten im Internet könnt ihr euch noch über aktuelle Themen und Nachrichten aus aller Welt informieren? Nennt Beispiele.

Hier seht ihr eine Internetseite mit Kindernachrichten.

3 Lies den Artikel mit dem Textknacker.

Textknacker
➤ S. 194–195

Frühling, wo steckst du?

Grau, nass und dunkel – den Winter haben wir jetzt satt. Endlich Frühling! Im Kalender steht, dass diese Jahreszeit erst am 21. März beginnt. Doch die Natur interessieren solche Termine wenig. Sie hält sich nicht an bestimmte Daten, sondern schickt uns lieber kleine und große Frühlingsboten.

Alles dreht sich um die Sonne

„Frühlingsanfang" steht am 21. März auf unserem Kalenderblatt – egal ob es draußen schneit oder die Blumen blühen. Der kalendarische Frühlingsanfang orientiert sich nicht an der Natur, sondern an der Sonne. Die Erde erreicht bei ihren Runden um die Sonne zweimal im Jahr einen Punkt: die Tagundnachtgleiche. Hier dauern Tag und Nacht bei uns genau gleich lang, nämlich jeweils 12 Stunden.

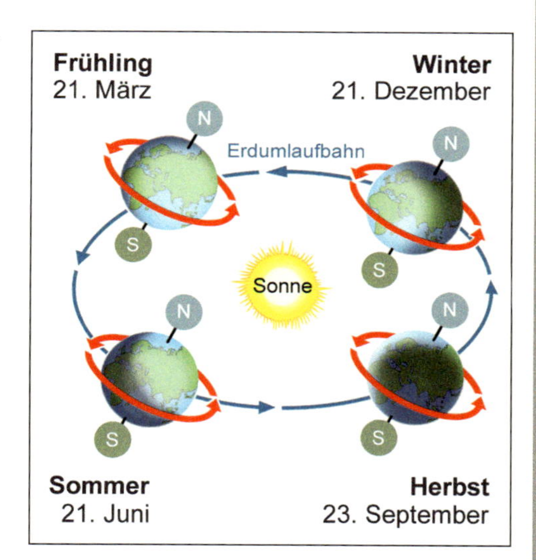

Ab dem 21. März sind die Tage dann länger als die Nächte. Und sie werden täglich ein wenig länger – der Sommer nähert sich mit großen Schritten. Zumindest bis zum 21. Juni, der Sonnenwende, dann werden die Tage wieder kürzer. Die zweite Tagundnachtgleiche am 23. September läutet schließlich den Herbst ein. Das gilt aber nur auf unserer Seite der Erdkugel – auf der anderen Seite des Äquators ist es genau umgekehrt, da beginnt jetzt nicht der Herbst, sondern der Frühling.

4 Worüber informiert der Artikel?

a. Fasst den Inhalt des ersten Absatzes in eigenen Worten zusammen.

b. Fasst den Inhalt des Artikels in eigenen Worten zusammen.

5 Welche interessanten Kindernachrichten gibt es aktuell?

a. Ruft im Internet die Seite **www.kindernachrichten.de** auf.

b. Lest einen Artikel, der euch interessiert.

c. Informiert kurz eure Klasse über die Internetseite und den Inhalt des Artikels.

Online-Kindernachrichten mit Zusatzangeboten lesen

Hier seht ihr die Startseite einer Internetseite mit Kindernachrichten.

1 Verschafft euch einen ersten Überblick.

2 **a.** Betrachtet die Bilder und die Überschriften der Startseite genau.
b. Besprecht gemeinsam: Über welche Themen könnt ihr euch auf der Internetseite informieren?
c. Worum geht es vermutlich in der Topnachricht des Tages?

3 Diese Internetseite bietet nicht nur Informationen an.
   a. Sieh dir die einzelnen Bereiche der Internetseite noch einmal an.
   b. Schreibe auf, was du noch alles machen kannst.

Starthilfe
- Ich kann Bilder zu aktuellen Nachrichten anschauen.
- Ich kann ...

Es gibt zahlreiche Nachrichtenseiten für Kinder und Jugendliche. Diese werden meist von Fernsehsendern oder Online-Magazinen angeboten.

4 a. Rufe im Internet die Seite **www.logo.de** auf.
   b. Welches Thema auf der Startseite interessiert dich? Welches interessiert dich gar nicht? Schreibe jeweils die Überschrift auf.
   c. Sprecht über eure Auswahl in der Klasse. Begründet eure Auswahl.

5 a. Suche dir auf der Internetseite von **www.logo.de** ein Thema aus den Bereichen **Topthemen** oder **Wissen** heraus.
   b. Was interessiert dich an dem Thema? Schreibe deine Fragen zu dem Thema auf.

6 a. Lies den Artikel zu diesem Thema und sieh dir die Bilder und Videos dazu an.
   b. Auf welche deiner Fragen konntest du noch keine Antworten erhalten? Suche nach weiteren Informationen zu diesem Thema im Internet.
   c. Stelle deiner Klasse die Informationen zu dem Thema in einem Kurzreferat oder auf einem Plakat vor.

im Internet recherchieren
➤ S. 201–203

ein Kurzreferat vorbereiten und vortragen
➤ S. 204–205

Plakat ➤ S. 299

7 Sprecht gemeinsam darüber, wo und wie ihr im Internet weitere Informationen zu Themen finden könnt, die euch interessieren.

8 Welche Vorteile könnten (Kinder-)Nachrichtenseiten im Internet gegenüber Zeitungen und Nachrichtensendungen im Fernsehen haben? Schreibe deine Überlegungen auf und begründe sie.

Kindernachrichten gestalten

Du hast Internetseiten mit Kindernachrichten kennen gelernt.

1 Wie müsste für dich eine gute Kindernachrichtenseite im Internet aussehen?
- Über welche Themen würdest du dich gerne informieren?
- Was sollte es zu diesen Themen auf der Seite alles geben?

Schreibe dir Stichworte auf.
Mögliche Themen könnten sein:

Umwelt   Sport   Politik   Wetter   Musiktipps   Filmtipps
Bastelanleitungen   Videos zu bestimmten Themen ...

Probiert nun selbst einmal, Kindernachrichten zu gestalten.
W **Wählt eine der beiden folgenden Aufgaben aus.**

2 **a.** Entwerft eine eigene Kindernachrichtenseite, die euch gefallen würde.
- Überlegt euch einen Namen für eure Kindernachrichtenseite.
- Über welche Themen informiert die Seite?
- Wie ist eure Startseite aufgebaut?
- Gibt es auch Bilder und Videos?

b. Zeichnet die Startseite auf ein Plakat.
c. Stellt die Entwürfe der Klasse vor.

Plakat ➤ **S. 299**

3 **a.** Erfindet eine Nachricht, die ihr gerne in den Kindernachrichten lesen würdet.
Ihr könnt eine der folgenden Überschriften verwenden:

Nervenkitzel bis zur letzten Sekunde
Deutschland wird Weltmeister!
Außergewöhnlicher Nachwuchs im Stuttgarter Zoo
Stars in der Schule
Ein unvergessliches Konzert an der Schule

b. Schreibt eure Nachricht auf ein Plakat.
c. Stellt eure Nachricht der Klasse vor.

Info
Eine **Nachricht** informiert kurz und knapp über einen aktuellen Sachverhalt.
Sie beantwortet die **W-Fragen**: Wer? Wo? Was? Wann? Wie?
Sie ist sachlich und enthält keine persönlichen Meinungen.

Projektidee: Nachricht der Woche

So bleibt ihr immer auf dem Laufenden: Einmal in der Woche, z. B. am Montag, wird eine Schülerin oder ein Schüler zur Nachrichtensprecherin oder zum Nachrichtensprecher und stellt der Klasse eine aktuelle Nachricht vor.
Die folgenden Schritte und Aufgaben zeigen euch, wie es geht.

1. Schritt: Im Internet interessante Nachrichten für Kinder finden

1 Informiere dich im Laufe der Woche auf Kindernachrichtenseiten im Internet und suche ein aktuelles und interessantes Thema aus.

im Internet recherchieren
➤ S. 201–203

2. Schritt: Den Sprechertext vorbereiten

2 **a.** Lies die Artikel und Informationen über das Thema.
b. Fasse die wichtigsten Informationen in einem kurzen Sprechertext zusammen. Beantworte dabei die W-Fragen: Wer? Wo? Was? Wann? Wie?

3. Schritt: Den Vortrag gestalten

3 **a.** Trage den Sprechertext möglichst frei vor.
b. Begründe, warum du dich für die Nachricht entschieden hast.
c. Beende deinen Vortrag mit einer Frage an das Publikum, z. B.: Was denkt ihr darüber? Wie findet ihr es, dass ...?

4. Schritt: Feedback annehmen

4 **a.** Nach dem Vortrag kommt das Publikum zu Wort und sagt dir zunächst, was ihm an dem Nachrichtenvortrag gefallen hat.
b. Das Publikum gibt dir anschließend Tipps, was du beim nächsten Vortrag noch verbessern könntest.

Fantastische Bücher

- Jugendbücher lesen
- Bücher auswählen und präsentieren

1 Welche Bücher könnt ihr entdecken?

a. Lest die Buchtitel.

b. Welche Bücher machen euch neugierig? Begründet.

Der folgende Klappentext gehört zu einem der Bücher auf Seite 116.

Die zwölfjährige Anna und ihr Zwillingsbruder Ben sind völlig aus dem Häuschen: Eine ganze Woche fahren ihre Eltern in Urlaub und überlassen sie der Obhut ihrer nachsichtigen Tante Mia. Für die Zwillinge bedeutet das jede Menge Freiheit und Nichtstun, da sind sie sich sicher. Doch schon am ersten Abend kommt alles ganz anders, denn ein scheinbar harmloser Stromausfall entpuppt sich als Beginn einer abenteuerlichen Reise. Einer Reise, auf der Anna und Ben es mit fremden Zeiten, verborgenen Welten, falschen Wissenschaftlern und einem echten Fürsten zu tun bekommen.

2 **a.** Lest den Klappentext.
Auf welche Reise nimmt euch das Buch mit?
b. Zu welchem Buch auf Seite 116 könnte der Klappentext gehören? Begründet eure Vermutung.
c. Würdet ihr das Buch gern lesen? Begründet.

3 Was ist das Besondere an fantastischen Geschichten?
a. Übertragt den Cluster auf ein Blatt.
b. Welche fantastischen Geschichten kennt ihr? Ergänzt den Cluster mit eigenen Beispielen.

Cluster ➤ **S. 299**

4 „Wer liest, kann auch im Alltag reisen."
Was ist damit gemeint? Erklärt es in eigenen Worten.

In diesem Kapitel lernt ihr Bücher kennen, die euch in eine fantastische Welt entführen. Ihr untersucht, warum euch ein Buch besonders interessiert, und ihr informiert euch und andere über Bücher.

In ein Buch hineinlesen

Der folgende Jugendbuchauszug entführt dich in eine fantastische Welt. Freddy erlebt einen besonderen Morgen.

1 Lies den Jugendbuchauszug.

Ein ungewöhnlicher Morgen Sabine Ludwig

Ich wache auf. Vom Wecker? Nein. Was da läutet, sind die Kirchenglocken.
Am Montag? Seit wann läuten montags die Glocken?
Ist irgendein besonderer Tag heute, wenn man mal davon absieht,
dass die Schule wieder anfängt? Nicht dass ich wüsste.
Ich schaue auf meinen Wecker und bekomme einen Schreck.
Wir haben verschlafen! Es ist schon neun Uhr!
Es gibt nichts Schlimmeres, als zu spät zu kommen, erst recht
am ersten Schultag nach den großen Ferien. Was wird Herr Frohriep,
unser Klassenlehrer, sagen? Er hat so eine Art, eine Augenbraue
hochzuziehen, wenn man was falsch macht. Ich höre ihn schon:
„Verschlafen hast du, soso? Na, das fängt ja gut an!"
Ich springe aus dem Bett. Wieso liegt da diese dicke weiße Wollfluse
auf dem Teppich? Hab ich die nicht gestern weggesaugt?
Egal, ich hab andere Sorgen.
„Mama! Papa! Aufstehen!", rufe ich. „Wir haben verschlafen!"
Ich stürze ins Bad und greife nach der Zahnbürste. Ob ich gar nicht
zur Schule gehe? Ich könnte ja krank sein. Das ist auf jeden Fall besser,
als über eine Stunde zu spät zu kommen. Andererseits wird Vero
bestimmt überall erzählen, dass sie mich gestern Nachmittag getroffen hat
und dass ich da noch putzmunter war.
„Mama!"
Wo ist meine Zeugnismappe? Hier, aber das Zeugnis ist
noch nicht unterschrieben, typisch! Sechs Wochen haben meine Eltern
Zeit dafür gehabt und was ist? Nichts! Ich knalle es auf den Küchentisch.
Jack springt aufgeregt bellend um mich herum. Er hält das alles
anscheinend für einen großen Spaß.
„Nein, Jack, ich gehe nicht mit dir raus, ich muss zur Schule!"
Papa streckt seinen Kopf aus der Schlafzimmertür.
„Freddy? Was machst du denn für einen Radau? Wir schlafen noch!"
„Das hab ich gemerkt. Hast du mal auf die Uhr gesehen?"

Ich schlüpfe in meine Turnschuhe, zum Zubinden ist keine Zeit mehr.
Wo ist die blöde Schulmappe? Ich hatte sie doch gestern Abend
neben die Tür gelegt.
„Papa, unterschreib mein Zeugnis, schnell!"
35 „Ist doch erst kurz nach neun.
Was soll diese Hektik am heiligen Sonntag?"
„Sonntag?" Ich starre Papa fassungslos an.
„Heute ist doch nicht Sonntag!
Gestern war Sonntag!"
40 Mama erscheint. „Du bist aber früh dran, Freddy.
Möchtest du auch einen Tee?"
Ich verstehe die Welt nicht mehr.
„Ich muss zur Schule, Mama!"
Mama kommt zu mir und legt mir die Hand auf die Stirn.
45 „Geht's dir nicht gut, mein Schatz?"
Mir geht's wirklich nicht gut, irgendwie ist mir schwindlig.
„Aber Sonntag war doch gestern", wiederhole ich.
„Gestern war Samstag", sagt Mama. „Wir sind auf den Markt gegangen,
haben Wachteln für Papas Menü gekauft ..."
50 „Die Wachteln sind verbrannt", sage ich leise.

Aber tatsächlich, das verbrannte Mittagessen vom Sonntag liegt wieder roh im Kühlschrank und auch die aktuelle Zeitung am Kiosk zeigt: Es ist wieder Sonntag!

2 Was mag Freddy denken?
Schreibe in eine Gedankenblase,
was ihr durch den Kopf gehen könnte.

Das kann doch einfach
nicht wahr sein!
Ich weiß doch genau ...

Der Textauszug stammt aus einem der Bücher von Seite 116.

3 **a.** Lies noch einmal die Buchtitel auf Seite 116.
b. Zu welchem Buch könnte der Textauszug gehören? Begründe.

4 **a.** Würdest du das Buch gern weiterlesen? Begründe.
b. Was wüsstest du gern genauer? Schreibe Fragen auf.

5 Warum könnte dies eine fantastische Geschichte sein?
Nenne Textstellen und begründe.

Der erste Eindruck: Cover und Klappentext

Du erfährst schon viel über ein Buch, wenn du das Buchcover ansiehst. Das Bild auf dem Buchcover und der Buchtitel sagen dir oft etwas über das Thema des Buches.

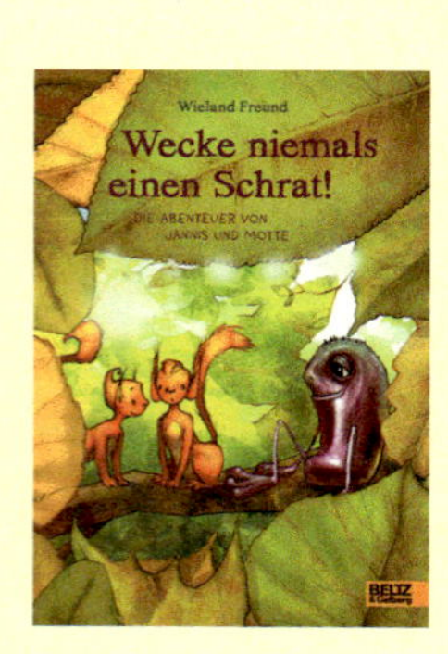

1 **a.** Seht euch die Bilder auf den Buchcovern an.
b. Stellt Vermutungen an: Worum könnte es in den Büchern gehen?

2 **a.** Lies die Buchtitel.
b. Welches Buch möchtest du vielleicht lesen?
Begründe deine Entscheidung.

Viele Bücher haben auf der Rückseite einen Klappentext.
Der Klappentext enthält weitere Informationen über den Inhalt.

3 Lies die folgenden Klappentexte.

A Es ist schwer, „der Auserwählte“ zu sein, wenn man zehn Jahre alt ist und nicht mal sehr groß für sein Alter. Und wenn man nur zufällig den Weg in das gefährliche Land-auf-der-anderen-Seite gefunden hat. Anna kann nicht begreifen, dass ausgerechnet sie der „Kühne Kämpfer“ aus der Prophezeiung sein soll, der das Land von Evil dem Fürchterlichen erlösen wird. Doch dann verliert Anna auf ihrem abenteuerlichen Weg durch die Steinige Steppe den Spiegel – und mit ihm den Rückweg in ihre eigene Welt. Sie wird Evil besiegen müssen!

B In einem alten Steinbruch entdeckt der elfjährige Colin eine fossile Saurierspur. Steckt hinter dem wunderlichen Gerede seiner Großmutter vielleicht mehr, als er dachte? Colin begibt sich auf die Suche nach seinem verschollenen Großvater und stößt dabei auf Unglaubliches: eine urzeitliche Welt unter der Erde. Doch je tiefer er in die Anderswelt vordringt, umso gefährlicher wird es für ihn.

C Der Geheime Zauberrat Beelzebub Irrwitzer und seine Tante [...] haben ein Problem: Das Jahr neigt sich dem Ende zu, und beide haben ihr Soll an bösen Taten noch nicht erfüllt. Mit einem raffinierten Plan könnten sie den Rückstand aufholen – doch sie haben nicht mit dem Kater Maurizio und dem Raben Jakob gerechnet, die alles daransetzen, um das teuflische Vorhaben in letzter Minute zu verhindern ...

D Durch die schneeweiße Wand ihres Krankenhauszimmers gelangt Laura in das geheimnisvolle Eisland mit den nachtblauen Bergen. Dort trifft sie auf den gleichaltrigen Linusch, der mit seinem Kater und allerlei merkwürdigen Wesen in einem Iglu lebt. Laura erkennt bald, dass sie in diesem Eisland gebraucht wird, denn Linusch' Vater und alle anderen Menschen sind zu Eisstatuen erstarrt. Wer außer Laura und Linusch könnte den geheimnisumwitterten Silberwolf noch finden, um das Eisland zu retten?

E Seit Jannis den Schrat geweckt hat, weicht Wendel nicht mehr von seiner Seite. Was für ein Pech, glauben Elfen doch, Schrate brächten Unglück. Aber es kommt noch schlimmer: Der Zauberer Holunder lässt einen gewaltigen Sturm durch den Wald fegen. Dabei wird nicht nur Jannis' beste Freundin Motte, sondern auch die Elfenkönigin Titania verweht. Wer kann den Elfenwald jetzt noch retten?

4 Welcher Klappentext gehört zu welchem Buchcover? Ordnet die Klappentexte den Buchcovern zu.

5 Entscheide neu: Welches Buch verlockt dich nun am meisten zum Lesen? Begründe.

Verlockende Buchanfänge lesen

Ob man ein Buch spannend, lustig oder interessant findet, entscheidet man oft schon nach den ersten Sätzen.

W **1** Lies mindestens zwei der folgenden Buchanfänge. Sieh dir dazu jeweils die Buchcover an, lies die Titel und entscheide.

Buchanfänge ➤ S. 122–124

Dieses Buch beginnt mit einer Suche.

Wecke niemals einen Schrat! Wieland Freund

Mottes Rufe hallten durch den Elfenwald. Wie Motte sprangen sie
von Wipfel zu Wipfel. „Jannis! Jannis, wo steckst du?"
Raschelnd landete Motte auf einem dünnen Ast. Mit ihrem buschigen
Schwanz, der beinahe so lang war wie sie selbst, hielt sie das Gleichgewicht.
5 Der Ast wippte. Motte sah sich um. Sie spähte durch das dichte grüne Laub,
immer auf der Suche nach einem von Jannis' Kobeln*.
Es war früh am Morgen, in den Baumkronen war es schon hell,
die Sonne im blauen Himmel darüber so frisch wie eine Butterblume.
Tief unter Mottes Ausguck lag der Wald noch im Schatten.
10 Der Boden war kühl von der Nacht. An den Spitzen der Farnwedel
sammelten sich Tautropfen. Das Laub zu Füßen der Bäume war klamm.
Das Moos, das die gestürzten Stämme überzog,
hatte sich vollgesogen wie ein Schwamm.
„Jannis?" Hier irgendwo musste er sein.
15 Er hatte nicht auf dem Kinderbaum geschlafen.
Jannis fand den Kinderbaum blöd.
Er baute sich seine Kobel, wo es ihm gefiel.
Am liebsten so hoch wie möglich.
Sollte er doch, dachte Motte.
20 Nur die Gefahrenprüfung sollte er nicht verpassen.
„JANNIS!" Langsam wurde Motte ärgerlich.
Wenn sie seinetwegen zu spät kam, konnte er was erleben.

* der Kobel: das Nest eines Eichhörnchens

2 Was macht euch neugierig auf die Welt von Motte und Jannis? Was möchtet ihr noch darüber wissen? Sprecht darüber.

W **3** Wie stellst du dir Jannis vor?
- Du kannst ein Bild zeichnen.
- Du kannst Jannis in einem kurzen Text beschreiben.

Am Anfang dieses Buches überlegt Anna, ob sie ihre Geschichte erzählen soll.

Der durch den Spiegel kommt — Kirsten Boie

Wenn ich jetzt meine Geschichte erzähle, wird niemand mir glauben.
Keinem ist so etwas passiert. Keinem ist jemals etwas Ähnliches passiert,
nur mir, ausgerechnet mir.
Aber es ist trotzdem die Wahrheit, und wenn ich meine Schatzschublade
5 aufziehe, dann liegt da der Spiegel: Zwischen all meinen Schätzen liegt er,
neben der Schachtel mit den Muscheln, die ich auf unserer Klassenfahrt
an der Nordsee gesammelt habe, und der kleinen durchsichtigen Dose
mit schönen Haarbändern und den Glanzpapierpuscheln, die sie
in der Eisdiele immer auf die Kinderbecher setzen. An Katjas Geburtstag
10 sind wir mit fünf Kindern da gewesen, und ich durfte von allen
die Puschel behalten.
Zwischen diesen Dingen liegt jetzt der Spiegel, und Mama sagt:
„Was ist denn das für ein alter, kaputter Spiegel, Anna?
Wo hast du den denn her?" Wie damals, als ich zurückgekommen bin.
15 Und wieder überlege ich, ob ich ihr die ganze Geschichte erzählen soll,
vom Land-auf-der-anderen-Seite und von Rajún, meinem Gefährten,
der die Dinge erlösen konnte durch ihre Melodie;
von Evil dem Fürchterlichen, von all meiner Angst und
von unserem Sieg.
20 Aber ich weiß ja, sie würde mir nicht glauben.
Denn Ähnliches ist niemals geschehen, und Mama
würde sich sorgen um mich und ihre Hand
auf meine Stirn legen und sagen: „Du hast doch
kein Fieber, Anna? Ist alles in Ordnung?"

4 a. Was ist das Fantastische an Annas Geschichte? Nennt Textstellen.
b. Was könnte das Besondere an dem Spiegel sein? Erzählt.

W Wähle aus den beiden Aufgaben eine aus.

5 Was könnte Anna im Land-auf-der-anderen-Seite erlebt haben? Erzähle die Geschichte weiter.

anschaulich erzählen ➤ S. 300

6 Stelle dir vor, du findest einen Zauberspiegel. Wie wäre dein Land-auf-der-anderen-Seite? Beschreibe es oder zeichne ein Bild.

Dieses Buch beginnt am Silvesterabend.

Der satanarchäolügenialkohöllische Wunschpunsch Michael Ende

An diesem letzten Nachmittag des Jahres war es schon ungewöhnlich früh
stockdunkel geworden. Schwarze Wolken hatten den Himmel verfinstert und
ein Schneesturm fegte seit Stunden durch den Toten Park.
Im Inneren der Villa Alptraum regte sich nichts – außer
dem flackernden Widerschein des Feuers, das mit grünen Flammen
im offenen Kamin brannte und das Zauberlabor in gespenstisches Licht
tauchte.
Die Pendeluhr über dem Kaminsims setzte rasselnd ihr Räderwerk in Gang.
Es handelte sich um eine Art Kuckucksuhr, nur dass ihr kunstvolles Spielwerk
einen wehen Daumen darstellte, auf den ein Hammer schlug. „Aua!",
sagte sie. „Aua! – Aua! – Aua! – Aua!"
Es war also fünf Uhr.
Für gewöhnlich machte es den Geheimen Zauberrat Beelzebub Irrwitzer
immer ausgesprochen guter Laune, sie schlagen zu hören,
aber an diesem Silvesterabend warf er ihr
einen eher gramerfüllten Blick zu. Er winkte ihr
mit einer lustlosen Handbewegung ab und
hüllte sich in den Rauch seiner Pfeife.
Mit umwölkter Stirn brütete er vor sich hin.
Er wusste, dass ihm größere Unannehmlichkeiten
bevorstanden, und zwar sehr bald,
spätestens um Mitternacht – bei Jahreswechsel. […]
Beelzebub Irrwitzer seufzte tief, erhob sich
und begann, in seinem Labor auf und ab zu gehen.
Man würde ihn zur Rechenschaft ziehen,
dessen war er sicher. Aber mit wem
würde er es zu tun bekommen? Und was konnte er zu seiner Verteidigung
vorbringen? Und vor allem: Würde man ihm seine Gründe abnehmen?

7 Welche Wörter und Wortgruppen machen euch neugierig auf die Welt von Beelzebub Irrwitzer? Schreibt sie auf.

Starthilfe
stockdunkel, der Tote Park …

W Wähle aus den beiden Aufgaben eine aus.

8 Wie stellst du dir die Villa Alptraum vor? Zeichne ein Bild.

9 Was könnte um Mitternacht geschehen? Erzähle.

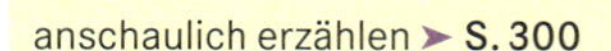
anschaulich erzählen ➤ S. 300

Du hast nun mindestens zwei Buchanfänge gelesen.

10 Welcher Buchanfang gefällt dir am besten?

a. Übe zunächst leise für dich, den Text ausdrucksvoll zu lesen. Betone dabei die Wörter, die den Text interessant oder spannend machen.

b. Lies dann den Text einer Partnerin oder einem Partner vor.

c. Begründe, warum dir der Buchanfang am besten gefällt.

Lesetraining ➤ S. 191–193
betont vorlesen ➤ S. 301

Die Autoren der Bücher verwenden verschiedene „Lockmittel", um die Geschichte so interessant zu machen, dass die Leserinnen und Leser das Buch weiterlesen wollen.

11 **a.** Arbeitet in Dreiergruppen. Jeder von euch sollte einen anderen Text gelesen haben.

b. Womit werden die Leserinnen und Leser jeweils zum Lesen verlockt? Untersucht die Texte genauer und nennt passende Textstellen.

12 Wertet eure Ergebnisse mit Hilfe einer Tabelle aus. Gibt es Gemeinsamkeiten?

Starthilfe

Titel / Lockmittel	Wecke niemals einen Schrat!	Der durch den Spiegel kommt	Der satanarchäolügenialkohöllische Wunschpunsch
die Figuren	fantasievolle Namen	...	...
die Geschichte	...	...	...
die Sprache	...	Andeutungen (Schatzschublade ...)	...

W **Wähle nun selbst ein Jugendbuch aus, dessen Anfang dir besonders gut gefällt.**

13 Stelle das Buch einer Partnerin oder einem Partner vor.

a. Zeige zunächst das Buchcover. Die Partnerin oder der Partner stellt Vermutungen an, worum es gehen könnte.

b. Lies den Anfang vor.

c. Erläutere, mit welchen „Lockmitteln" die Autorin oder der Autor die Leserinnen und Leser in das Buch „hineinlockt".

d. Erzähle, wie das Buch weitergeht.

Jugendbuchauszüge lesen

Die folgenden Auszüge aus fantastischen Jugendbüchern haben etwas gemeinsam.

W **1** Lies die folgenden Jugendbuchauszüge.
- Du kannst nur einen Text lesen.
- Du kannst auch zwei oder alle drei Texte lesen.

Jugendbuchauszüge
➤ S. 126–129

In diesem Buchauszug gehen Anna und Ben nach einem Stromausfall in den Keller, um am Stromkasten den Strom wieder anzuschalten.

Im Land der Stundendiebe Thomas Mendl

„Ich glaube, es sind wirklich die Sicherungen!", rief Anna ihrem Bruder
über die Schulter zu. „Soll ich auf diese schwarzen Knöpfe drücken?
Die sehen so aus, als gehörten sie gedrückt."
„Probier's doch einfach! Obwohl ..." Ben zögerte. „Irgendetwas stimmt nicht.
5 Das hab ich im Gefühl. Vielleicht lässt du es doch besser,
bevor noch irgendetwas Schlimmeres passiert." Ben sah verängstigt um sich,
als rechne er jeden Augenblick mit einer Explosion.
Anna kannte Bens Problem. Er hasste es, schwierige Entscheidungen
zu treffen. Darum blieb diese Aufgabe meist an ihr hängen,
10 ob es ihr nun gefiel oder nicht. Sie überlegte. Auch ihr war nicht ganz wohl
beim Anblick dieser elektrischen Anlage.
Aber ich fürchte, wir haben keine Wahl, dachte sie dann und
wollte gerade loslegen, als ihr Blick auf einen stark angerosteten
gabelförmigen Hebel mit Holzgriff fiel, der neben dem Sicherungskasten
15 an der Wand befestigt war. [...]
Anna hielt den Atem an und drückte entschlossen alle schwarzen Knöpfe
in dem grauen Kasten nacheinander hinein, bis sie einrasteten.
Dann trat sie einen Schritt zurück und betrachtete den Hebel noch einmal.
„Vielleicht ist es ja so etwas wie ein Hauptstromhebel?"
20 Kurzerhand beschloss Anna,
den Hebel ebenfalls nach oben zu drücken.
Er war so stark festgerostet,
dass sie beide Hände benutzen musste.
Aus einiger Entfernung war plötzlich
25 ein leises Rumpeln zu hören, das Anna ein wenig
an die Geräusche der Waschmaschine erinnerte.

Der Strom funktioniert wieder und Anna und Ben kehren zurück in den Flur. Anna sucht nach dem Schalter, um das Licht einzuschalten.

Endlich ertastete Anna den Rahmen der Küchentür und fand den Schalter.
Nachdem sie eine Weile ohne Erfolg daran herumgefingert hatte,
stellte sie fest, dass der Lichtschalter sich nicht wie gewohnt kippen,
30 sondern drehen ließ. Sie drehte ihn also, und tatsächlich
erstrahlte der Flur in hellem Licht.
Aber es war nicht ihr Flur. Zumindest nicht der Flur,
den sie vor Kurzem mit Ben verlassen hatte,
um in den Keller zu gehen.
35 Irgendwie war es zwar derselbe Raum,
aber dennoch sah alles ganz anders aus,
denn die gesamte Einrichtung
hatte sich verändert. Alles wirkte
unglaublich vornehm. Direkt neben der Haustür
40 stand ein schmales hohes Tischchen,
das eine Fächerpalme trug. Auf der Glasscheibe der Tür waren plötzlich
mit bunten Steinen zwei Pfauen dargestellt. Ein orientalischer Teppich
zierte den dunkel glänzenden Holzboden, und die Wände waren rundum
bis auf Kinnhöhe mit dunklem Holz verkleidet.
45 Zwischen den einzelnen Holzbrettern befand sich jeweils eine Vertiefung.
Das war es also, was ich gefühlt habe, dachte Anna. Die Tapeten
über der Holzverkleidung waren aus rotem Stoff gefertigt,
und die goldene Zierleiste, die knapp unter der Decke entlanglief,
ließ den Raum noch vornehmer erscheinen.
50 Fassungslos drehte sich Anna zu Ben um, der noch immer
neben der Tür zum Keller stand und Mund und Augen weit geöffnet hatte.
„Was ... was ist hier passiert?", stammelte Anna.
„Das ist ... das ist eigentlich unmöglich", brachte Ben nur hervor
und sah Anna ratlos an.
55 Das alles war so sonderbar, dass Anna wahrscheinlich noch Stunden
gebraucht hätte, um nur halbwegs zu begreifen, was hier vor sich ging.
Doch dazu blieb ihr keine Zeit, denn das Geräusch
einer zuschlagenden Wagentür vor dem Haus riss sie jäh
aus ihrer Benommenheit.

2 Anna und Ben sind zwar wieder im Flur ihres Hauses, aber der Flur sieht plötzlich ganz anders aus.
a. Beschreibe den Flur in eigenen Worten.
b. Was könnte geschehen sein? Schreibe deine Vermutung auf.

In diesem Buchauszug liegt die Hauptfigur Laura im Krankenhaus und kann nicht schlafen.

Laura und der Silberwolf   Antonia Michaelis

Laura setzte sich im Bett auf und schlang die Arme um die Knie. So saß sie
und starrte in die Dunkelheit. Und je länger sie starrte, desto weniger dunkel
erschien ihr die Dunkelheit. Ihre Augen gewöhnten sich an das gedämpfte
Licht der Straßenlaterne, das von draußen hereinfiel. Es fiel auf die Wand.
5 Die große, weiße Wand direkt neben Lauras Bett.
Plötzlich dachte sie wieder an Eileens Worte: „Meinst du, man könnte
einfach hineingehen?"
Je länger Laura die Wand betrachtete, desto weniger sah sie aus
wie eine Wand. „Unsinn", dachte sie. „Natürlich ist es eine Wand.
10 Nichts weiter. Ich brauche bloß die Hand auszustrecken,
dann spüre ich die raue Tapete ..."
Aber etwas hielt sie davon ab, die Hand auszustrecken.
Stattdessen schälte sie sich leise aus ihrer Bettdecke
und stand auf. So stand sie eine Weile, mitten auf dem Bett,
15 den Blick auf die weiße Wand gerichtet. Es war,
als guckte man über eine weite, weite verschneite Ebene hin.
Eine Ebene ohne Spuren.
Es hatte eben erst aufgehört zu schneien,
und wenn man jetzt einen Fuß in die Ebene setzen würde,
20 könnte man eine perfekte, einmalige erste Spur machen.
Laura zögerte einen winzigen Augenblick lang.
Dann tat sie einen Schritt nach vorne, in die Ebene hinein.
Unter ihrer Schlafsocke knirschte der Schnee kalt und harsch.
Seine oberste Schicht war bereits gefroren.
25 Sie zog den zweiten Fuß nach.
Und so begann sie, eine Spur in der unberührten Ebene zu machen,
eine perfekte, einmalige Spur. [...]
Als Laura sich umsah, war da kein Bett zu sehen. [...] Es war gar nichts
zu sehen. Außer Schnee. Und sie stand mitten darin. Über ihr
30 am Nachthimmel hing der Mond. [...] Vor Laura aber erstreckte sich
das Eisland, bläulich schimmernd und unendlich.
Sie ging weiter, ohne zu wissen, wohin. Es schien nichts zu geben,
das das Wort „hin" gerechtfertigt hätte. Keinen Ort, kein Haus, nicht einmal
ein Iglu. Laura war ganz allein.

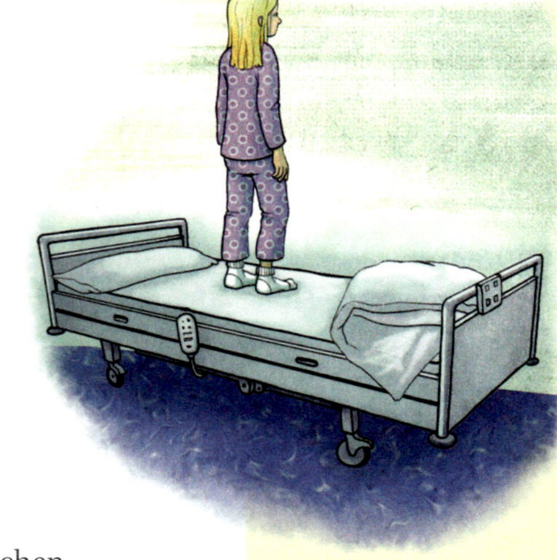

3 Plötzlich ist Laura im Eisland. Was könnte sie denken und fühlen?
- **a.** Erzähle es.
- **b.** Schreibe es aus der Sicht von Laura auf.

In diesem Buchauszug entdeckt Colin einen Felsen und versucht, diesen durch Aushebeln zu bewegen.

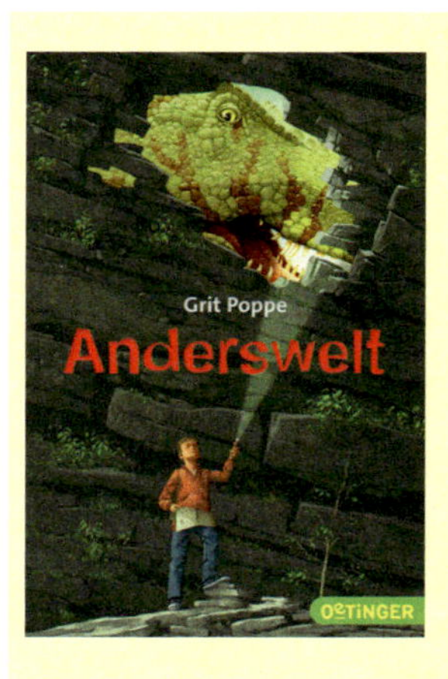

Anderswelt Grit Poppe

Meine Hände brannten wie Feuer. Ich ließ die Stange fallen und
beugte mich über die Erde, die ich freigelegt hatte. Sie sah
enttäuschend normal aus. Nichts wies darauf hin, dass es hier
etwas zu entdecken gab.
5 Meine Mühe war umsonst. Ich hatte mich geirrt. Ich jagte einem Märchen
nach, einem Hirngespinst* meiner Oma.
Ich nahm den Hammer aus dem Gras und pfefferte ihn wie
einen Tomahawk* wütend auf den braunen nichtssagenden Boden.
Was tat ich hier eigentlich?
10 Die Metallspitze des Werkzeugs steckte in der Erde. Missmutig betrachtete
ich sie, als plötzlich etwas Merkwürdiges geschah. Eine feine Linie
bildete sich im Sand. Es sah aus wie ein harmloser Strich, den jemand
mit einem Stock in den Sand gemalt hatte. Aber dieser Strich wurde länger
und breiter.
15 Ich rührte mich nicht, als könnte eine Bewegung die Erscheinung
verscheuchen wie einen ängstlichen Vogel. Ich wagte kaum zu atmen.
Erst als der Hammer begann, Stück für Stück einzusinken, griff ich
nach dem Schaft.
Unter mir, zwischen meinen Füßen, bildete sich jetzt deutlich sichtbar
20 ein Riss. Es kam mir vor, als würde das Werkzeug in meinen Händen heiß.
An einer Stelle spürte ich es besonders deutlich: Es war die Gravur,
die Initialen meines Großvaters, die auf meiner Haut brannten.
Ohne nachzudenken, ja, ohne dass ich das geplant hatte, hob ich
den Hammer und schlug zu, direkt in den Spalt hinein.

* das Hirngespinst: ein abwegiger Gedanke
* der Tomahawk: eine Streitaxt der amerikanischen Ureinwohner

25 Ich hörte Steine bröckeln und dann schob sich die Erde auseinander.
Unter meinen Füßen ruckelte es auf einmal, wie bei einem Erdbeben,
und ich sprang ein Stück zurück.
Mir wurde schwindlig, als ich die dunkle längliche Öffnung erblickte.
Es sah aus wie ein Schacht, der ins Nirgendwo führte.
30 War hier das Tor, von dem meine Großmutter gesprochen hatte?
War das der Eingang zur Anderswelt? Und was sollte ich jetzt tun?

4 Unter Colins Füßen öffnet sich die Erde.
Wohin könnte der Schacht führen? Erzähle die Geschichte weiter.

anschaulich erzählen ➤ S. 300

Die Textauszüge machen neugierig auf die Jugendbücher.

5 Arbeitet in Dreiergruppen.
Jeder von euch sollte einen anderen Text gelesen haben.
a. Was ist jeweils das Besondere an den Texten?
Nennt entsprechende Textstellen.
b. Was haben die Jugendbücher gemeinsam? Sprecht darüber.

6 Welcher Textauszug gefällt dir am besten? Begründe.

W **Wähle einen Textauszug und bearbeite Aufgabe 7 oder 8.**

7 Zeichne ein Bild zu dem Text.
Du kannst auch eine Bildergeschichte gestalten.

8 Stelle dir vor, du möchtest eine der Hauptfiguren interviewen.
Welche Fragen möchtest du stellen?
Was könnte die Figur antworten?
Schreibe das Interview auf.

Wer ...? Was ...?
Wie ...? Warum ...?
Wem ...? Wen ...?

In den Büchern „Im Land der Stundendiebe“ und „Laura und der Silberwolf“ erzählen die Hauptfiguren ihre Geschichte nicht selbst.

„Im Land der Stundendiebe“
➤ S. 126–127
„Laura und der Silberwolf“
➤ S. 128

W **9** Wie könnten Anna, Ben oder Laura ihre Geschichte erzählen?
Wähle einen Text aus und schreibe die Geschichte aus der Sicht der Hauptfigur auf.

Starthilfe
Liebe Eileen, weißt du noch, was du über die Wand in unserem Zimmer gesagt hast? Du glaubst nicht, was mir passiert ist! ...

10 Vergleicht eure Texte mit den Originaltexten.
Beschreibt, wie die Wahl des Erzählers wirkt.

Info
Der **Er-/Sie-Erzähler** ist **nicht** am Geschehen **beteiligt**. Er oder sie beschreibt das Geschehen als außenstehender Betrachter und erzählt von allen Figuren in der **Er- oder Sie-Form**: „Tim glaubte zu träumen. Er ...“

Lesetipp: Möchtest du eines der Bücher aus diesem Kapitel weiterlesen? Du kannst es in einer Bibliothek ausleihen.

Eine Lesemappe gestalten

In einer Lesemappe kannst du Informationen, viele gute Ideen, eigene Texte und Bilder zu einem Buch sammeln.

W **Gestalte eine Lesemappe zu deinem Lieblingsbuch.**

1 Wie möchtest du deine Lesemappe gestalten?

a. Schreibe Informationen zum Buchcover auf.
Wie heißt der Buchtitel? Wie heißt der Autor?

b. Fasse knapp zusammen, worum es in dem Buch geht.

W **Gestalte Blätter für deine Lesemappe.**
Du kannst aus den folgenden Ideen auswählen.

2 Wer sind die Hauptfiguren?

- Du kannst die Figuren zeichnen.
- Du kannst eine Figur in einem Steckbrief beschreiben.
- Du kannst aufschreiben, was eine Figur denkt und fühlt.
- Du kannst einen Brief an die Hauptfigur schreiben.

einen Steckbrief schreiben
➤ S. 300

3 Erzähle etwas über die Geschichte.

- Du kannst ein Bild zu jedem Kapitel zeichnen.
- Du kannst die Geschichte als Bildergeschichte oder als Comic zeichnen.
- Du kannst die Geschichte aus der Sicht einer anderen Figur erzählen.
- Du kannst einen Zeitungsartikel schreiben.

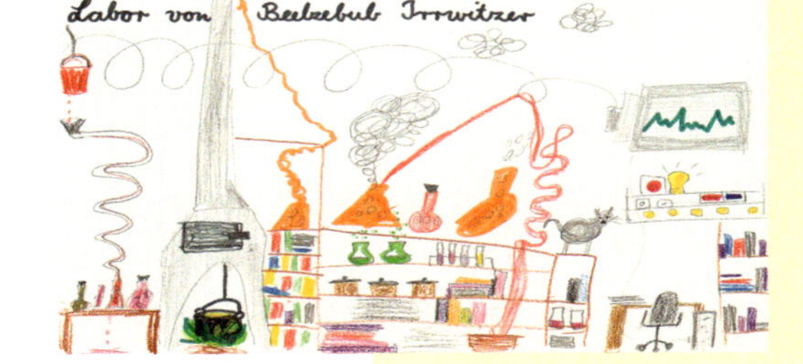

4 Was hat dir gut gefallen? Was hat dir nicht so gut gefallen?

a. Schreibe auf, was du beim Lesen gedacht und gefühlt hast.

b. Schreibe eine kurze Buchempfehlung für das Buch.

Zu deiner Lesemappe gehören auch ein Inhaltsverzeichnis und ein Deckblatt.

5 **a.** In welcher Reihenfolge möchtest du deine Blätter ordnen?
Schreibe ein Inhaltsverzeichnis.

b. Gestalte ein schönes Deckblatt passend zum Buch.

6 Präsentiere deine Lesemappe der Klasse.

Projektidee: Ein Jugendbuch präsentieren

W Möchtest du anderen dein Lieblingsbuch vorstellen?
Hier findest du Ideen, deine Texte, Bilder und Informationen zu präsentieren.

Bücher empfehlen

1 In einem Karton könnt ihr Buchempfehlungen zu euren Lieblingsbüchern sammeln.
- Gestalte eine Buchempfehlung zu deinem Lieblingsbuch.
- Schreibe alle wichtigen Informationen zum Buch auf.
- Schreibe auch auf, warum dir das Buch so gut gefällt.
- Sammelt eure Buchempfehlungen in einem Karton.

Starthilfe

Buchtitel: ...
Name des Autors: ...
Darum geht es in dem Buch: ...
Das gefällt mir an dem Buch: ...
...

Eine Lesung veranstalten

2 Du kannst eine spannende, lustige oder interessante Textstelle aus deinem Lieblingsbuch vorlesen.
- Wähle eine Textstelle zum Vorlesen aus.
- Übe, den Text ausdrucksvoll laut vorzulesen.
- Warum gefällt dir die Textstelle so gut?
- Warum sollten andere das Buch lesen? Begründe.

Du kannst die Lesung auch organisieren und dazu einladen.

3 Gestalte ein Einladungsplakat passend zum Buch.
- Schreibe Informationen zum Buch auf.
- Schreibe auf, wann und wo die Lesung stattfindet.
- Gestalte das Plakat mit Bildern.

Plakat ➤ S. 299

Eine Lesekiste gestalten

4 In einer Lesekiste kannst du Bilder, Texte oder Gegenstände, die zu deinem Lieblingsbuch passen, sammeln.
- Gestalte einen Schuhkarton als Lesekiste.
- Sammle Bilder, Texte und Gegenstände in deiner Lesekiste.
- Stelle deine Lesekiste in der Klasse vor.

Eine Leseleine gestalten

5 Du kannst dein Lieblingsbuch auf einer Leseleine präsentieren.
- Schreibe wichtige Informationen zum Buch auf ein Blatt.
- Hänge das Blatt zuerst auf die Leseleine.
- Welche Bilder, Texte oder Gegenstände möchtest du aufhängen? Überlege dir eine Reihenfolge.

Ein Leseplakat gestalten

6 Mit einem Leseplakat kannst du anderen dein Lieblingsbuch empfehlen.
- Schreibe alle wichtigen Informationen zum Buch auf.
- Schreibe auch eine kurze Buchempfehlung auf.
- Gestalte dein Leseplakat mit Bildern.
- Hängt eure Leseplakate im Klassenzimmer auf.

Tipp: Vielleicht möchtet ihr eines der Bücher gemeinsam lesen.

Tipp: Vielleicht dürft ihr eure Ergebnisse in einer Buchhandlung oder in einer Bibliothek ausstellen. Fragt doch mal nach!

Verse, Reime und Bilder

- Gedichte gestaltend vortragen
- Merkmale von Gedichten bestimmen
- Mit Gedichten produktiv umgehen

Reime begegnen uns an vielen Orten und
bei unterschiedlichsten Anlässen und Gelegenheiten.

1 Lest die Abzählreime, Lieder und Gedichte zuerst still.

Janosch

Himmel Hölle
Wurst mit Pelle
Pustekuchen –
du musst suchen.

	Aussprache
Patito, patito	patíto, patíto
color de café,	kolór de kafé,
si tú no me quieres	ßi tú no me kiéres
yo ya sé por qué.	jó ja ßé por ké.
(spanisch)	

	Aussprache
Yag satarım,	jah ßátáram,
bal satarım,	bal ßátáram,
ustam öldü	úßtam öldü
ben satarım.	ben ßátáram.
(türkisch)	

Ole dole doff
kinke lane koff
koffe lane
binke bane
ole dole doff
(schwedisch)

Ene, mene, miste,
es rappelt in der Kiste.
Ene, mene, meck
...

Ätsche bätsche bitsche batsche,
säwwere wäwwere witschewatsche,
säwwere wäwwere wuh,
aus bist du.

Abendlied Matthias Claudius

Der Mond ist aufgegangen,
die goldnen Sternlein prangen
am Himmel …
Der Wald steht schwarz und schweiget,
…

Are you sleeping, are you sleeping?
Brother John, brother John?
Morning bells are …
…
ding, ding, dong, – ding, ding, dong.

Rolf Zuckowski

Wie schön, dass du geboren bist,
wir hätten dich sonst sehr vermisst.
Wie schön, dass wir beisammen sind,
…

Zu Neujahr Wilhelm Busch

Will das Glück nach seinem Sinn
dir was Gutes schenken,
sage Dank und nimm es hin
ohne viel Bedenken.
Jede Gabe sei begrüßt,
doch vor allen Dingen:
Das, worum du dich bemühst,
möge dir gelingen.

2 Manche Abzählreime und Gedichte sind unvollständig.
Ergänzt sie gemeinsam mit Hilfe der Wörter am Rand.

3 Lest euch die Abzählreime, Lieder und Gedichte nun laut vor.
Wer kann es am schnellsten und ohne Fehler?

4 **a.** Lernt jeder einen Abzählreim, ein Lied oder Gedicht auswendig.
b. Woran liegt es, dass ihr euch die Verse gut merken könnt?
Sprecht darüber.

5 Wo oder wann seid ihr solchen Abzählreimen, Liedern und Gedichten schon begegnet? Sprecht darüber.

und du bist weg
hell und klar
und aus den Wiesen steiget
der weiße Nebel wunderbar
ringing
morning bells are ringing
wir gratulieren dir, Geburtstagskind

**In diesem Kapitel lernt ihr Gedichte und ihre Merkmale kennen.
Ihr übt, Gedichte vorzutragen und selbst zu gestalten.**

Gedichte vortragen

Gedichte auswendig lernen

Gedichte eignen sich zum Auswendiglernen und für einen Vortrag.
W Wähle ein Gedicht aus.

Gedichte ➤ S. 136, 137

1 Lies das Gedicht laut, sprich dabei langsam.

Das Samenkorn Joachim Ringelnatz

Ein Samenkorn lag auf dem Rücken,
die Amsel wollte es zerpicken.
Aus Mitleid hat sie es verschont
und wurde dafür reich belohnt.
5 Das Korn, das auf der Erde lag,
das wuchs und wuchs von Tag zu Tag.
Jetzt ist es schon ein hoher Baum
und trägt ein Nest aus weichem Flaum.
Die Amsel hat das Nest gebaut,
10 dort sitzt sie nun und zwitschert laut.

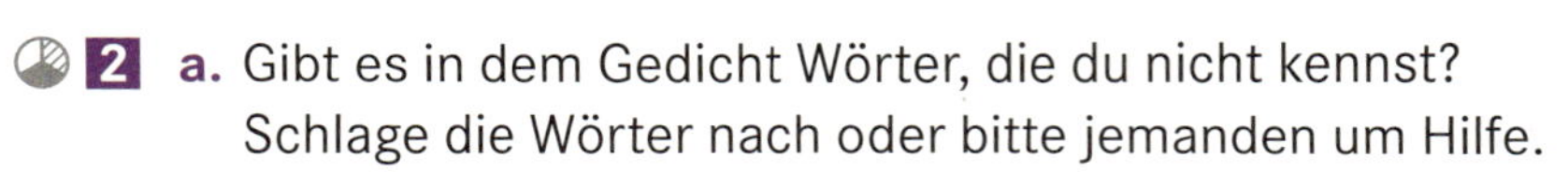

2 **a.** Gibt es in dem Gedicht Wörter, die du nicht kennst?
Schlage die Wörter nach oder bitte jemanden um Hilfe.
b. Welche Reimwörter kommen vor?
Lege eine Folie über das Gedicht. Unterstreiche die Reimwörter.
Tipp: Wörter reimen sich,
wenn sie vom letzten betonten Vokal an gleich klingen.

Das Gedicht erzählt eine kleine Geschichte.

3 Wähle eine der Möglichkeiten aus, um dir den Inhalt zu merken:
- Notiere Stichworte zum Inhalt, z. B. Adjektive, Verben.
- Zeichne eine kleine Skizze zum Inhalt.
  Du kannst auch Symbole ergänzen.
- Stelle dir den Inhalt wie einen Film vor.

4 Lerne das Gedicht mit Hilfe der Arbeitstechnik auswendig.
- Die Schritte 1 bis 3 hast du bereits
  mit den Aufgaben 1–3 bearbeitet.
- Wende dann die Schritte 4 bis 6 der Arbeitstechnik an.

Arbeitstechnik: Ein Gedicht auswendig lernen ➤ S. 137

 **5** **a.** Lies das Gedicht.
b. Wende die Schritte 1 und 2 der Arbeitstechnik an.

Herr Schnurrdiburr Mascha Kaléko

Schnurrdiburr, das Katertier,
Ist ein echter Kavalier.
Hockt getreulich vor dem Garten,
Meine Heimkehr zu erwarten,
5 Schnurrt, wo ich auch geh und steh,
Weil ich Katzen-Deutsch versteh.

Schwänzchen wedeln heißt: „Hurra!"
Buckel krümmen aber: „Na!"
Und was heißt wohl Pfötchen krallen?
10 „Das laß ich mir nicht gefallen."
Schnurrt der Kater, dann ist's gut.
Knurrt er, das bedeutet: Wut.

Schnurrdiburr, das Katertier,
Dachte ich, gehöre mir.
15 Doch es will mir nicht gelingen,
Schnurrdiburr das beizubringen.
Er erteilte mir die Lehre,
Daß vielmehr ich *ihm* gehöre!

Schnurrdiburr, das Katertier,
20 Nascht genauso gern wie ihr.
Maus-Kotelett und Bücklingsschwarte*
Stehn auf seiner Speisekarte.
Doch verschmäht er keineswegs
Milchrahm oder Leibnizkeks**.

25 Schnurrdiburr, das Katertier,
Liebt Musik so gut wie ihr.
Cello, Pauke, Violine
Hört er an mit Kennermiene.
Schwärmt für Mozart, Strauß und Grieg***
30 Und der Katzen „Nachtmusik". Ⓡ

6 Lerne das Gedicht mit Hilfe der Arbeitstechnik auswendig.

* der Bückling: eine Fischart; die Schwarte: dicke Haut

** der Leibnizkeks: ein Butterkeks mit Zackenrand

*** Mozart, Strauß und Grieg: Musikkomponisten

Arbeitstechnik

Ein Gedicht auswendig lernen

1. Lies das Gedicht **langsam** vor.
2. Lege eine Folie über die Seite. **Unterstreiche besondere Wörter**, z. B. Reimwörter, Adjektive, Verben.
3. Lies das Gedicht noch einmal. Stelle dir den **Inhalt des Gedichtes** vor. **Wähle** zum besseren Merken eine der folgenden **vier Hilfen** aus:
   a. Notiere **Stichworte** zum Inhalt.
   b. Skizziere den Inhalt mit kleinen **Bildern und Symbolen**.
   c. Stelle dir den Inhalt vor: **Was riechst, siehst, fühlst du?**
   d. Stelle dir den **Inhalt** des Gedichtes **wie einen Film** vor.
4. Lies das Gedicht erneut **laut**. **Decke** dabei einzelne **Verse ab** und versuche, sie auswendig zu sagen.
5. Decke immer mehr Verse ab und **sprich sie wortgetreu**, bis du das ganze Gedicht auswendig kannst.
6. Trage das Gedicht betont vor. Verwende deine Merkhilfe aus Punkt 3.

Ein Gedicht betont vortragen

Es gibt Gedichte, die spielen mit Konsonanten und Vokalen. Beim betonten Vorlesen kannst du diese hörbar machen.

1 Lies das Gedicht mehrmals leise.

Das T James Krüss

Mit Trommelton und festem Tritte,
So kommt im Trab das T daher,
Es trippelt leicht im Taubenschritte.
Es trottet elefantenschwer.
5 Es trommelt, tutet, rattert, knattert.
Es trödelt, trällert, tänzelt, trabt.
Es tobt und tost und tollt und tattert.
Es tippt und tupft. Es tropft. Es tappt.
Das T ist zeitgemäß, ihr Lieben,
10 Ist manchmal leis, doch meistens laut.
Und hart wird's an den Schluss geschrieben:
Fest. Tot. Gemacht. Vollbracht. Gebaut.
Die Zeit ist laut. Das ist ein Jammer.
Doch für das T ist es sehr fein:
15 Bei Trambahn, Auto, Presslufthammer,
Da tritt das T geräuschvoll ein.
Wen wundert's, dass das T auf Erden
Lokomotiven gerne hat?
Da muss es ernst genommen werden
20 Mit tschuff und tüt und ratt und tatt.
Das T will heut den Thron erklettern,
Es ruft sein Tut ins Telefon.
Das T will wettern und will schmettern:
Trompetenklang und Trommelton!

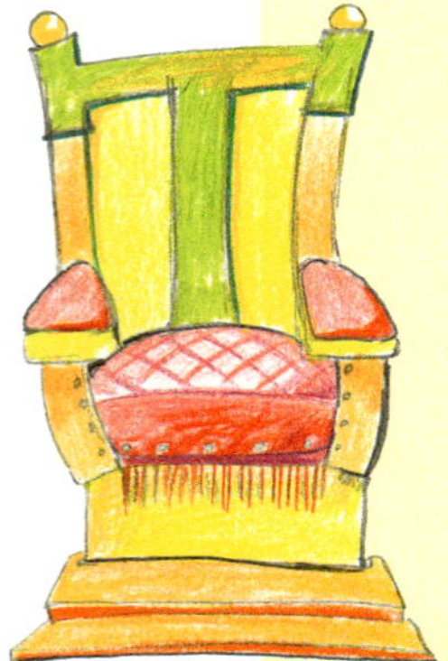

2 Worum geht es in dem Gedicht?
Sprecht darüber.

3 **a.** Lest euch abwechselnd die Gedichtverse laut vor.
b. Probiert dabei verschiedene Betonungen aus.
c. Welche Betonung passt am besten?
Tauscht euch darüber aus.

laut	leise
schnell	langsam
fröhlich	ernst

4 a. Schreibe auf, was das T/t alles kann.
b. Ordne die Wörter mit T/t nach laut und leise in eine Tabelle.

Starthilfe

laut	leise
Trommelton	trippelt

5 Bereite deinen Gedichtvortrag vor.
a. Schreibe mindestens fünf Verse ab, die du gern vortragen möchtest. Lasse immer eine Zeile frei.
b. Wende die Arbeitstechnik „Einen Gedichtvortrag vorbereiten" an. Probiere verschiedene Vortragsmöglichkeiten aus.

6 a. Lest euch die Gedichtzeilen gegenseitig vor.
b. Sprecht über euren Vortrag: Was war gut, was könnte verändert werden?
c. Korrigiert gegebenenfalls die eingetragenen Zeichen.

Mit anderen Buchstaben kannst du andere Klänge hervorbringen.

7 a. Wählt einen Buchstaben aus und sammelt dazu Wörter.
Tipp: Ihr könnt das Beispiel vom Rand fortsetzen.
b. Schreibt Sätze oder sogar ein Gedicht mit vielen Wörtern des gewählten Buchstaben auf.
c. Stellt eure Sätze oder das Gedicht einem anderen Paar vor.

G/g:
Gans
gackern
grummeln
gurgeln
Gold
Glanz

Arbeitstechnik

Einen Gedichtvortrag vorbereiten

- Lies das Gedicht mehrmals leise und laut.
- Überlege dir, wie du das Gedicht vortragen möchtest (z. B. fröhlich, ernst, laut, leise, langsam, schnell). Berücksichtige dabei den Inhalt des Gedichtes.
- Kopiere das Gedicht oder schreibe es ab. Lasse unter jeder Zeile Platz.
- **Betonung**: Unterstreiche Stellen, die du besonders betonen möchtest.
- **Lautstärke**: Markiere Stellen, an denen du lauter sprechen willst, mit ↗, wenn du leiser sprechen willst, mit ↙.
- Um den Vortrag spannender zu machen, kannst du:
  - **die Sprechgeschwindigkeit verändern**: Steigere oder verlangsame an passenden Stellen das Sprechtempo. Trage die Zeichen ein: → (schneller) oder ← (langsamer).
  - **Pausen einbauen**: Auch mit Pausen kannst du die Spannung erhöhen. Kennzeichne kurze Pausen mit (I) und lange Pausen mit (II).
- Stelle dich so vor deine Zuhörer, dass dich alle sehen können.
- Warte, bis alle ruhig sind. Beginne nun mit deinem Gedichtvortrag.
- Sieh die Zuhörer beim Vortrag an.

Lesetraining ➤ S. 191–193

Training: Ein Gedicht vortragen ➤ S. 147

Weiterführendes: Ein Gedicht szenisch vortragen ➤ S. 148–149

Gedichtmerkmale bestimmen und anwenden

Strophe, Vers und Reim sind Merkmale vieler Gedichte. Auf den folgenden Seiten lernst du diese Merkmale kennen. Außerdem lernst du, drei wichtige Reimformen zu unterscheiden.

1 Lies das Gedicht einmal leise und dann laut.

Verschieden, aber zufrieden Günter Strohbach

Der Leopard hat Flecken,
der Papagei ist dreist,
das Nashorn, das hat Zecken,
das Nilpferd, es ist feist*.

5 Der Hai hat scharfe Zähne
und Krallen hat der Bär,
der Elch hat eine Mähne,
der Wal ist träg und schwer.

Sie alle sind verschieden, am Kopf, am Hals, am Bauch, und doch
10 mit sich zufrieden, ich hoff, du bist es auch.

* feist: dick, fett

2 Worum geht es? Schreibe einen Satz auf.
Tipp: Sieh dir die Überschrift an.

3 Das Gedicht besteht aus zwölf Versen in drei Strophen.
a. Aus wie vielen Versen bestehen die beiden ersten Strophen? Schreibe sie ab.
b. Welche Reimwörter kannst du erkennen?
Tipp: Lies im Merkkasten nach, was Reimwörter sind.
Unterstreiche die Reimwörter, die zusammengehören, jeweils mit einer Farbe (siehe Strophe 1).

Vers und Strophe ➤ S. 143

Reim ➤ S. 143

4 Die dritte Strophe ist nicht wie ein Gedicht abgedruckt.
a. Überlege, wie viele Verse die dritte Strophe haben kann.
b. Lies laut und finde die Reimwörter.
c. Schreibe die dritte Strophe richtig unter die beiden ersten Strophen.
d. Unterstreiche die Reimwörter farbig.

Gedichte können unterschiedliche Reimformen haben.

Haustierärger Christine Nöstlinger

Es war einmal ein guter Vater,
dessen Haustier war ein ______.
Der war garantiert nicht ______,
lag aber immer auf der ______.
Der Vater rief: „______!
Fang Mäuse im Garten vor dem ______!“
Der Kater sprach: „Ich bin im ______!
Ist mir unmöglich, ein elender Mörder zu ______!“

Tierschutzverein krank Raus raus raus sein
Haus Kater Ofenbank

Das Lied der Nachtigall Johann Wolfgang von Goethe

Die Nachtigall, sie war entfernt,
Der Frühling lockt sie ______;
Was Neues hat sie nicht ______,
Singt alte liebe ______.

Lieder gelernt wieder

5 Welches Reimwort passt jeweils?

a. Lies Vers für Vers die beiden Gedichte.
b. Probiere aus, welche Reimwörter aus den Kästen jeweils passen.
c. Schreibe die beiden Gedichte vollständig in dein Heft.
d. Kennzeichne gleich klingende Reimwörter am Zeilenende mit gleichen Kleinbuchstaben.

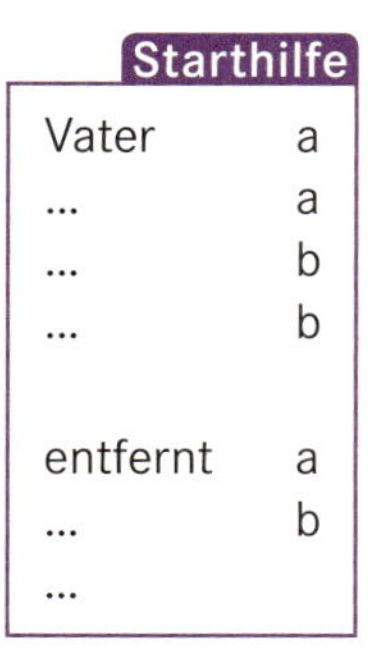

Starthilfe

Vater	a
…	a
…	b
…	b
entfernt	a
…	b
…	

6 Welche Gedichtzeilen reimen sich?

a. Vergleiche die Reime in den beiden Gedichten.
b. Schreibe die jeweilige Reimform zu den beiden Gedichten.

Reimform ➤ S. 143

Er ist's Eduard Mörike

Frühling lässt sein blaues ________
Wieder flattern durch die ________;
Süße, wohlbekannte ________.
Streifen ahnungsvoll das ________.
Veilchen träumen schon,
Wollen balde kommen.
– Horch, von fern ein leiser Harfenton!
Frühling, ja du bist's!
Dich hab ich vernommen!

Lüfte Land Düfte Band

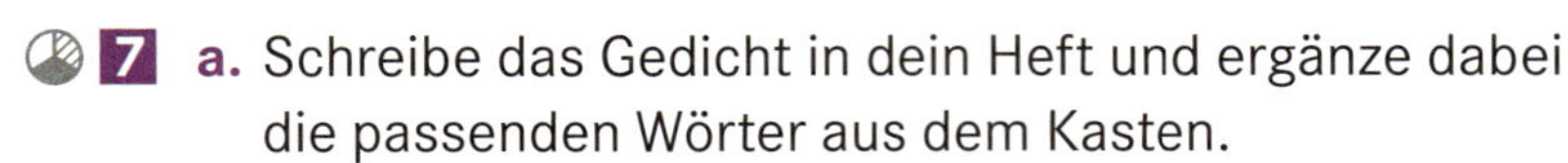

7 **a.** Schreibe das Gedicht in dein Heft und ergänze dabei die passenden Wörter aus dem Kasten.
b. Kennzeichne die Verse, die sich reimen, mit dem gleichen Buchstaben.
c. Bestimme die Reimform. Lies dazu im Merkkasten nach.

Reimform ➤ S. 143

W **Aus den folgenden Gedichten und Aufgaben kannst du auswählen.**

Lesetipps Gedichte:
„Blauer Schmetterling" ➤ S. 290
„Drachen" ➤ S. 290
„Wenn die weißen Riesenhasen" ➤ S. 290
„Heut singt der Salamanderchor" ➤ S. 291

Der Schnupfen Christian Morgenstern

Ein Schnupfen hockt auf der Terrasse,
auf dass er sich ein Opfer fasse
– und stürzt alsbald mit großem Grimm
auf einen Menschen namens Schrimm.

Paul Schrimm erwidert prompt: „Pitschü!",
und hat ihn drauf bis Montag früh.

8 **a.** Lies das Gedicht leise, dann laut.
b. Wie wirkt es auf dich: lustig, traurig, ernst?
c. Tragt euch das Gedicht auf unterschiedliche Weise vor.

9 **a.** Schreibe ein eigenes Gedicht, in dem es um etwas Überraschendes geht. Du kannst die Wörter vom Rand verwenden oder eigene Ideen umsetzen.
b. Bestimme die Reimform, die dein Gedicht hat.
c. Trage dein Gedicht in der Klasse vor.

... so weit
Ferienzeit
doch oh Schreck
... ist weg

Reimform ➤ S. 143

Wünschelrute Joseph von Eichendorff

Schläft ein Lied in allen Dingen, die da träumen fort und fort. Und die Welt hebt an zu singen, triffst du nur das Zauberwort.

10 Das Gedicht „Wünschelrute“ wurde falsch abgedruckt. Schreibe es ab und bringe es dabei in die richtige Gedichtform.

Starthilfe
Schläft ein Lied in allen Dingen,
...

Löwenzahnwiese Hans Erich Blaich

Die goldne Pracht hat ausgeblüht.
Die kleinen Sonnen sind verglüht.
In silbernen Laternchen glimmt
ihr Licht, bevor es Abschied nimmt,
bevor der Wind es rund verweht
und neue goldne Sonnen sät.

11 **a.** Bereite das Gedicht mit Hilfe der Arbeitstechnik für einen Vortrag vor.
b. Tragt euch das Gedicht gegenseitig betont vor.
c. Gebt euch Rückmeldung zu eurem Vortrag.

Arbeitstechnik: Einen Gedichtvortrag vorbereiten ➤ S. 139

12 **a.** Schreibe ein eigenes Gedicht zu einem ähnlichen Vorgang.
Tipp: Du kannst die Ideen vom Rand verwenden.
b. Bestimme die Reimform deines Gedichtes.
c. Trage dein Gedicht der Klasse vor.

Eine Schneeflocke landet auf deiner warmen Hand.

Ein Wassertropfen fällt aus einem Wasserhahn.

Merkwissen

Vers: Die Zeilen eines Gedichtes heißen Verse.
Strophe: Eine Strophe ist ein Gedichtabschnitt, der aus mehreren Versen (Zeilen) besteht. Ein Gedicht besteht häufig aus mehreren Strophen.
Die Verszeilen sind oft durch Reime miteinander verbunden.
Reim: Zwei Wörter reimen sich, wenn sie vom letzten betonten Vokal an gleich klingen, z. B.: Bär – schwer, Zähne – Mähne.
Reimformen:

Paarreim: aabb	**umarmender Reim: abba**	**Kreuzreim: abab**
Zwei aufeinanderfolgende Verse reimen sich, also ein Paar, z. B.:	Ein Paarreim wird umschlossen von zwei Versen, die sich ebenfalls reimen, z. B.:	Der 1. und 3. Vers sowie der 2. und 4. Vers reimen sich, also „über Kreuz“, z. B.:
Berg a	Band a	Zähne a
Zwerg a	Lüfte b	Bär b
leise b	Düfte b	Mähne a
Reise b	Land a	schwer b

Mit Bildgedichten produktiv umgehen

Mit Wörtern können Bilder gestaltet werden.

1 a. Seht euch gemeinsam die Wortbilder an.
Sind das Wörter? Sind das Bilder? Oder vielleicht beides?
b. Sprecht darüber.

2 a. Wählt aus den folgenden Wörtern eines aus.
b. Gestaltet selbst ein Wortbild.

Regen	Laubfall	Dach	Tür	Schnecke	Giraffe	fallen	fliegen

In Bildgedichten wird mit Buchstaben und Wörtern gespielt.

Apfel Reinhard Döhl

ApfelApfelApfelApfel
pfelApfelApfelApfelApfelA
felApfelApfelApfelApfelApfe
ApfelApfelApfelApfelApfelApf
pfelApfelApfelApfelApfelApfelA
ApfelApfelApfelApfelApfelApfe
pfelApfelApfelApfelApfelApfelA
ApfelApfelApfelApfelApfelApfe
felApfelApfelApfelApfelApfel
pfelApfelApfelApfelApfelApf
elApfelApfelApfelWurmAp
felApfelApfelApfelApfel
pfelApfelApfelApfel
pfelApfelApfelA
pfelApfel

wind Eugen Gomringer

w w
d i
n n n
i d i d
w w

3 Untersucht die Bildgedichte genau.
a. Wählt ein Bildgedicht aus.
b. Aus welchen Wörtern oder Buchstaben besteht es?
c. Wie wurden die Buchstaben oder Wörter angeordnet?
Beschreibt euch das Bildgedicht gegenseitig.

Werner Herbst

ein wort stirbt aus
ein ort stirbt aus
ein rt stirbt aus
ein t stirbt aus
ein stirbt aus

Timm Ulrichs

```
ordnung   ordnung
ordnung   ordnung
ordnung   ordnung
ordnung   ordnung
ordnung   ordnung
ordnung unordn  g
ordnung   ordnung
ordnung   ordnung
ordnung   ordnung
ordnung   ordnung
ordnung   ordnung
```

Roll-
Rolltreppe
Rolltreppe abwärts
Rolltreppe abwärts und schon
Rolltreppe abwärts und schon bist du
Rolltreppe abwärts und schon bist du unten

```
    un          un
   gund        gund
  rgundT      rgundT
 ergundTa    ergundTa
BergundTalundBergundTalTalTalTal
```

O
Luftball n

4 Gestaltet selbst solche Gedichte, z. B. zu folgenden Wörtern: Feuer, Boot, Fisch, Sturm, Mauerloch, Segelschiff.
Tipp: Ihr könnt dazu ein Textverarbeitungsprogramm auf dem Computer verwenden.

Bildgedichte
➤ S. 144 und 145

Info

Solche Bildgedichte nennt man auch **Konkrete Poesie**.

Gedichtmerkmale bestimmen

Überprüfe, ob du die Gedichtmerkmale bestimmen kannst.

Die Made Heinz Erhardt

Hinter eines Baumes Rinde
wohnt die Made mit dem ______ .

Sie ist Witwe*, denn der Gatte,
den sie hatte, fiel vom ______ .
5 Diente so auf diese ______
einer Ameise als ______ .

Eines Morgens sprach die ______ :
„Liebes Kind, ich sehe ______ ,
drüben gibt es frischen ______ ,
10 den ich hol. So leb denn wohl.
Halt, noch eins! Denk, was ______ ,
geh nicht aus, denk an ______ !“

Also sprach sie und ______ . –
Made junior aber ______
15 hinterdrein; und das war ______ !
Denn schon kam ein bunter ______
und verschlang die kleine fade
Made ohne Gnade. ______ !

Hinter eines Baumes ______
20 ruft die Made nach dem ______ …

* die Witwe: Frau, deren Ehemann nicht mehr lebt

Kinde
Weise
Made
Kohl
geschah
entwich
Specht
Kinde
Blatte
Speise
grade
Papa
schlich
schlecht
Schade
Rinde

1 Welches Reimwort passt?
- **a.** Schreibe das Gedicht ab.
- **b.** Trage an den passenden Stellen das richtige Reimwort ein.
- **c.** Welche Reimform hat das Gedicht? Schreibe sie auf.

Reimform ➤ S. 143

2 Wie ist das Gedicht aufgebaut?
- **a.** Schreibe auf, aus wie vielen Strophen das Gedicht besteht.
- **b.** Notiere die Anzahl der Verse in den einzelnen Strophen.

3 Wie ist die Stimmung des Gedichtes? Notiere zwei Adjektive.

4 Kannst du die Gedichtmerkmale sicher bestimmen?
Besprich deine Ergebnisse mit deiner Lehrkraft.

Ein Gedicht vortragen

Ein Gedichtvortrag will gelernt sein. Hier kannst du ihn üben.

1 Lies das Gedicht.

Das leise Gedicht Alfred Könner

Wer mäuschenstill am Bache sitzt,
kann hören, wie ein Fischlein flitzt.

Wer mäuschenstill im Grase liegt,
kann hören, wie ein Falter fliegt.

5 Wer mäuschenstill im Bette lauscht,
kann hören, wie der Regen rauscht.

Wer mäuschenstill im Walde steht,
kann hören, wie ein Rehlein geht.

Wer mäuschenstill ist und nicht stört,
10 kann hören, was man sonst nicht hört.

2 Worum geht es in dem Gedicht?
- **a.** Formuliere dazu einen Satz und schreibe ihn auf.
- **b.** Welche Wörter im Gedicht wiederholen sich in jeder Strophe? Schreibe diese Wörter auf.
  Tipp: Du kannst die Wörter auch auf einer über das Gedicht gelegten Folie markieren.

Strophe ➤ S. 143

3 Bereite das Gedicht zum Vortragen vor.
- **a.** Wende die Arbeitstechnik zum Gedichtvortrag an.
- **b.** Kennzeichne besonders die lauten und leisen Stellen.

Arbeitstechnik: Einen Gedichtvortrag vorbereiten ➤ S. 139

4
- **a.** Tragt euch das Gedicht gegenseitig vor.
- **b.** Gebt euch eine Rückmeldung zu dem Vortrag.

5 Was hörst du, wenn du mäuschenstill bist?
Schreibe ein eigenes Gedicht.
Verwende die gleiche Reimform wie im Gedicht oben.

Reimform ➤ S. 143

Starthilfe

Wer mäuschenstill in der Klasse sitzt,
kann hören, wie Lisa ihren Bleistift spitzt.
Wer mäuschenstill hinter der Schule …

Ein Gedicht szenisch vortragen

Beim Vortrag dieses Gedichtes könnt ihr hörbar machen, in welcher Stimmung die Sprecherinnen oder Sprecher sind. Das Gedicht lässt sich gut gemeinsam vortragen.

im park Ernst Jandl

bitte ist hier frei
nein hier ist besetzt
danke
bitte ist hier frei
5 nein hier ist besetzt
danke
bitte ist hier frei
nein hier ist besetzt
danke
10 ist hier frei
nein hier ist besetzt
danke
ist hier frei
nein hier ist besetzt
15 danke
ist hier frei
nein hier ist besetzt
danke
bitte ist hier frei
20 nein
danke
hier frei
besetzt
danke
25 ist hier frei
nein hier ist leider besetzt
danke
ist hier frei
bitte
30 danke

1 Lies das Gedicht zunächst alleine und still.
a. Was fällt dir nach dem ersten Lesen auf?
b. Notiere deine ersten Beobachtungen.

2 **a.** Schreibe das Gedicht ab.
b. Unterstreiche die Zeilen, die sich wiederholen, mit den gleichen Farben.
c. Was fällt dir jetzt auf? Notiere deine neuen Beobachtungen.

3 Worum geht es in diesem Gedicht? Schreibe einen Satz dazu auf.

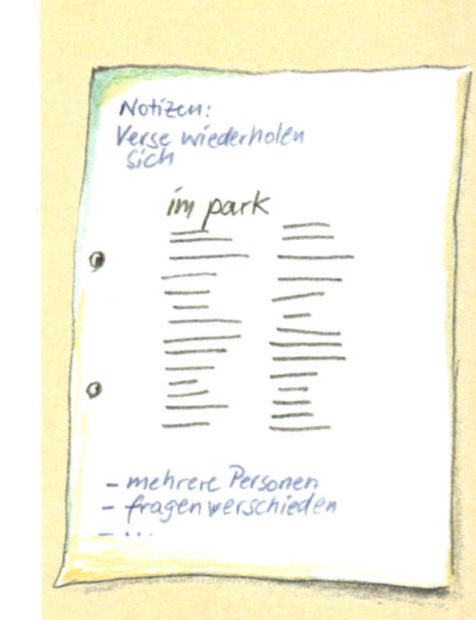

4 Arbeitet in Gruppen.
Bereitet das Gedicht für einen szenischen Vortrag vor.
a. Sprecht über eure Beobachtungen aus den Aufgaben 1 bis 3.
b. Überlegt, wie viele Figuren sich begegnen.
c. Welche Figuren könnten sich begegnet sein?
Legt eine Liste mit möglichen Figuren an.

Kind
alte Frau
alter Mann
Jugendliche
Geschäftsmann
...

5 a. Wählt Figuren aus, mit denen ihr weiterarbeiten wollt.
b. Überlegt, wie diese Figuren sprechen.
Berücksichtigt Alter, Beruf, männlich oder weiblich.
c. Ordnet den Figuren Stimmungen zu.

freundlich
ungeduldig
gereizt
nett
traurig
ernst
hektisch
...

6 a. Bestimmt, wer von euch welche Rolle übernimmt.
b. Tragt das Gedicht mit verteilten Rollen einer anderen Gruppe vor.
c. Die Zuhörenden sollen herausfinden,
welche Figuren in welcher Stimmung beteiligt sind.

Das folgende Gedicht könnt ihr so vortragen, dass ihr die Gewitterstimmung hört.

Gewitter Erwin Moser

Der Himmel ist blau
Der Himmel wird grau
Wind fegt herbei
Vogelgeschrei
5 Wolken fast schwarz
Lauf, weiße Katz!
Blitz durch die Stille
Donnergebrülle
Zwei Tropfen im Staub
10 Dann Prasseln auf Laub
Regenwand
Verschwommenes Land
Blitze tollen
Donner rollen
15 Es plitschert und platscht
Es trommelt und klatscht
Es rauscht und klopft
Es braust und tropft
Eine Stunde lang
20 Herrlich bang
Dann Donner schon fern
Kaum noch zu hörn
Regen ganz fein
Luft frisch und rein
25 Himmel noch grau
Himmel bald blau!

7 a. Markiert auf einer über das Gedicht gelegten Folie alle Wörter,
die Geräusche ausdrücken.
b. Überlegt, womit ihr die Geräusche nachahmen könnt.
c. Tragt das Gedicht vor: Ein Gruppenmitglied liest,
die anderen machen die Geräusche.

Nachtgeschichten

- Literarische Texte erschließen
- Unheimliche Geschichten schreiben

1 **a.** Seht euch die Collage genau an.
b. Was ist auf den Bildern dargestellt? Beschreibt es.

2 **a.** Lest die drei Textauszüge.
b. Welcher Textauszug könnte zu welchem Buch gehören? Ordnet die Buchtitel am Rand den Texten A, B und C zu.
Tipp: Die Bücher findet ihr auch im Kapitel.

A Lucia erstarrte: Irgendwo da vorne hatte sich etwas bewegt.
Welche größeren Tiere lebten hier im Moor?

B Es blieb weiterhin finster, überall zuckten Schattengebilde.
So leise wie möglich pirschten die Kinder den Mittelgang entlang.
Vor ihnen ragte der Altar auf wie ein steinernes Grabmal –
und genau genommen war es das ja auch: das Grabmal
des Hexenjägers Abakus.

C Unwirkliches Zwielicht lag über der Landschaft,
die sich vor ihr ausbreitete.
Sie stand in der Senke hinter Linettes Haus und blickte
auf die Rauschwalder Kirche mit ihren windschiefen Kreuzen und
alten Gräbern.
Kein Blatt bewegte sich an den Bäumen, kein Vogel zwitscherte.
Es war, als hätte sie ein Gemälde betreten.

3 Auf der linken Seite seht ihr Bilder. Einige davon gehören zu den drei Büchern. Vermutet, welche der Bilder zu den Texten A, B und C gehören könnten.

4 Welche Textauszüge findet ihr unheimlich?
a. Legt eine Gruselskala wie in der Abbildung an.
b. Ordnet die Textstellen in diese Gruselskala ein.

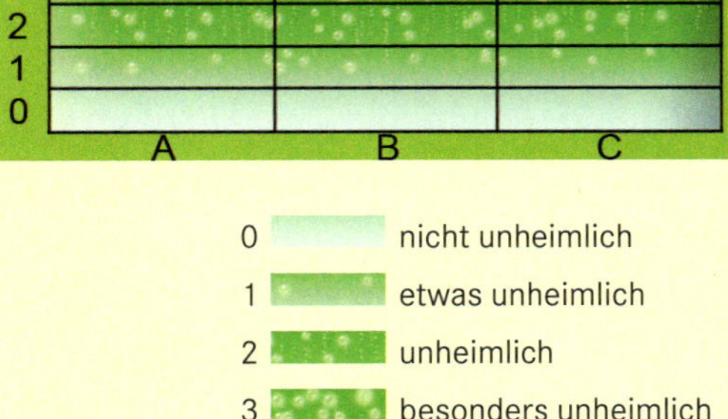

5 **a.** Kennt ihr unheimliche und gruselige Geschichten? Nennt die Titel dieser Geschichten.
b. Was ist an diesen Geschichten unheimlich? Erzählt es euren Mitschülern.

Wie gestalten Autoren eine Geschichte gruselig oder unheimlich?

Mit dieser Frage beschäftigt ihr euch in diesem Kapitel. Dabei lernt ihr, Geschichten mit den Handlungsbausteinen zu verstehen. Außerdem schreibt ihr selbst eine unheimliche Geschichte.

Unheimliche Geschichten: Merkmale

Manche Geschichten erzählen Dinge, die im echten Leben nie passieren würden: Die zwölfjährige Kyra und ihre Freunde entdecken ein uraltes Geheimnis. Dieses ist auf magische Weise mit ihrem eigenen Schicksal, vor allem mit Kyras Familie, verbunden – das Geheimnis der Sieben Siegel.

1 Was könnte sich hinter dem Geheimnis der Sieben Siegel verbergen? Tauscht eure Gedanken aus.

2 Lies den Auszug aus der Geschichte.

So beginnt alles: Kyra begegnet einer geheimnisvollen Fremden.

Sieben Siegel: Die Rückkehr des Hexenmeisters Kai Meyer

Gerade noch rechtzeitig sah Kyra die Gestalt, die einsam zwischen
den Gleisen stand. Hastig zog sie sich zurück zwischen die Brombeerbüsche,
machte sich ganz klein und sah zu, was dort draußen vor sich ging.
Die Frau war sehr schlank und sehr schön. Selbst Kyra, die sonst
5 nicht auf derlei Nebensächlichkeiten achtete, musste sich das eingestehen.
Im Mondschein war die Haut der Fremden weiß und ebenmäßig,
langes schwarzes Haar fiel wie ein Umhang über ihren Rücken.
Obwohl keine fünf Meter die beiden voneinander trennten, hatte die Frau
das Mädchen noch nicht bemerkt. Sie trug einen kurzen Rock und
10 dunkle Strumpfhosen, außerdem eine sehr knappe Jacke aus Samt.
Sie schien nicht zu frieren. Vor ihr auf dem Boden stand
eine große Handtasche aus Krokodilleder. Das hässliche Ding
war weit geöffnet, ein breites, zahnloses Maul mit Schnappverschluss. [...]
[Die Frau] hatte das Gesicht zum Himmel gewandt, so als gäbe es dort oben
15 etwas ungemein Interessantes zu sehen. Dabei lächelte sie. Mondlicht blitzte
auf ihren weißen Zähnen. Kyra lief ein Schauder über den Rücken. [...]
[Sie folgte] dem Blick der Frau und schaute hinauf zum Abendhimmel.
Hoch oben jagten sich zwei Vögel. Der eine war ein Raubvogel, ein Bussard.
[...] Noch merkwürdiger erschien es Kyra, dass der zweite Vogel silbrig
20 glitzerte, so als wäre er aus Metall.
Das Lächeln der Fremden wurde breiter, jetzt kicherte sie leise.

Es klang überhaupt nicht wie das Lachen einer jungen Frau, eher meckernd
und gemein. Uralt. Und bösartig. [...]
Kyra hockte stocksteif zwischen den Sträuchern. Ihr war,
25 als hätte die Gänsehaut sich wie ein Eispanzer um ihre Glieder gelegt.
Sie fror und trotzdem schwitzte sie und erst ganz allmählich
konnte sie sich wieder bewegen.
Als das Silberding um den Oberkörper der Frau gekreist war,
hatte Kyra es ganz genau sehen können. Es war kein Vogel gewesen.
30 Nein, es war ein Fisch.
Ein echter, wahrhaftiger Fliegender Fisch.

Beim Lesen kannst du dir die spannende Situation gut vorstellen.

3 **a.** Wählt eine besonders unheimliche Textstelle aus.
b. Lest sie vor. Achtet darauf, betont vorzulesen.
c. Welcher Vortrag hat euch gut gefallen? Begründet es.

betont vorlesen ➤ S. 301

4 Der Autor verwendet eine Sprache, welche die Geschichte spannend klingen lässt.
a. Schreibe diese Wörter und Sätze heraus.
b. Sprecht über diese Wörter und notiert eure Entdeckungen:
- Was fällt euch an den Wörtern auf?
- Welche sprachlichen Mittel (z. B. sprachliche Bilder, Vergleiche ...) setzt der Autor ein?
- Was ist auffallend am Satzbau?

Unheimliche Geschichten haben in der Regel bestimmte Merkmale.

5 Bei unheimlichen Geschichten spielen häufig der Ort, ein Gegenstand und ein Gegenspieler eine besondere Rolle.
a. Schreibe die Tabelle ab.
b. Untersuche den Textauszug und fülle die Tabelle aus.
c. Besprecht eure Ergebnisse.

Starthilfe

Ortsbeschreibung (schauriger Schauplatz)	Gegenstand, der häufig genannt wird und eine wichtige Rolle spielt	Gegenspieler (z. B. eine negative Gestalt)
zwischen den Gleisen ...	...	...

6 **a.** Untersucht weitere unheimliche Geschichten, die ihr kennt.
b. Ergänzt die Tabelle mit weiteren Beispielen.

Die Bausteine einer Geschichte kennen lernen

Die meisten Geschichten enthalten Handlungsbausteine. Wenn du diese Bausteine beim genauen Lesen untersuchst, kannst du eine Geschichte besser verstehen. Die folgende (Vor-)Geschichte gehört zu dem Roman „Magnolia Steel: Hexendämmerung“.

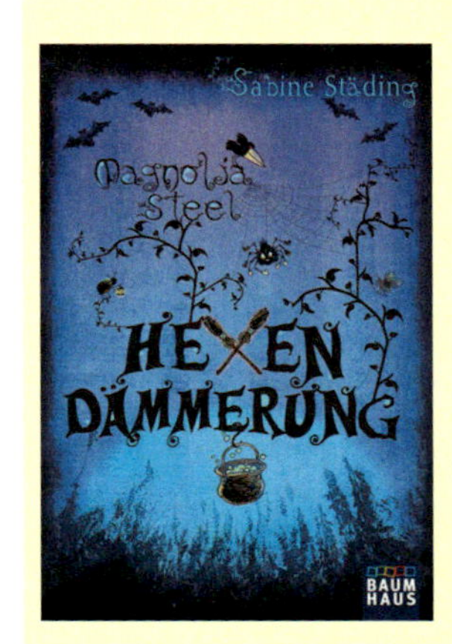

1 **a.** Sieh dir das Bild an.
b. Lies die Überschrift. Worum könnte es in diesem Teil der Geschichte gehen?

2 Lies den ganzen Textauszug. Achte auf die Schlüsselwörter.

Wie alles begann – die Geburt Sabine Städing

Es war eine mondlose, kalte Nacht. Eine Nacht,
die nach Schnee schmeckte. Es war eine Nacht,
in der Hexen geboren werden. Fröstelnd trat Linette
von einem Fuß auf den anderen und blies sich
5 auf die klammen Finger.
Sie stand gut versteckt zwischen hohen
Rhododendronbüschen und ließ die weiße Villa
nicht aus den Augen. Heute Nacht musste es geschehen,
es war die dreizehnte Nacht nach dem Vollmond. Endlich!
10 Der Schrei eines Neugeborenen.
„Na also“, knurrte Linette. Jetzt brauchte sie
nur noch einen unbewachten Moment abpassen und
einen Blick auf das Kind werfen, dann hatte sie Gewissheit. […]
Das lange Warten war vorbei. Seit mehr als vier Stunden stand sie
15 hinter diesen verflixten Büschen, da wärmten auch die sieben Röcke nicht,
die sie in weiser Voraussicht übereinandergezogen hatte. […]
„Na los“, murmelte sie beschwörend, „legt den kleinen Wurm in seine Wiege
und schiebt ihn nach nebenan, damit die gute Tante einen Blick darauf
werfen kann.“

3 Beschreibe Linette und die Situation, in der sie steckt.

Linette steht in einer kalten Winternacht im Garten vor einer Villa und …

Du lernst nun zwei Handlungsbausteine einer unheimlichen Geschichte kennen:

Handlungsbaustein: Figur in Situation
Die Hauptfigur steckt in einer bestimmten Situation.

Handlungsbaustein: Wunsch
Die Hauptfigur hat einen Wunsch.

4 Was wünscht sich Linette? Schreibe es auf.

Starthilfe
Linette wünscht sich, dass ...

5 Was könnte die Erfüllung des Wunsches behindern?
a. Schreibt ein mögliches Hindernis auf einen Notizzettel.
b. Wie könnte die Geschichte unter Berücksichtigung dieses Hindernisses weitergehen? Erzählt es.

Wie es weitergeht, wird im folgenden Textauszug erzählt:

20 Da bemerkte sie eine Bewegung. Ein Schatten glitt
an den Mauern der Villa entlang.
Linette stellten sich die Nackenhaare auf.
„Ausgeschlossen", flüsterte sie. Er konnte nichts
von der Geburt des Kindes wissen. Der Schatten
25 glitt lautlos über den Balkon im ersten Stock.

Damit hast du einen weiteren Handlungsbaustein kennen gelernt:

Handlungsbaustein: Hindernis
Es gibt ein Hindernis.

6 Vergleicht eure Ideen aus Aufgabe 5 mit dem Textauszug. Worin unterscheiden sich eure Ideen zum Handlungsbaustein **Hindernis** von der Idee der Autorin? Sprecht darüber.

7 Überlegt, welche Funktion der Baustein **Hindernis** für den Aufbau der Geschichte hat. Beschreibe die mögliche Funktion.

So geht es weiter:

Linette sprintete los. Im Haus schrie das Baby. Mit einem Satz stand sie ebenfalls auf dem Balkon und stürzte ins Zimmer.
Keine Sekunde zu früh. Gerade streckte der Schatten seine tintenschwarzen Hände nach dem Kind aus. Das Neugeborene wimmerte leise.
„Zurück zu deinem Herrn, Sutpar!", donnerte Linette. „Ich habe dich erkannt und bei deinem Namen gerufen. Es ist vorbei."
Der Schatten zog seine Hände langsam von der Wiege zurück und drehte sich um. Ein Grollen, wie aus dem Inneren eines Vulkans, stieg aus ihm auf. Linette trat schnell zwei Schritte zurück und blickte zu Boden. Sie durfte sich ihm nicht in den Weg stellen, es war gefährlich, den Schatten zu berühren. Seine Schwärze war so schwer, dass man ersticken konnte, wenn man zu lange hinsah. Lautlos glitt er über den Balkon in die Tiefe. Zurück zu seinem Meister.

8 Wie reagiert Linette auf Sutpar? Schreibe in eigenen Worten auf, was Linette unternimmt, um das Hindernis zu überwinden.

Dieser Handlungsbaustein ist für die Geschichte besonders wichtig.

Handlungsbaustein: Reaktion
Die Reaktionen der Hauptfigur werden beschrieben.

Mit dem folgenden Textauszug endet der erste Teil:

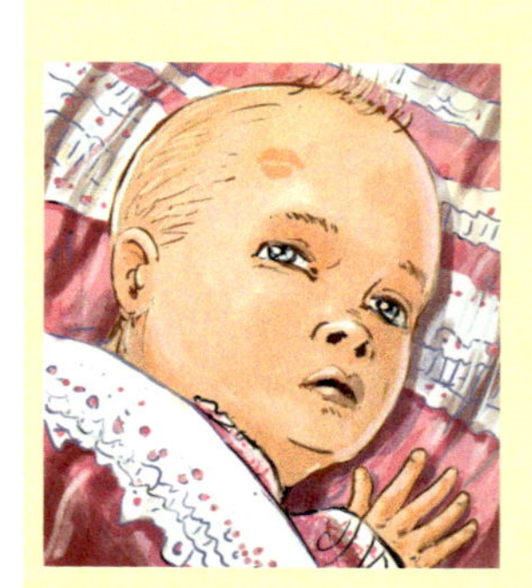

Das Kind in der Wiege fing erneut an zu schreien. Linette trat neugierig ans Bett. Dort lag das Baby unter Bergen von rosa Spitzenwäsche und schrie aus Leibeskräften.
Behutsam drehte sie den Kopf des Mädchens nach rechts. Da war das Mal, nach dem Linette suchte, es hatte die Form eines Kusses und war nicht zu übersehen. Der Kuss von Banshee.
„Noch bist du zu jung", flüsterte Linette. „Ich habe noch keine Verwendung für dich. Doch in dreizehn Jahren wird sich zeigen, was ich für dich tun kann."
Linette verschwand.

9 Linette ist am Ende erfolgreich. Schreibe auf, warum.

Starthilfe
Linette ist erfolgreich, weil …

Damit kennst du einen weiteren Handlungsbaustein: das Ende.

Handlungsbaustein: Ende
Die Hauptfigur ist am Ende erfolgreich oder nicht.

In der Geschichte sind die Handlungsbausteine so angeordnet, dass die Geschichte mit dem Handlungsbaustein Ende schließt. Die Reihenfolge der Bausteine kann jedoch auch anders sein. Hier sind die Handlungsbausteine noch einmal zusammengefasst:

Arbeitstechnik

Eine Geschichte verstehen: Die Handlungsbausteine

Die fünf Handlungsbausteine finden sich in vielen unheimlichen Geschichten und enthalten das Wichtigste der Handlung. Sie bilden also den **Kern der Geschichte**.
Stelle diese Fragen, wenn du die Handlungsbausteine ermitteln willst:
- Wer ist die **Hauptfigur**? In welcher **Situation** steckt sie?
- Welchen **Wunsch** hat sie?
- Welches **Hindernis** ist ihr im Weg?
- Wie **reagiert** die Hauptfigur auf das Hindernis? Wie versucht sie, es zu überwinden?
- Wie **endet** die Geschichte? Ist die Hauptfigur erfolgreich?

W Wenn du die Handlungsbausteine herausgearbeitet hast, kannst du die Geschichte weiter untersuchen. Bearbeite Aufgabe 10 oder Aufgabe 11. Arbeite anschließend mit einer Partnerin oder einem Partner zusammen (Aufgabe 12).

„Magnolia Steel: Hexendämmerung“
➤ S. 154–156

10 Untersuche die Sprache und den Satzbau der Geschichte.
a. Schreibe die Wörter und Sätze auf, die du als besonders gruselig und unheimlich wahrnimmst.
b. Was fällt dir an der Sprache auf? Schreibe Stichworte auf.
c. Gibt es Unterschiede beim Aufbau der Sätze? Notiere deine Beobachtungen in Stichworten.

11 **a.** Arbeite aus den Texten die Merkmale von unheimlichen Geschichten heraus.
b. Lege eine Tabelle an.
c. Trage Wörter und Sätze zur Beschreibung von Ort, Gegenstand und Gegenspieler in die Tabelle ein.

Starthilfe

Ort	Gegenstand	Gegenspieler

12 Arbeite mit eurer Partnerin oder einem Partner zusammen, der dieselbe Aufgabe bearbeitet hat.
a. Besprecht eure Arbeitsergebnisse.
b. Stellt eure Arbeitsergebnisse in der Klasse vor.

Eine unheimliche Geschichte erzählen

Du kannst die Handlungsbausteine für das Erzählen und Schreiben von unheimlichen Geschichten einsetzen.

1 Die Mindmap enthält Ideen für eine Geschichte mit dem Titel „Das Buch des Friedens“.

a. Lies die Ideen zu den drei Handlungsbausteinen.

b. Übertrage die Mindmap in dein Heft. Lass bei jedem Stichwort Platz für Ergänzungen.

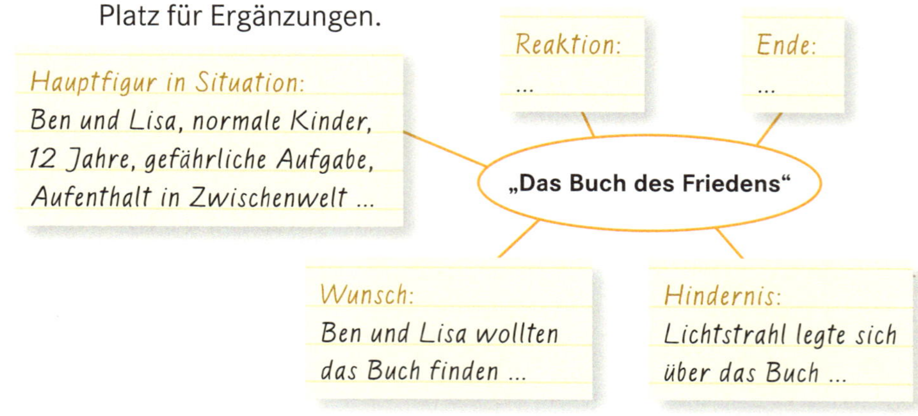

2 Was könnte in der Geschichte geschehen?

a. Sammle zunächst weitere Ideen für die Handlungsbausteine: **Hauptfigur in Situation**, **Wunsch** und **Hindernis**. Ergänze dazu die Notizen zu den Handlungsbausteinen.

b. Sammle Ideen für die Handlungsbausteine **Reaktion** und **Ende**.

3 Besprecht eure Mindmaps.
- Habt ihr ähnliche Ideen?
- Wirken eure Ideen spannend?

Jetzt kannst du mit Hilfe der Mindmap die Geschichte ausarbeiten. Du kannst auch mit einer Partnerin oder einem Partner arbeiten.

4 **a.** Lege für jeden Handlungsbaustein eine Karte an. Diese Karten kannst du als Erzählkarten verwenden.

b. Schreibe deine Ideen zu jedem Handlungsbaustein in ganzen Sätzen auf. Die folgenden Aufgaben helfen dir dabei.

Aufgaben 5–10 ➤ **S. 159–160**

Karte 1: Die Hauptfigur und die Situation

5 Überlege: Was sollte die Leserin oder der Leser erfahren, damit sie oder er deine Geschichte weiterlesen möchte?

Starthilfe

> Ben und Lisa waren auf den ersten Blick zwei ganz normale Kinder von zwölf Jahren. Aber sie hatten eine große und gefährliche Aufgabe zu lösen ...
> Sie befanden sich in einer unheimlichen Zwischenwelt. Alles war still, nichts regte sich. Es war, als würde die Welt den Atem anhalten ...

Karte 2: Der Wunsch

6 Welchen Wunsch haben die Hauptfiguren und warum verfolgen sie diesen? Beantworte diese Fragen:
- Was hat es mit dem Buch des Friedens auf sich?
- Warum müssen ausgerechnet Ben und Lisa das Buch finden?
- Warum ist das Buch so wichtig für die Menschen?
- Haben Ben und Lisa eine Idee, wo sie mit ihrer Suche beginnen können?

Starthilfe

> Das geheimnisvolle Buch des Friedens wurde vor vielen Jahren ...

Karte 3: Das Hindernis

7 Beschreibe den Lichtstrahl. Überlege:
- Ist der Lichtstrahl gefährlich für die Kinder?
- Wer schickt ihn?

Tipp: Treffende Adjektive machen deine Beschreibung anschaulicher.

Starthilfe

> Ben und Lisa sahen das geheimnisvolle Buch, doch ein heller, blendender Lichtstrahl legte sich bedrohlich über das kostbare Buch ...

Adjektive ➤ S. 309
Übungen:
mit Adjektiven Eigenschaften beschreiben ➤ S. 260–261

Vorausdeutungen können die Spannung erhöhen. Sie deuten an, wie eine Geschichte sich weiterentwickeln könnte.

8 Erzähle den Handlungsbaustein **Hindernis** ausführlich.
Nutze für deine Beschreibung des Lichtstrahls Vorausdeutungen.

Tipps:
- Erzähle genau, wie der Lichtstrahl Ben und Lisa blendet.
- Wörtliche Rede kann die Spannung erhöhen.

Starthilfe

> An dieser Stelle war den beiden noch nicht klar, in welcher riesengroßen Gefahr sie sich befanden ...

wörtliche Rede ➤ S. 306
Übungen zur wörtlichen Rede
➤ S. 238–239

Karte 4: Die Reaktion

9 Was unternehmen die Kinder, um den Lichtstrahl zu überwinden und das Buch zu retten?

Starthilfe

Ben und Lisa hielten sich an den Händen, rannten in Richtung Buch. ...

Karte 5: Das Ende

10 Sind Ben und Lisa am Ende erfolgreich oder nicht? Erzähle das Ende der Geschichte.

11 Schreibe die ganze Geschichte mit Hilfe deiner Erzählkarten auf.

Arbeitstechnik

Eine Geschichte mit den Handlungsbausteinen planen und schreiben

1. Schritt: Lege eine **Mindmap mit den Grundideen** für deine Geschichte an.
Berücksichtige dabei die **Handlungsbausteine und notiere Stichworte**.
Du kannst dazu Fragen stellen:
- Wer soll meine **Hauptfigur** sein? In welcher **Situation** steckt sie?
- Welchen **Wunsch** hat sie?
- Welches **Hindernis** ist ihr im Weg?
- Wie **reagiert** die Hauptfigur auf das Hindernis?
- Wie **endet** die Geschichte?

2. Schritt: Lege für jeden Handlungsbaustein eine **Karte** an.
3. Schritt: Notiere deine **Ideen in ganzen Sätzen** auf deine Karten.
4. Schritt: Überlege dir den **Aufbau** deiner Geschichte.
Du kannst die Reihenfolge der Handlungsbausteine ändern.
5. Schritt: Erzähle die Geschichte mit Hilfe deiner Karten **ausführlich**.
Achte auf:
- treffende Adjektive
- wörtliche Rede
- unterschiedliche Satzanfänge
- Schreibe im Präteritum.

Verben im Präteritum ➤ S. 308
Übungen zu den Verben im Präteritum ➤ S. 257–259
Verbtabelle: unregelmäßige Verben ➤ S. 312–313
Schreibkonferenz ➤ S. 210–213

Richtig rund wird die Geschichte, wenn sie überarbeitet wird.

12 Überarbeitet eure Geschichten in einer Schreibkonferenz.

a. Lest euch die Geschichten gegenseitig vor.
b. Überprüft jede Geschichte mit Hilfe der Handlungsbausteine:
- Versteht ihr den Inhalt der Geschichte?
- Ist die Geschichte sinnvoll aufgebaut?

c. Überprüft die Wortwahl, den Satzbau und die Rechtschreibung.
d. Überarbeitet eure Geschichten.

Eine unheimliche Geschichte erschließen

In der folgenden Geschichte trifft das Mädchen Lucia eine unheimliche Gestalt.

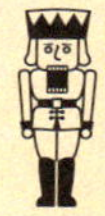

Textknacker ➤ S. 297

1 **a.** Lies den Textauszug mit dem Textknacker.
b. Welche Handlungsbausteine erkennst du? Schreibe sie auf.
Tipp: Im Text gibt es drei Handlungsbausteine.

Handlungsbausteine ➤ S. 157

Spacy Spacy: Geheimnisvoller Besuch Dirk Walbrecker

Was für ein Leuchten … Was für ein Funkeln … Was für ein Zauber …!
Lucia blickte gebannt durch das Teleskop in den Nachthimmel. […]
Lucia erstarrte: Das war keine Sternschnuppe gewesen … Das war
ein gleißend heller Lichtstrahl, der für Sekundenbruchteile den Himmel
5 erhellt hatte! […] [Lucias] Herz pochte wie verrückt. So etwas hatte sie
noch nie erlebt. […] Lucia fühlte sich wie magisch angezogen vom Moor.
Und sie ging einfach los, ohne weiter nachzudenken.
Geh niemals allein ins Moor!, hieß es, seit Lucia vor einigen Monaten
bei ihren Großeltern eingezogen war. Die Stege sind morsch und
10 einsturzgefährdet! Außerdem geistern dort Seelen all derer herum,
die über die Jahrhunderte im Moor ertrunken und vom
braunen, stickigen Wasser verschlungen worden sind …
An all das dachte Lucia jetzt nicht. Sie musste einfach
dorthin, wo dieses außerirdische und unwirkliche Licht
15 verschwunden war! […]
Naturschutzgebiet – Tiefmoor – Lebensgefahr
… und darunter: ein schwarzer Totenkopf! […] Lucia
erstarrte: Irgendwo da vorne hatte sich etwas bewegt! […]
Da – geradeaus, direkt vor ihr bewegte sich etwas,
20 etwas Dunkles … genau auf sie zu … Schritt für Schritt …
näher und näher … Hilfe! Es war zu spät.
Lucia starrte auf das Wesen, das auf sie zutrat: […]

2 Welche Handlungsbausteine fehlen?
Schreibe für jeden fehlenden Handlungsbaustein eine Idee auf.

3 Kannst du die Handlungsbausteine anwenden?
Besprich deine Ergebnisse mit deiner Lehrkraft.

Training ➤ S. 162–163
Weiterführendes ➤ S. 164–167

Eine unheimliche Geschichte erschließen und weitererzählen

Im Kapitel hast du Magnolia Steels Tante Linette kennen gelernt. Mit dreizehn Jahren erfährt Magnolia, dass sie eine Hexe ist. Sie zieht zu ihrer Tante Linette und lässt sich in die Hexenkünste einweisen. Magnolia muss sich bei der Hexe Pestilla einer Hexenprüfung unterziehen, die es in sich hat.

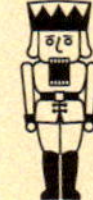

Textknacker ➤ S. 297

1 Lies die Geschichte mit dem Textknacker:

a. Lies zunächst die Überschrift und sieh dir das Bild an.

b. Vermute: Worum könnte es in der Geschichte gehen?

Tipp: Was weißt du schon über unheimliche Geschichten? Beziehe deine Kenntnisse in deine Überlegungen mit ein.

Schritt 1:
Vor dem Lesen

2 Lies die ganze Geschichte.

Schritt 2:
Das erste Lesen

Die Hexenprüfung Sabine Städing

Handlungsbaustein!
Hauptfigur in Situation

„Manche Hexen behaupten, der zweite Teil unserer Aufnahmeprüfung
sei der unangenehmste." Pestilla lächelte. „Doch ich will nicht vorgreifen.
Morgen früh hat sich jeder von euch sein eigenes Urteil gebildet.
In diesem Teil der Prüfung werdet ihr einzeln in die Zwischenwelt geschickt,
5 um diesen goldenen Schlüssel zu holen." Pestilla hielt einen Schlüssel hoch,
der etwa die Länge eines Spazierstocks hatte.
„Wie ihr euch bei der Größe dieses Schlüssels unschwer vorstellen könnt,
liegt die Schwierigkeit nicht darin, ihn zu finden, sondern ihn unversehrt
zurückzubringen. Ihr werdet bei der Suche nach ihm auf Gefahren stoßen,
10 die auf eure jeweilige Hexenart zugeschnitten sind und die ihr
in jedem Fall meistern könnt. […]"
„Du bist die Nächste, Magnolia." […]
Magnolia zögerte keinen Moment, sie kniff die Augen zu und ging hinterher.
Es war ein Gefühl, als würde sie in eine Schüssel Wackelpudding tauchen.
15 Nass, kalt, schwabbelig, dann war sie durch.
Unwirkliches Zwielicht lag über der Landschaft, die sich vor ihr ausbreitete.
Sie stand in der Senke hinter Tante Linettes Haus und blickte
auf die Rauschwalder Kirche mit ihren windschiefen Kreuzen und
alten Gräbern.
20 Kein Blatt bewegte sich an den Bäumen, kein Vogel zwitscherte.
Es war, als hätte sie ein Gemälde betreten.
Etwa hundert Meter entfernt schimmerte es golden zwischen den Gräbern.

Handlungsbaustein!

Der Schlüssel. Magnolia atmete auf. Schritt für Schritt näherte sie sich
der niedrigen Steinmauer. Sie brauchte nur darüber hinwegzusteigen,
25 den Schlüssel zu holen und durch das Tor der Gewissheit zurückzukehren.
Das war einfach. Zu einfach. Magnolias Gefühl sagte ihr, dass die Sache
einen Haken hatte. Vorsichtig, sich nach allen Seiten umsehend, stieg sie
über die Mauer. Im selben Moment bemerkte sie im Schatten
der Kirchenmauer eine Gruppe Männer, die feindlich zu ihr herüberstarrten.
30 Die Angst kroch Magnolia mit eiskalten Fingern über den Rücken. […]
„Ruhig", flüsterte Magnolia und versuchte ihre Aufmerksamkeit
auf den Schlüssel zu richten. Es war keine große Distanz,
sie konnte es schaffen. Ein kurzer Sprint, den Schlüssel greifen und
durch das Tor zurück zu den Hexen.
35 Magnolia startete durch und rannte wie noch nie
in ihrem Leben. Der Schlüssel, der Schlüssel,
der Schlüssel …, hämmerte es bei jedem Schritt
in ihrem Kopf. Sie sprang über ein Grab und bremste,
noch bevor ihre Füße wieder den Boden berührten. […]
40 Ein plötzliches Geräusch ließ sie herumfahren.
„Bitte nicht!" […] Die unheimlichen Gestalten
auf der anderen Seite hatten sich gleichzeitig in Bewegung
gesetzt. […] Steifbeinig und mit ausgestreckten Händen
staksten sie auf Magnolia zu. Ein Albtraum!

Handlungsbaustein!

3 a. Welche Handlungsbausteine erkennst du?
Tipp: Die Gedankenblasen am Rand zeigen dir, wo ein neuer Handlungsbaustein zu finden ist.
b. Notiere jeden Handlungsbaustein auf eine Karteikarte.
c. Was wird zu jedem Handlungsbaustein erzählt? Schreibe es in Stichworten auf die Karte.
Tipp: Die Schlüsselwörter helfen dir dabei.

Schritt 3:
Den Text genau lesen

Handlungsbausteine ➤ S. 157

4 Die Handlungsbausteine **Reaktion** und **Ende** fehlen.
a. Überlegt euch gemeinsam Ideen für die fehlenden Bausteine.
b. Schreibt eure Ideen in Stichworten auf.

Schritt 4:
Nach dem Lesen

W Bearbeite mit Hilfe deiner Karteikarten Aufgabe 5 oder 6.

5 a. Erzählt der Lerngruppe eure Geschichten.
b. Besprecht eure Geschichten in der Lerngruppe.

6 a. Schreibe die ganze Geschichte auf.
b. Überarbeitet die Geschichte in einer Schreibkonferenz.

Schreibkonferenz ➤ S. 210–213

Eine unheimliche Geschichte erschließen und weitererzählen

Die folgende Gespenstergeschichte aus dem Jahr 1826 stammt vom schwäbischen Dichter Wilhelm Hauff. Es handelt sich dabei um eine alte, mündlich überlieferte Geschichte, die im Orient spielt.

Textknacker ➤ S. 297

1 Lies die Geschichte mit dem Textknacker:
- **a.** Lies zunächst die Überschrift und sieh dir die Bilder an.
- **b.** Vermute: Worum könnte es in der Geschichte gehen?

Schritt 1:
Vor dem Lesen

2 Lies dann die ganze Geschichte.

Schritt 2:
Das erste Lesen

Die Geschichte von dem Gespensterschiff nach Wilhelm Hauff

Als mein Vater starb, hinterließ er mir ein paar Dinge. Diese machte ich zu Geld und versuchte, in der Fremde mein Glück zu finden und auf einem Schiff nach Indien zu segeln. Der Diener meines Vaters begleitete mich.
Wir waren nun schon fünfzehn Tage auf hoher See, als der Kapitän einen Sturm ankündigte. Er wirkte sehr besorgt und ließ schnell alle Segel einziehen. So trieben wir ganz langsam hin.
Es geschah lange nichts. Die Nacht war hell und klar herangebrochen. Wir hatten schon gedacht, der Kapitän hätte sich getäuscht, als plötzlich ein fremdes Schiff dicht an unserem Schiff vorbeischwebte. Wir hörten wildes Lachen und Geschrei. Ich wunderte mich über die Fröhlichkeit auf dem anderen Schiff im Angesicht der drohenden Sturmgefahr.

Aber der Kapitän neben mir wurde kreidebleich und rief: „Mein Schiff ist verloren, dort segelt der Tod!"
Kaum hatte er ausgesprochen, stürzten auch schon heulend und schreiend die Matrosen herein und schrien: „Habt ihr das Gespensterschiff gesehen? Jetzt ist es mit uns vorbei."
Der Kapitän aber ließ Trostsprüche aus dem Koran vorlesen und setzte sich selbst ans Steuerruder. Aber vergebens! Zusehends brauste der Sturm auf, und ehe eine Stunde verging, krachte das Schiff und hing schief.
Die Boote wurden ausgesetzt, und kaum hatten sich die letzten Matrosen gerettet, so versank das Schiff vor unseren Augen, und als ein Bettler fuhr ich in die See hinaus. Aber der Jammer hatte noch kein Ende. Der Sturm tobte immer fürchterlicher; das Boot war nicht mehr zu steuern. Ich hatte meinen alten Diener fest umschlungen, und wir versprachen uns, nie voneinander zu weichen.
Endlich brach der Tag an. Wir trieben auf einer Schiffsplanke* auf dem offenen Meer. Von unserem Schiff war nichts mehr zu sehen. Nicht weit von uns trieb das Schiff, das in der letzten Nacht an uns vorbeigeschwebt war. Ich empfand ein sonderbares Schaudern und Grauen vor diesem Schiff. Trotzdem schien es unsere einzige Rettung.
Wir kletterten auf das Deck des Schiffes. Es war totenstill. Wir blickten uns um, und es erfasste uns das nackte Entsetzen: Dreißig tote Männer lagen starr auf den Planken, welche rot gefärbt waren vom Blut der Toten. Sie waren prachtvoll gekleidet mit türkischen schweren Gewändern und schmuckvollen Säbeln und Messern. Am mittleren Mastbaum* stand ein Mann, ebenfalls reich gekleidet, den Säbel in der Hand, aber das Gesicht war blass und verzerrt, durch die Stirn ging ein großer Nagel, der ihn an den Mastbaum heftete, auch er war tot.
„O Herr", sprach mein treuer Diener, „hier ist etwas Schreckliches geschehen. Doch wenn auch das Schiff da unten voll Mörder steckt, so will ich mich ihnen doch lieber auf Gnade und Ungnade ergeben, als längere Zeit unter diesen Toten zuzubringen." Ich dachte wie er; wir fassten uns ein Herz und stiegen voll Erwartung hinunter. Totenstille war aber auch hier, und nur unsere Schritte hallten auf der Treppe. Wir standen an der Türe der Kajüte*. Ich legte mein Ohr an die Türe und lauschte; es war nichts zu hören. Ich machte auf. Der Raum bot einen unordentlichen Anblick. Kleider, Waffen und andere Geräte lagen untereinander. Nichts in Ordnung.

* die Schiffsplanke: starkes Brett auf einem Schiff

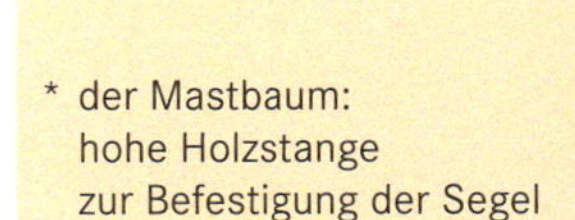

* der Mastbaum: hohe Holzstange zur Befestigung der Segel

* die Kajüte: Wohn- und Schlafraum auf Schiffen

55 Die Mannschaft oder wenigstens der Kapitän mussten vor Kurzem hier gefeiert haben; denn es lag alles noch umher. Wir gingen weiter von Raum zu Raum, überall fanden wir herrliche Vorräte in Seide, Perlen, Zucker usw. Ich war vor Freude über diesen Anblick außer mir, denn da niemand auf dem Schiff war, glaubte ich, dass mir dies bald alles gehöre.
60 Ibrahim* aber machte mich aufmerksam darauf, dass wir wahrscheinlich noch sehr weit vom Lande seien, wohin wir allein und ohne menschliche Hilfe nicht kommen könnten.
Wir aßen und tranken etwas und beschlossen, dass wir die Toten über Bord* werfen und uns somit von diesem schrecklichen Anblick befreien wollten.
65 Aber wie schauerlich wurde uns zumute: Keiner der Männer ließ sich bewegen. Sie waren wie am Boden festgeklebt.
Die Nacht brach herein und es war uns beiden gar nicht wohl, wieder in so schauerlicher Gesellschaft zu reisen. Ibrahim sprach einen Bannspruch* seines Großvaters, der uns vor den Toten schützen sollte, ich glaubte
70 nicht so richtig daran, aber ließ ihn machen. Es konnte ja nicht schaden.
Ibrahim sprach und schrieb gleichzeitig in jede Ecke des Schiffes:

„Kommt ihr herab aus der Luft,
Steigt ihr aus tiefem Meer,
Schlieft ihr in dunkler Gruft*,
75 Stammt ihr vom Feuer her:
Allah ist euer Herr und Meister,
ihm sind gehorsam alle Geister."

Wir wachten lange, doch irgendwann fielen wir beide in einen tiefen Schlaf. Das Schiff erwachte zum Leben!!! Die Toten schrien, feierten, grölten und
80 lenkten das Schiff.
Zum Glück hatte uns Ibrahim mit einem Bannspruch seines Großvaters geschützt.
Als wir am nächsten Morgen erwachten, hatten wir das Gefühl, dass wir keinen Meter weiter gesegelt waren, im Gegenteil, dass wir wieder
85 an der Stelle trieben, an der das Unglück begann. Dies mussten wir drei Tage und Nächte erleben, uns beschlich ein schrecklicher Gedanke – wir segelten jede Nacht wieder zurück mit dieser unheimlichen Mannschaft an Bord und würden nie wieder festen Boden unter den Füßen haben.

* Ibrahim: Name des treuen Dieners
* das Bord: Schiffsrand
* der Bannspruch: (Zauber-)Spruch zur Verhinderung von Unheil
* die Gruft: das Grab

3 Erschließe die Geschichte mit Hilfe der Handlungsbausteine.
- a. Welche Handlungsbausteine erkennst du?
- b. Notiere jeden Handlungsbaustein auf eine Karte.
  Notiere dazu die passenden Zeilenangaben und Stichworte.

Starthilfe

Hauptfigur in Situation: Zeile 1-...:
Junger Mann verlässt nach Tod des Vaters mit Diener Heimat – wollen mit Schiff nach Indien reisen – geraten in Seenot

Schritt 3:
Den Text genau lesen

Handlungsbausteine:
- Hauptfigur/ Situation
- Wunsch
- Hindernis
- Reaktion
- Ende

4 Tauscht euch über die Handlungsbausteine aus.
- Habt ihr dieselben gefunden?
- Welche Handlungsbausteine fehlen?
- Überlegt gemeinsam: Ist die Geschichte deshalb langweilig?

5 Untersuche die Sprache.
- a. Schreibe Wörter und Sätze auf, welche die Geschichte gruselig und unheimlich wirken lassen.
- b. Schreibe auf, wodurch die Geschichte noch gruselig wirkt.
- c. Sprich mit deiner Lerngruppe über deine Beobachtungen.

Die Geschichte ist nicht zu Ende erzählt.

4. Schritt:
Nach dem Lesen

6
- a. Sammelt Ideen zu den Bausteinen **Reaktion** und **Ende**.
- b. Schreibt eure Ideen in Stichworten auf eine Karte.
  Beantwortet dabei diese Fragen:
  - Wie könnten der Ich-Erzähler und sein Diener reagieren?
  - Was könnten der Ich-Erzähler und sein Diener versuchen, um mit den geheimnisvollen Toten fertigzuwerden?
  - Wie endet die Geschichte?

7 Stellt eurer Lerngruppe die Karten **Reaktion** und **Ende** vor.

8
- a. Lest nach, wie die Geschichte im Original endet.
- b. Vergleicht eure Fassung mit der von Hauff.
  Welche Gemeinsamkeiten und welche Unterschiede findet ihr?

„Die Geschichte von dem Gespensterschiff"
➤ S. 292–293

Du hast nun einige unheimliche Geschichten kennen gelernt.

9
- a. Wodurch wird eine Geschichte gruselig und unheimlich?
  Notiere dazu deine Gedanken und Beobachtungen.
- b. Schreibe Beispiele zu deinen Überlegungen auf.

Märchen aus aller Welt

- Märchenmerkmale bestimmen und anwenden
- Märchen gestalten
- Märchen szenisch vortragen

1 Seht euch das Bild an. Was könnt ihr darauf erkennen? Beschreibt es.

2 Die Figuren stammen aus verschiedenen Märchen.
  a. Welche Märchenfiguren könnten das sein? Erzählt ein Märchen, in dem eine oder mehrere der Figuren vorkommen.
  b. Welche der Märchen erkennt ihr? Worum geht es in den Märchen? Erzählt.

Die folgenden Märchenanfänge gehören zu den Märchen aus dem Kapitel.

3 Einige der Figuren aus dem Bild gehören zu den Märchenanfängen. Ordnet die Figuren den Märchenanfängen A, B oder C zu.

A Es waren einmal ein Mann und eine Frau, die waren sehr arm und beklagten sich unausgesetzt über ihr Schicksal. „Mein Gott! Mein Gott!", sagten sie. „Es gibt Leute, die sind so glücklich! Wir laufen den ganzen Tag im Wald nach Holzkohlen umher."

B Es war einmal eine alte Sau, die hatte drei kleine Schweinchen. Sie hatte aber nicht genug zum Leben, deshalb schickte sie ihre Kinder fort, ihr Glück zu suchen.

C In fernen Zeiten lebte in einem fernen Land eine sehr arme Frau mit ihrem Sohn Aladin. Aladin träumte davon, durch ein Wunder aus seinem Elend erlöst zu werden. Eines Tages stand ein Zauberer vor Aladins Hütte.

4 Zu welchen Märchen gehören die Märchenanfänge?
a. Seht das Kapitel durch und sucht die Märchen.
b. Schreibt die Titel der Märchen auf.

5 Welche Lieblingsmärchen habt ihr? Warum gehören diese Märchen zu euren Lieblingsmärchen?

6 Was wisst ihr schon über Märchen? Tauscht euch aus.

In diesem Kapitel lernt ihr verschiedene Märchen kennen. Ihr bestimmt ihre Merkmale und gestaltet die Märchen aus. Außerdem tragt ihr die Märchen szenisch vor.

Märchenmerkmale bestimmen und anwenden

Merkmale von Märchen kennen lernen

Wie sich Märchen von anderen Erzähltexten unterscheiden, erfährst du in diesem Gespräch zwischen Emilia und ihrer Lehrerin.

1 Lies das Gespräch.
Achte darauf, welche Teile Emilia spricht und welche die Lehrerin.

Erzähl (keine) Märchen

Es ist zwanzig Minuten nach Unterrichtsbeginn und Emilia tritt ein.
„Tut mir leid, dass ich zu spät komme, aber ich habe meine arme Katze
vor einem riesigen und gefährlichen Hund retten müssen ..."
„Ach, Emilia, erzähl bitte keine Märchen!" Die Klassenlehrerin kennt Emilia
5 und weiß, was für tolle Geschichten sie erzählen kann.
„Oh, ein Märchen würde ganz anders anfangen."
„So, wie denn?"
„Es war einmal ein besonders nettes Mädchen, das hieß Emilia."
„Ein guter Märchenanfang. Und weiter?"
10 „Eines Nachts, als ich nicht schlafen konnte, stand auf einmal
eine wunderbare Fee auf meinem Fensterbrett. Die Fee sagte: ‚Du hast
drei Wünsche frei.'"
„Du hast dir sicher gewünscht, noch viele weitere Wünsche zu haben!"
„Aber nein. Im Märchen kommen ja oft nur bestimmte Zahlen vor, drei oder
15 sieben, es kann auch mal eine Zwölf sein. Von der Fee habe ich mir eine Katze
gewünscht. Die Fee murmelte: ‚Eins, zwei, drei, Katze, komm herbei!'"
„Und schon fiel eine Katze mit einem Donnerschlag auf dein Bett."
„Genau. Und wissen Sie was? Meine Katze kann sprechen!"
„Das glaube ich dir sofort, denn Tiere können in vielen Märchen sprechen.
20 Aber wie war das denn nun heute Morgen?"
„Heute Morgen höre ich also meine Katze draußen im Garten laut ‚Hilfe'
rufen. Und als ich hinlaufe, sitzt da doch ein riesiges Ungeheuer
von einem Hund mit feuerroten Augen und Zähnen so lang wie Säbel und
knurrt die Katze an. Schrecklich!"
25 „Und du hast ihn natürlich besiegt!", witzelt Sarah von hinten.
„Klar, ganz einfach. Ich habe meinen zweiten Wunsch ausgesprochen und
den Hund in ein anderes Tier verwandelt."

„Das Gute siegt, das Böse wird bestraft. So ist das zum Glück in den meisten Märchen. Und jetzt hast du noch einen Wunsch frei."

30 „Nicht mehr. Ich habe mir zum Schluss gewünscht, dass ich keinen Ärger bekomme, wenn ich zu spät bin."

„Und da es ein Märchen ist, muss es für dieses Mal gut ausgehen."

„... und waren glücklich bis an ihr Lebensende!"

„Und da es ein Märchen ist ..." Was daran märchenhaft ist, könnt ihr genauer untersuchen.

2 **a.** Wie fängt Emilias Märchen an? Lies die Textstelle vor.
b. Wie könnte ein Märchen noch anfangen? Nenne Beispiele.

3 Emilia erzählt von einer Märchenfigur.
a. Nenne diese Märchenfigur.
b. Welchen Zauberspruch sagt die Märchenfigur? Nenne ihn.
c. Welche Märchenfiguren könnten Emilia nachts noch besuchen? Ergänze Emilias Märchen und erzähle es der Klasse.

4 **a.** Welche Tiere kommen in Emilias Märchen vor? Nenne sie.
b. Eines der Tiere kann etwas besonderes. Beschreibe es.

5 **a.** Was können Tiere in Märchen noch? Schreibt es auf.
b. In welches Tier hättet ihr den Hund verwandelt? Schreibt das Märchen mit eurem neuen Tier einige Zeilen weiter.

6 Emilias Märchen hat ein märchenhaftes Ende. Schreibe es auf.

7 Übertrage die Tabelle in dein Heft. Schreibe darin die Merkmale von Märchen auf, die im Text vorkommen.
Tipp: Lass in den einzelnen Spalten genug Platz, damit du die Merkmale der weiteren Märchen ergänzen kannst.

Starthilfe

der Märchenanfang	die Märchenfiguren	die Zahlen	die Sprache (Reime, Zaubersprüche)	die besonderen Dinge, Kräfte	die Gegensätze	der Märchenschluss
	die Fee				gut – böse	

8 **a.** Stöbert in Märchenbüchern und wählt drei Märchen aus.
b. Lest sie euch gegenseitig vor.
c. Welche Märchenmerkmale erkennt ihr? Ergänzt die Tabelle.

Lesetraining ➤ S. 191–193

Ein Märchen erschließen

In dem folgenden Märchen geht es um Wünsche.

1 **a.** Welche Wünsche würdest du dir gern erfüllen, wenn du drei Wünsche frei hättest? Schreibe Stichworte auf.
b. Erzähle von einem deiner Wünsche.

mehr zum Thema Wünsche ➤ S. 82–99

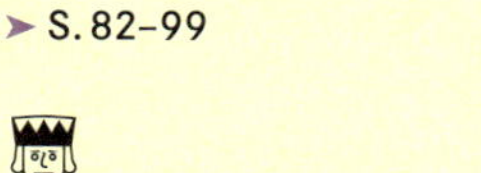

2 Lies das Märchen mit Hilfe des Textknackers.

Textknacker ➤ S. 297

Die drei Wünsche (Frankreich)

Es waren einmal ein Mann und eine Frau, die waren sehr arm und beklagten sich unausgesetzt über ihr Schicksal. „Mein Gott! Mein Gott!“, sagten sie. „Es gibt Leute, die sind so glücklich! Wir laufen den ganzen Tag im Wald nach Holzkohlen umher.“
Das hörte ein Greis, der durch den Wald ging. „Ich sehe, ihr seid mit eurem Schicksal nicht zufrieden. Nun! Ich möchte etwas für euch tun. Wünscht euch drei Dinge; sie sollen in Erfüllung gehen!“
Am Abend saß der Köhler* mit seiner Frau am Feuer. Sie dachten nach. „Was sollen wir uns wünschen?“, fragten sie sich.
Plötzlich, beim Anblick der kleinen Holzscheite, die lustig knisterten, rief die gute Frau, ohne im Geringsten daran zu denken, dass sie einen Wunsch äußerte: „Ganz gleich, eine Elle* Blutwurst auf dieser guten Kohlenglut, das wäre eine Wohltat!“
Augenblicklich fiel eine Elle Blutwurst aus dem Kamin mitten in die Kohlenglut hinein. Der Mann wurde zornig. „Bist du verrückt, altes Weib? Ist das dein Wunsch? Ich möchte wahrhaftig, dass diese Elle Blutwurst sich an deine Nase hänge!“ Sofort geschah, was er sagte. Die Blutwurst hängte sich an die Nasenspitze der alten Frau. Beide, der Köhler wie seine Frau in ihrer Feuerecke, waren höchst betrübt.
„Jetzt haben wir nur noch einen Wunsch.“ Sie überlegten lange, lange und die Blutwurst hing immer weiter an der Nase der unglücklichen Frau.

* der Köhler: jemand, der früher beruflich Holzkohle herstellte

* die Elle: eine alte Längenmaßeinheit (ungefähr 55–85 cm)

Der Mann, von Mitleid ergriffen, fasste den weisesten Entschluss.
30 „Ich muss dich aus dieser Lage befreien. Ich wünsche,
dass die Blutwurst von deiner Nase verschwinde. Bleiben wir arm.
Reichtum macht nicht glücklich."
Der dritte Wunsch wurde erfüllt wie die vorigen, und unsere beiden Alten
suchten weiter Holzkohle im Wald, bis sie starben.

3 Welche Wünsche haben der Mann und die Frau?
Schreibe die drei Wünsche auf.

Wenn du die Handlungsbausteine beim genauen Lesen untersuchst, kannst du das Märchen besser verstehen.

4 Was wird zu den Handlungsbausteinen des Märchens erzählt?
Beantworte dazu folgende Fragen in Stichworten:
- Wer sind die Hauptfiguren? In welcher Situation stecken sie?
- Welchen Wunsch haben die Hauptfiguren?
- Welches Hindernis steht ihnen im Weg?
- Wie überwinden die Hauptfiguren das Hindernis?
- Wie endet das Märchen? Sind die Hauptfiguren erfolgreich?

Tipp: Die Schlüsselwörter helfen dir dabei.

Handlungsbausteine ➤ S. 298

5 Welche Märchenmerkmale entdeckst du im Märchen „Die drei Wünsche"? Ergänze deine Tabelle.

Tabelle: Märchenmerkmale ➤ S. 171, Aufgabe 7

Merkwissen

Märchen erzählen Geschichten, die in der Wirklichkeit nicht geschehen können.

Sie enthalten in der Regel bestimmte **Merkmale**:
- Viele Märchen beginnen mit dem **Anfang**: „Es war einmal".
- **Tiere** und **Gegenstände** können sprechen oder **haben besondere Kräfte**.
- **Zauberer** und **Feen** setzen ihre **magischen Kräfte** ein.
- Menschen werden von bösen Wesen bedroht. Dabei **siegt das Gute** meistens und **das Böse wird bestraft**.
- Oft werden **Wünsche** erfüllt (Reichtum, Kindersegen, ein neues Haus ...).
- **Zauberzahlen** spielen eine wichtige Rolle (drei Wünsche, sieben Brüder, zwölf Teller ...).
- Märchen spielen oft an besonderen **Orten** (ein altes Schloss, ein verwunschener Wald ...).
- Viele Märchen enden mit dem **Schluss**: „Und sie lebten glücklich und zufrieden bis an ihr Lebensende."
- Die **Sprache** ist oft **formelhaft** (Zaubersprüche).

Lesetipp Märchen: „Bestrafte Habgier" ➤ S. 294–295

Ein Märchenende gestalten

Märchen enden oft mit einer Überraschung und gehen gut aus.

1 Lies das Märchen mit dem Textknacker.
Achte beim ersten Lesen auf Hinweise für ein mögliches Ende des Märchens.

Textknacker ➤ S. 297

Aladin und die Wunderlampe (Orient)

In fernen Zeiten lebte in einem fernen Land eine sehr arme Frau mit ihrem Sohn Aladin. Aladin träumte davon, durch ein Wunder aus seinem Elend erlöst zu werden. Eines Tages stand ein Zauberer vor Aladins Hütte. Er sagte, er wolle Aladin zu großem Glück verhelfen. Aladin glaubte ihm und folgte ihm bis zu einem hohen Berg. Dort gab es eine Tür zu einer unterirdischen Höhle, die sich aber nur durch einen Zauberspruch öffnen ließ.

Sie war jedoch so eng, dass nur Aladin hindurchpasste. In der Höhle erstarrte Aladin, denn er war geblendet von Gold und Edelsteinen. Doch der Zauberer rief: „Rühre nichts an. Bringe mir nur die alte Lampe!" Was hatte der Zauberer vor? Aladin wollte ihm die Lampe erst draußen wiedergeben. Da wurde der Zauberer wütend und schlug die Tür zur Höhle zu.

Ängstlich drückte Aladin die Lampe an sich. Unbewusst rieb er mit seiner Hand daran. Was war das? Nach dem dritten Mal blitzte die Lampe hell auf und in der Höhle erschien aus einer Wolke ein riesiger Geist. Der Geist fragte: „Womit kann ich dir dienen, junger Herr?"

Aladin war hungrig und wollte nach Hause. Kaum hatte er das ausgesprochen, saß er zu Hause an einem reich gedeckten Tisch. Nun erfuhr Aladin auch das Geheimnis der Lampe: „Wer die Lampe besitzt, ist mein Herr, und ich bin sein Diener. Was immer du möchtest, das bekommst du. Du brauchst nur die Lampe dreimal zu reiben."

Aladin und seine Mutter lebten durch den Geist in der Lampe in Wohlstand
25 und Zufriedenheit. Eines Tages erblickte Aladin die wunderschöne Tochter
des Sultans*, die in einer Sänfte** durch die Stadt getragen wurde.
Aladin konnte den Blick nicht von ihr lassen und auch sie sah ihn verliebt an.
Schon bald ließ Aladin mit einem Kästchen voller Edelsteine
um die Hand der Prinzessin anhalten. Der Sultan überzeugte sich
30 von Aladins Wohlstand und willigte in die Hochzeit ein.
Aladins Träume vom Glück hatten sich endlich erfüllt. Doch der Zauberer
gönnte es Aladin nicht.

Eines Tages, als Aladin auf Reisen war, erschien der Zauberer verkleidet
vor Aladins Palast. Die Prinzessin wusste nichts von der Zauberkraft
35 der Wunderlampe und ließ den Zauberer ein. Als der Zauberer
die Wunderlampe endlich erblickt hatte, bot er der Prinzessin an,
die alte Lampe gegen eine neue einzutauschen.
Gern willigte sie ein. Kaum jedoch hielt er die Lampe in der Hand,
wünschte er auch schon den Geist herbei. Der Geist sollte den Palast
40 mitsamt der Prinzessin in eine weit entfernte Wildnis entführen.

Wie groß war Aladins Verzweiflung, als er wieder zurückkehrte und sah,
dass sein ganzes Glück verschwunden war!
Das konnte nur das Werk des Zauberers gewesen sein!
Verzweifelt suchte Aladin in der ganzen Welt nach dem Zauberer.
45 Lange irrte er umher, bis er endlich das Haus des Zauberers fand.
Denn nur durch die Zauberkraft der Lampe würde Aladin sein Glück
wiedererlangen und den Zauberer bestrafen können.

* der Sultan: islamischer Herrschertitel

** die Sänfte: der Tragstuhl

2 Erschließe das Märchen mit Hilfe der Handlungsbausteine.

a. Welche Handlungsbausteine erkennst du?

b. Notiere zu jedem Handlungsbaustein Stichworte.

Handlungsbausteine:
- Hauptfigur/ Situation
- Wunsch
- Hindernis
- Reaktion
- Ende

Der Handlungsbaustein **Ende** fehlt bei dem Märchen.

3 „Denn nur durch die Zauberkraft der Lampe würde Aladin sein Glück wiedererlangen und den Zauberer bestrafen können."
(Zeilen 46–47)
Erzähle das Märchen schriftlich zu Ende.
Denke daran: Märchen enden meistens gut!

4 **a.** Lest euch eure Märchenenden vor.

b. Überprüft, ob eure Enden den Merkmalen eines Märchens entsprechen.

Märchenmerkmale ➤ S. 173

Ein Märchen szenisch vortragen

Märchen können nicht nur gelesen und erzählt werden. Ihr könnt ein Märchen auch szenisch lesen, mit Musik untermalen oder ein Theaterstück gestalten. Das folgende Märchen eignet sich gut dazu.

Textknacker ➤ **S. 297**

1 Lies das Märchen mit Hilfe des Textknackers.

Die drei kleinen Schweinchen (England) Joseph Jacobs

Es war einmal eine alte Sau, die hatte drei kleine Schweinchen.
Sie hatte aber nicht genug zum Leben, deshalb schickte sie ihre Kinder fort,
ihr Glück zu suchen. Das erste Schweinchen ging und traf einen Mann
mit einem Bündel Stroh und sprach zu ihm:
„Bitte, lieber Mann, gib mir das Stroh, ich möchte mir daraus
ein Haus bauen." Das tat der Mann, und das Schweinchen baute sich
ein Haus. Da kam der Wolf des Wegs, klopfte an die Tür und sagte:
„Schweinchen, Schweinchen, lass mich hinein!"
Da antwortete das Schweinchen: „Nein, nein, das fällt mir gar nicht ein."
Da erwiderte der Wolf: „Dann hust ich und pust ich dein Haus kurz und
klein." Nun hustete er und pustete, bis das Haus zusammenfiel,
und fraß das Schweinchen auf.

Das zweite Schweinchen traf einen Mann mit einem Bündel Ginster* und sagte: „Bitte, lieber Mann, gib mir den Ginster, ich möchte mir daraus
15 ein Haus bauen."
Das tat der Mann, und das Schweinchen baute sich ein Haus. Da kam der Wolf des Wegs und sagte: „Schweinchen, Schweinchen, lass mich hinein."
Da antwortete das Schweinchen: „Nein, nein, das fällt mir gar nicht ein."
Da erwiderte der Wolf: „Dann hust ich und pust ich dein Haus kurz und
20 klein." Nun hustete er und pustete und pustete und hustete, und schließlich fiel das Haus zusammen, und er fraß das Schweinchen auf.

Das dritte Schweinchen traf einen Mann mit einer Ladung Ziegel und sagte: „Bitte, lieber Mann, gib mir die Ziegel, ich möchte mir daraus ein Haus bauen."
25 Da gab ihm der Mann die Ziegel, und das Schweinchen baute sich daraus ein Haus. Da kam der Wolf und sagte: „Schweinchen, Schweinchen, lass mich hinein."
Da antwortete das Schweinchen: „Nein, nein, das fällt mir gar nicht ein."
Da erwiderte der Wolf: „Dann hust ich und pust ich dein Haus
30 kurz und klein." Nun hustete er und pustete und hustete und pustete und pustete und hustete. Als er sah, dass er mit all seinem Pusten und Husten das Haus nicht umblasen konnte, sagte er: „Schweinchen, ich kenne ein schönes Rübenfeld."
„Wo denn?", fragte das Schweinchen.
35 „Oh, drüben bei Mister Miller. Wenn du morgen früh mitgehen willst, hol ich dich ab und wir gehen zusammen und rupfen uns Rüben zum Mittagbrot." antwortete der Wolf.
Das Schweinchen sagte: „Gut, ich will gern mitgehen.
Wann wollen wir gehen?" Der Wolf erwiderte: „Um sechs."

40 Da stand am nächsten Morgen das Schweinchen um fünf Uhr auf und holte sich die Rüben, ehe der Wolf kam. Der kam um sechs und fragte: „Schweinchen, bist du bereit?"
Da antwortete das Schweinchen: „Bereit? Ich war schon da und bin schon wieder zurück und habe mir einen hübschen Topf voll Rüben zu Mittag
45 geholt." Da war der Wolf sehr böse, aber er dachte, er würde das Schweinchen schon überlisten, und sagte: „Schweinchen, ich kenne einen schönen Apfelbaum."
„Wo denn?", fragte das Schweinchen.
„Unten am Pächterhaus", antwortete der Wolf, „und wenn du mich
50 nicht betrügen willst, gehe ich morgen um fünf dahin und hole dir ein paar Äpfel."

* der Ginster: eine Pflanze

Nun stand das Schweinchen am nächsten Morgen um vier Uhr auf und
ging zu dem Apfelbaum. Es wollte zurück sein, ehe der Wolf kam.
Aber diesmal hatte das Schweinchen einen weiteren Weg und musste
55 auf den Baum klettern. Gerade als es heruntersteigen wollte, sah es den Wolf
ankommen und bekam einen großen Schreck.
Der Wolf kam heran und sagte: „Hallo, Schweinchen!
Du bist eher da als ich? Sind die Äpfel da oben gut?"
„Sehr gut", sagte das Schweinchen, „ich will dir einen hinunterwerfen."
60 Und es warf den Apfel so weit, dass der Wolf ein ganzes Stück laufen musste,
um ihn aufzuheben. Inzwischen sprang das Schweinchen vom Baum und
rannte gleich nach Hause.
Am nächsten Tag kam der Wolf wieder und sagte zu dem Schweinchen:
„Schweinchen, heut Nachmittag ist Markt in Shanklin*, möchtest du
65 nicht hingehen?"
„Ja, ich will gerne hingehen. Um welche Zeit willst du kommen und
mich holen?", fragte das Schweinchen.
„Um drei", sagte der Wolf.

Da machte sich das Schweinchen wie gewöhnlich früher auf den Weg.
70 Es ging zum Markt und kaufte sich ein Butterfass. Damit ging
das Schweinchen gerade nach Hause, als es den Wolf ankommen sah.
Nun wusste es gar nicht, wie es sich helfen sollte. Deshalb kroch
das Schweinchen in das Butterfass und versteckte sich darin, aber dabei
kam das Fass ins Rollen und rollte mit dem Schweinchen den Hügel hinunter.
75 Da bekam der Wolf einen solchen Schreck, dass er nach Hause lief und
gar nicht auf den Markt ging. Dann aber ging er zu dem Haus
des Schweinchens und erzählte ihm, was er für einen Schreck
bekommen hatte über ein großes rundes Ding, das hinter ihm den Hügel
hinunterrollte. Da sagte das Schweinchen: „Ach, das war ich,
80 was dich so erschreckte. Ich war auf dem Markt und habe
ein Butterfass gekauft, und als ich dich sah, kroch ich hinein und rollte
den Hügel hinunter." Da war der Wolf furchtbar böse und sagte,
er würde doch das Schweinchen fressen. Er würde den Schornstein
hinunterrutschen, um in das Haus des Schweinchens einzudringen und
85 es zu fangen.

Als das Schweinchen aber hörte, was er vorhatte, stellte es
einen großen Kessel voll Wasser auf den Herd und machte darunter
ein großes Feuer an. Grade als der Wolf heruntergerutscht kam,
nahm das Schweinchen den Deckel ab, und der Wolf fiel kopfüber hinein.
90 Da legte das Schweinchen schnell den Deckel wieder auf den Kessel.
Es kochte den Wolf und aß ihn zum Abendbrot und lebte nun ungestört und
glücklich sein Leben lang.

* Shanklin:
ein Küstenort in England

2 **a.** Bildet Dreier- oder Vierergruppen.
b. Worum geht es in dem Märchen? Schreibt Stichworte auf.
Ihr könnt dazu folgende Fragen nutzen:
- Wer sind die Hauptfiguren des Märchens?
- Welches Ziel verfolgt der Wolf?
- Wie unterscheiden sich die drei Schweinchen voneinander?
- Welche Tricks verwendet das dritte Schweinchen?

Nun könnt ihr das Märchen für einen szenischen Vortrag vorbereiten.

3 **a.** Teilt das Märchen in Handlungsabschnitte ein.
b. Schreibt zu jedem Handlungsabschnitt Stichworte auf.
c. Ergänzt für jeden Handlungsabschnitt eine Überschrift.

4 **a.** Schreibt auf, welche Figuren in jedem Abschnitt vorkommen.
b. Beschreibt die Eigenschaften der Figuren mit Adjektiven.

Mit eurer Stimme könnt ihr verdeutlichen, wie die Figuren sprechen. Mit Geräuschen könnt ihr den Vortrag begleiten.

5 Leitet aus den Beschreibungen von Aufgabe 4b die Sprechweise der Figuren ab. Schreibt Regieanweisungen auf.

Starthilfe
Das erste Schweinchen spricht höflich ...

6 **a.** Findet Textstellen, die ihr gut mit Geräuschen begleiten könnt.
b. Überlegt euch,
- welche Geräusche ihr mit Händen oder Füßen machen könnt.
- welche Geräusche ihr mit Instrumenten machen könnt.

Tipp: Fragt eure Lehrkraft, ob ihr Instrumente ausleihen dürft.

7 Übt in Gruppen den szenischen Vortrag.
a. Verteilt die Rollen in eurer Gruppe.
b. Tragt das Märchen mehrmals laut szenisch vor.

8 **a.** Wie hat euch der szenische Vortrag gefallen?
b. Habt ihr das Märchen besser verstanden? Begründet.

9 Auch dieses Märchen enthält typische Märchenmerkmale. Ergänze deine Tabelle.

Info
Als **szenischen Vortrag** bezeichnet man das Lesen mit verteilten Rollen. Dabei wird der Vortrag durch die Stimme, die Mimik und die Gestik gestaltet.

fröhlich
munter
listig
bescheiden
mutig
rebellisch
klug
überlegt

Adjektive ➤ **S. 309**
Übungen: mit Adjektiven Eigenschaften beschreiben ➤ **S. 260–261**

Tabelle: Märchenmerkmale ➤ **S. 171, Aufgabe 7**

Das kann ich!

Ein Märchen erschließen und vortragen

Überprüfe, ob du ein Märchen erschließen und für einen szenischen Vortrag vorbereiten kannst.

Die Prinzessin in diesem Märchen gerät in eine Notlage.

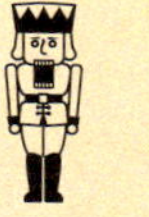

Textknacker ➤ S. 297

1 Lies das Märchen mit dem Textknacker.

Prinzessin Mäusehaut (Deutschland) Brüder Grimm

Ein König hatte drei Töchter. Er wollte wissen, welche ihn am liebsten hätte, also ließ er sie zu sich kommen und fragte sie. Die älteste sprach, sie habe ihn lieber als das ganze Königreich; die zweite, als alle Edelsteine und Perlen auf der Welt; die dritte aber sagte, sie habe ihn lieber als das Salz.
5 Der König wurde wütend, dass sie ihre Liebe zu ihm mit einer so geringen* Sache verglich, übergab sie einem Diener und befahl, er solle sie in den Wald führen und töten. Als sie in den Wald gekommen waren, bat die Prinzessin den Diener um ihr Leben. Dieser war ihr treu und würde sie nicht töten, er sagte auch, er wolle mit ihr gehen und
10 ganz nach ihren Befehlen tun. Die Prinzessin verlangte aber nichts als ein Kleid aus Mäusehaut, und als er ihr das geholt hatte, wickelte sie sich hinein und ging fort.
Sie ging direkt an den Hof eines benachbarten Königs, gab sich als Mann aus und bat den König, dass er sie in seine Dienste nehme. Der König sagte es zu.
15 [...] Abends musste sie ihm die Stiefel ausziehen, die warf er ihr jedes Mal an den Kopf. Einmal fragte er, woher sie sei. „Aus dem Land, wo man den Leuten die Stiefel nicht an den Kopf wirft."
Eines Tages brachten ihm die anderen Diener einen Ring: Mäusehaut habe ihn verloren, der sei zu kostbar, den müsse er gestohlen haben.
20 Der König ließ Mäusehaut zu sich kommen und fragte, woher der Ring sei. Da konnte sich Mäusehaut nicht länger verbergen. Sie wickelte sich von der Mäusehaut los und ihre goldgelben Haare quollen hervor. Sie trat heraus und war so schön, dass der König gleich die Krone von seinem Kopf abnahm, ihr aufsetzte und sie zu seiner Gemahlin* erklärte.
25 Zu der Hochzeit wurde auch der Vater der Mäusehaut eingeladen, der glaubte, seine Tochter sei schon längst tot, und sie nicht wiedererkannte. Auf der Tafel aber waren alle Speisen, die ihm vorgesetzt wurden, ungesalzen, da wurde er ärgerlich und sagte:

* gering: hier gewöhnlich, wertlos

* die Gemahlin: die Ehefrau

„Ich will lieber nicht leben, als solche Speisen essen!" Als er das Wort
30 gesagt hatte, sprach die Königin zu ihm: „Jetzt wollt Ihr nicht leben ohne Salz.
Und doch habt Ihr mich einmal töten lassen wollen, weil ich sagte,
ich hätte Euch lieber als Salz!" Da erkannte er seine Tochter, küsste sie und
bat sie um Verzeihung.
Es war ihm lieber als sein Königreich und alle Edelsteine der Welt,
35 dass er sie wiedergefunden hatte.

Die Prinzessin arbeitet als Dienstbote und muss dem König abends die Stiefel ausziehen.

2 Neben dem Märchentext siehst du eine freie Sprechblase.
Welche Aufgaben könnte der König noch verlangen?
Schreibe sie auf.

Sprechblase ➤ S. 180

3 Denke dir eine Redewendung aus, die das Märchen gut umschreibt.
Schreibe sie auf.

4 Bereite das Märchen für einen szenischen Vortrag vor.
a. Welche Figuren kommen in dem Märchen vor? Notiere sie.
b. Wähle eine Figur aus. Was sagt die Figur? Schreibe es auf.
c. Schreibe zu deiner gewählten Figur Regieanweisungen auf.
Aus den Regieanweisungen soll die Sprechweise deiner Figur deutlich werden.

Training ➤ S. 182–183
Weiterführendes
➤ S. 184–185

Tabelle: Märchenmerkmale
➤ S. 171, Aufgabe 7

5 Welche Märchenmerkmale entdeckst du? Ergänze deine Tabelle.

Ein Märchen erschließen

Hier kannst du noch einmal üben, ein Märchen zu erschließen.

1 Lies das Märchen mit dem Textknacker.

Textknacker ➤ S. 297

Von dem Fischer und seiner Frau (Deutschland) Brüder Grimm

Es waren einmal ein Fischer und seine Frau, die wohnten
zusammen in einer kleinen Fischerhütte, dicht an der See*.
Der Fischer ging jeden Tag hin und angelte.
So saß er einmal mit seiner Angel und sah immer
5 in das klare Wasser hinein. Da ging die Angel auf den Grund,
tief hinunter. Und als er sie heraufholte, zog er einen großen Butt heraus.
Da sagte der Fisch zu ihm: „Ich bitte dich, Fischer, lass mich leben.
Ich bin gar kein richtiger Fisch,
ich bin ein verwünschter Prinz. Setz mich
10 wieder ins Wasser und lass mich schwimmen."
„Nun", sagte der Mann, „du brauchst nicht viel sagen.
Einen Fisch, der sprechen kann, werde ich doch wohl
schwimmen lassen." Damit setzte er ihn wieder in das klare Wasser.
Der Fischer ging zurück zu seiner Frau in die kleine Hütte.
15 „Mann", sagte die Frau, „hast du heute nichts gefangen?"
„Nein", sagte der Mann, „ich fing einen Fisch, der sagte,
dass er ein verwünschter Prinz wäre. Da habe ich ihn wieder
schwimmen lassen." – „Hast du dir denn gar nichts gewünscht?",
fragte die Frau. „Nein", sagte der Mann, „was sollte ich mir denn wünschen?"
20 – „Ach", sagte die Frau, „das ist doch schlimm, hier immer in dem Hüttchen
zu wohnen: Es stinkt und ist so eklig. Du hättest uns doch
ein kleines Häuschen wünschen können. Geh noch einmal hin und ruf ihn.
Sag ihm, wir möchten gern ein kleines Häuschen haben."
Der Mann wollte zuerst nicht recht, ging dann aber doch an die See.
25 Als er dort ankam, war die See ganz grün
und gelb und gar nicht mehr so klar.
Da stellte sich der Mann hin und sagte:
„Manntje, Manntje, Timpe Te,
Buttje, Buttje in der See,
30 Meine Frau, die Ilsebill,
Will nicht so, wie ich gern will."
Da kam der Butt angeschwommen und fragte:
„Na, was will sie denn?"

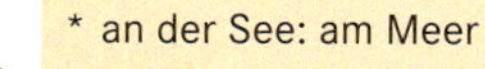

* an der See: am Meer

„Ach", sagte der Mann, „sie möchte gern
35 ein kleines Häuschen haben." – „Geh nur hin",
sagte der Butt, „sie hat es schon."

Bald aber war die Frau unzufrieden, sie wollte ein Schloss haben. Kurz darauf war sie wieder unzufrieden und wollte Königin werden, später sogar Kaiserin, dann schließlich Papst*. Und zum Schluss wollte sie werden wie der liebe Gott.

Der Mann weigerte sich zunächst, zum Butt zu gehen, dann tat er es aber doch.

Draußen stürmte es so heftig, dass der Mann kaum auf den Füßen
stehen konnte. Der Himmel war pechschwarz, es donnerte und blitzte.
Die Häuser und die Bäume wurden umgeweht, die Berge bebten und
40 die Felsenstücke rollten in die See.
Die schwarzen Wellen waren wie Berge so hoch und hatten alle
eine weiße Schaumkrone.
Der Mann schrie, er konnte sein eigenes Wort nicht hören:
„Manntje, Manntje, Timpe Te,
45 Buttje, Buttje in der See,
Meine Frau, die Ilsebill,
Will nicht so, wie ich gern will."
„Na, was will sie denn?", fragte der Butt.
„Ach", sagte der Mann, „sie will werden wie der liebe Gott."
50 „Geh nur hin, sie sitzt schon wieder in der Fischerhütte."
Und dort sitzen sie noch bis heute.

* der Papst: Oberhaupt der katholischen Kirche

2 Worum geht es in dem Märchen? Beantworte die Fragen in Stichworten.
- Wie lebten der Fischer und seine Frau?
- Was geschah, als der Mann den Butt fing?
- Was tat die Frau, als sie vom Fang des Mannes erfuhr?
- Wie veränderte sich daraufhin das Leben der beiden?
- Wie verhielten sich der Mann, die Frau und der Butt?
- Warum nahm der Butt wieder weg, was er dem Mann und der Frau gegeben hatte?

3 Erzähle das Märchen mit Hilfe deiner Stichworte von Aufgabe 2 einer Partnerin oder einem Partner.

4 Welche Märchenmerkmale erkennst du im Märchen? Ergänze deine Tabelle.

Tabelle: Märchenmerkmale
➤ **S. 171, Aufgabe 7**

Lesetipp Märchen: „Der alte Großvater und der Enkel" ➤ **S. 295**

Ein Märchen gestalten

Märchen sind alte Geschichten, die oft immer wieder neu erzählt wurden. Dadurch kann sich ein Märchen verändern.

1 Lies das Märchen mit dem Textknacker.

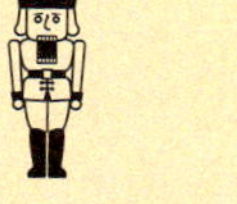

Textknacker ➤ S. 297

Die blaue Rose (China)

Vor langer Zeit lebte in China ein Kaiser.
Er hatte eine Tochter, die so schön war,
dass man ihre Schönheit im ganzen Lande
lobte. Ihr Lachen klang wie Silberglocken.
5 Mit ihren zierlichen Füßen bewegte sie sich
wie eine Tänzerin. Darüber hinaus war sie
sehr klug und verstand es,
wunderschöne Lieder zu singen. Aber
die Prinzessin machte dem Vater Sorgen,
10 denn sie wollte nicht heiraten.
Sie hatte zur Bedingung gemacht,
dass sie nur den Mann heiraten werde,
der ihr eine blaue Rose schenkte.

Der Kaiser suchte landauf, landab nach
15 einem passenden Mann. Weil noch niemand
eine blaue Rose gesehen hatte, versuchten
viele Männer erst gar nicht, um die Gunst
der schönen Prinzessin zu werben*. Andere
aber waren so verliebt, dass sie überlegten,
20 wie sie die Prinzessin mit einer blauen Rose
für sich gewinnen konnten.

Der Tag, an dem die jungen Männer im Palast
mit einer blauen Rose um die Hand der Prinzessin
anhalten sollten, war gekommen.

25 Der erste Bewerber kam aus dem Land der Perser*.
Aus blauen Edelsteinen hatte er eine kostbare Rose
anfertigen lassen. Ein anderer Jüngling ließ
eine weiße Rose in eine blaue Flüssigkeit
stellen, sodass die Rose blau wurde.

* um die Gunst werben: die Zuneigung gewinnen wollen

* das Land der Perser: etwa das Gebiet des heutigen Iran und des Irak

30 Die Prinzessin aber sagte: „Diese Rose will ich nicht. Wenn sich
die Schmetterlinge und die Vögel auf sie setzen, müssen sie sterben."
Ein dritter Bewerber überreichte der Prinzessin einen Becher
aus feinstem Porzellan, mit einer blauen Rose bemalt.
Die Prinzessin bewunderte das Kunstwerk sehr. Aber sie sagte:
35 „Auch dies ist nicht die rechte Rose." Nicht nur diese drei Männer,
sondern sieben mal sieben Bewerber wurden so abgewiesen.

Da kam eines Tages ein Wanderer daher. Er wusste nichts von der Prinzessin
und von der blauen Rose. Er setzte sich an die Mauer des Schlosses und
sang ein bezauberndes Lied. Das Lied war so schön, dass die Königstochter
40 wissen wollte, wer da sang. Sie trat aus dem Tor und hörte zu.
Und es geschah ein Wunder: Beide sahen sich an und verliebten sich
ineinander. Sogleich wollte der Jüngling zum König gehen und
um die Hand der Tochter bitten. Aber da fing das Mädchen an zu weinen.
Als der Jüngling ihre Tränen getrocknet hatte, begann sie zu erzählen:
45 „Ich werde dich nie heiraten können." Der Jüngling aber lächelte:
„Ich werde die blaue Rose finden." Er ging zum Wegesrand, pflückte dort
eine weiße Rose und brachte sie in den Palast. Der Kaiser lachte,
zeigte die weiße Rose seiner Tochter und sagte: „Schau her! Meinst du,
dass dies die Rose ist, die du zur Bedingung für deine Heirat gemacht hast?"
50 Er erwartete natürlich, dass die Tochter sich abwenden würde.
Aber es kam anders.

Das Märchen kannst du an einigen Stellen anders gestalten.

W **2** Wähle zwei der folgenden Aufgaben aus:

a. Beschreibe die Prinzessin noch genauer.
Welche Kleidung trägt sie? Was macht ihre Schönheit aus?

➤ Zeilen: 2–8

b. Eine Freundin fragt die Prinzessin, warum sie gerade
eine blaue Rose als Bedingung für die Heirat ausgewählt hat.
Was antwortet die Prinzessin?

➤ Zeilen: 11–13

c. Warum wurden sieben mal sieben Bewerber abgewiesen?
Schreibe eine Idee auf.

➤ Zeilen: 25–36

d. Das Märchen ist nicht zu Ende erzählt. Schreibe den Schluss.
Beachte dabei die Merkmale eines Märchens.

Märchenmerkmale ➤ S. 173

3 **a.** Stelle deine Texte der Lerngruppe vor.

b. Sprecht über eure Texte.
Was ist gut gelungen? Was könnte verbessert werden?
Begründet.

Schreibkonferenz ➤ S. 210–213

Arbeitstechniken

In diesem Teil kannst du gezielt das Handwerkszeug üben,
das du zum Lernen benötigst.

Das Lernen organisieren

Hier lernst du, wie du deinen Arbeitsplatz einrichten und Hefte und Arbeitsblätter ordentlich führen kannst.
Außerdem erhältst du Tipps für planvolles Lernen.

➤ S. 187–190

Lesen

Hier übst du, flüssiger zu lesen und den Textknacker anzuwenden.

➤ S. 191–197

Sich informieren

Auf diesen Seiten trainierst du die Recherche in der Bibliothek und im Internet.
Dabei übst du auch das Nachschlagen.

➤ S. 198–203

Miteinander arbeiten und präsentieren

Hier lernst du, wie du ein Kurzreferat vorbereitest und präsentierst. Außerdem lernst du, wie du mit deiner Lerngruppe ein Projekt vorbereitest, durchführst und auswertest.

➤ S. 204–209

Schreiben und überarbeiten

Auf diesen Seiten lernst du, wie du eigene Texte in Gruppenarbeit überarbeiten kannst, und du übst, mit einer schönen Schrift zu schreiben.

➤ S. 210–215

Das Lernen organisieren

Den Arbeitsplatz einrichten

mehr zum Thema:
Den Arbeitsplatz einrichten
➤ S. 262

Wenn du dein Lernen gut organisierst, kannst du noch erfolgreicher lernen.

1 Wie sollte ein Arbeitsplatz aussehen? Wie besser nicht?
Beschreibe die beiden Bilder.

2 **a.** Welche der dargestellten Arbeitsmittel benötigst du zum Arbeiten? Schreibe sie auf eine Liste.
b. Ergänze diese Liste mit Arbeitsmitteln, die beim Arbeiten immer in deiner Nähe sein sollten.

Mit einer Checkliste kannst du überprüfen, ob dein Arbeitsplatz vollständig eingerichtet ist.

3 **a.** Erstelle eine Checkliste.
Überlege: Was ist bereits vorhanden, was musst du noch besorgen oder erledigen?
b. Schreibe alles in eine Checkliste.

Starthilfe

die Arbeitsmittel / die Materialien	vorhanden	Was musst du noch besorgen oder erledigen?
– Bleistift	×	
– Füller	×	
– Deutschordner	×	beschriften
– mein Doppel-Klick-Buch	×	
– …	…	…

Hefte und Arbeitsblätter ordentlich führen

Wenn du die folgenden Ratschläge beachtest, dann wirst du ordentliche Arbeitsblätter und Hefte haben.

1 **a.** Sieh dir die Bilder 1 bis 9 an.
b. Lies die Sätze unter den Bildern.
c. Ordne den Bildern die passenden Sätze zu.
Wenn du die Zahlen den Buchstaben richtig zuordnest, ergeben diese ein Lösungswort.

S Beschrifte das Etikett deines Heftes oder Ordners mit deinem Namen, der Klasse und dem Fach.
I Verwende keinen Tintenkiller.
B Unterstreiche mit dem Lineal.
E Benutze einen Füller beim Schreiben.
C Lege das Heft oder Blatt ein bisschen schräg (nach links oder rechts).
N Loche deine Arbeitsblätter und hefte sie im richtigen Ordner ab.
H Schreibe deinen Namen und das Datum auf deine Arbeitsblätter.
E Denke an den Blattrand.
R Schreibe mit einer gut lesbaren Schrift.

Schrift üben – Schreiben üben
➤ S. 214–215

2 **a.** Schreibe die Sätze in der richtigen Reihenfolge auf.
b. Beachte die Sätze beim Arbeiten.

Das Lernen planen

Wichtig ist, dass du strukturiert arbeitest.
Die Lerntipps helfen dir dabei.

 **1** **a.** Lest die Lerntipps.
b. Schreibe mit einer Partnerin oder einem Partner auf, welche der Lerntipps ihr berücksichtigen möchtet.

Vor dem Lernen:

Schreibe einen Arbeitsplan für jede Woche.

Trage darin für jeden Tag ein, welche Aufgaben du bearbeiten möchtest.

Teile den Lernstoff in kleinere Lernportionen ein.

Wiederhole neuen Lernstoff an mehreren Tagen.

Sorge für Abwechslung: Beschäftige dich nicht zu lange mit einem Thema.

Plane kurze Pausen ein, wenn eine Aufgabe erledigt ist.

Hänge deine Wochenpläne immer an der gleichen Stelle auf.

Beim Lernen:

Lies den Arbeitsauftrag genau durch. Manchmal musst du ihn zweimal lesen, um ihn zu verstehen.

Teile deine Zeit gut ein. Beachte die Zeitvorgaben.

Wenn es schwierig wird: Lass dich nicht entmutigen, bitte um Hilfe.

Nach dem Lernen:

Lege fertiggestellte Aufgaben in das richtige Kontrollfach ab.

Fülle das Lerntagebuch regelmäßig aus.

Bereite dich darauf vor, dein Arbeitsergebnis der Klasse und der Lehrkraft vorzutragen.

2 Welche weiteren Lerntipps oder Regeln gelten für eure Klasse noch? Schreibt sie ebenfalls auf.

In einem Wochenplan kannst du deine Lernzeiten genauer planen und übersichtlich aufschreiben.

3 Schreibe auf Basis der Lerntipps einen Wochenplan für deine Woche.
a. Trage ein, was regelmäßig stattfindet.
b. Plane dann deine Lernaufgaben und trage sie ebenfalls ein.

Starthilfe

Mein Wochenplan vom ... bis ...					
Zeit	**Montag**	**Dienstag**	**Mittwoch**	**Donnerstag**	**Freitag**
...	...	...	...	...	...
Lernbandzeit 9:00 Uhr bis 10:10 Uhr	**Englisch** Lernaufgaben, S. 80, Nr. 5 bis 8	**Mathe** Lernaufgaben, S. 120, Nr. 15 a bis 17 b	**Mathe** Lernaufgaben Buch, S. 123, Nr. 8 a und 9 b	**Deutsch** Doppel-Klick, S. 170–171	**Deutsch** Doppel-Klick, S. 171, Märchen-merkmale wiederholen
kurze Pause					
...	...	...	...	...	...

4 Besprich deinen Wochenplan mit einer Partnerin oder einem Partner und überarbeite ihn, wenn nötig.

5 Überprüfe am Ende der Woche deinen Wochenplan:
- Hat er gut funktioniert?
- Was kannst du beim nächsten Wochenplan noch besser planen?

Du hast dich damit beschäftigt, wie du dein Lernen besser organisieren kannst.

6 **a.** Welche Erfahrungen hast du mit der Organisation deines Lernens gemacht? Schreibe Stichworte auf.
Tipp: Die Stichworte am Rand geben dir Anhaltspunkte.
b. Besprich deine Stichworte mit deiner Lehrkraft.
c. Schreibe auf, was du zukünftig verbessern möchtest. Das sind deine Ziele.

Arbeitsplatz einrichten

Hefte und Arbeitsblätter ordentlich führen

Wochenplanarbeit

...

Lesen

Das Lesen trainieren

vortragen und vorlesen
➤ S. 125, 136–139, 147, 148–149, 153, 171

Auf den folgenden Seiten findest du ein Lesetraining mit Übungen, die dir helfen, schneller, flüssiger und genauer zu lesen.

Training 1: Die Lesegeschwindigkeit trainieren

 **1** **a.** Lies die Wörter möglichst schnell, zuerst leise, dann laut.
b. Schaffst du es, noch schneller zu lesen?
Lies die Wörter noch einmal.

Schule
Schulhof
Grundschulhof

Schokolade
Schokoladenriegel
Nussschokoladenriegel

Feier
Geburtstagsfeier
Kindergeburtstagsfeier

Tisch
Schreibtisch
Schreibtischstuhl

Rad
Fahrrad
Fahrradsattel

Topf
Blumentopf
Blumenübertopf

Tür
Haustür
Haustürklingel
Haustürklingelschild

Ball
Fußball
Fußballspiel
Fußballländerspiel

Herbst
Herbstnebel
Herbstnebelwolke
Herbstnebelwolkenfeld

Training 2: Wörter auf einen Blick erfassen

2 In jeder Zeile kommt ein Nomen vor, das etwas mit **Sommer** zu tun hat. Finde die Wörter und lies sie laut vor.
Tipp: Du findest die Nomen in der Auswahl am Rand.

UHSGTABSOLWAPWKSCHWIMMBADZSWMDLLSWKSJZD
EISBDKGKUUREÖÖIUJSJMFELKHFLHLFHLAFHLHFLFRÖ
ÖUDÖEWUFGÖFKEMUWJDXNFHSJDSONNENCREMEALA
WETDGCURIFJKASLCPDOSDNASMUEFERIENPSKSIFZRJW
LAKKRIWUDJBADEHOSEPFOGUJSNMÜWISMDOGHNDUEIM
PAPDODMJDJSONNENBRILLEYJUFIUDODMWPRUFNSMS

(das) Schwimmbad
(der) Badeanzug
(das) Eis
(die) Erdbeeren
(die) Sonnencreme
(die) Ferien
(die) Sonnenblumen
(die) Badehose
(die) Sonnenbrille

3 In der deutschen Sprache gibt es fünf Vokale: **a – e – i – o – u**.
Hier fehlen alle Vokale. Kannst du die Wörter trotzdem lesen?
Lies die Wörter laut vor.

(der) Schm tt rl ng
(der) S nn nsch rm
(die) M s k
(das) T sch nt ch

(das) K m l
(das) T scht nn s
(die) Fr nd n
(das) M tt g ss n

4 Hier fehlen die Vokale **a** und **e**.
Übe, die Zungenbrecher möglichst schnell und flüssig vorzulesen.

W nn Fli g n hint r Fli g n fli g n, d nn fli g n Fli g n hint r Fli g n h r.

Kl in Kind r könn n k in kl in n Kirschk rn kn ck n.

Bl ukr ut bl ibt Bl ukr ut und Br utkl id bl ibt Br utkl id.

5 **a.** Lies die Spalten möglichst schnell.
- Wandere dabei mit deinem Blick die Spalte hinunter.
- Versuche, das Wort in der Zeile mit einem Blick zu erfassen und zu verstehen.

b. Schaffst du es, die Reihen noch schneller zu lesen?
Übe es.

Meine
liebe
Großmutter
backt
mir
zu
meinem
Geburtstag
jedes
Jahr
meinen
Lieblingskuchen.

Ich
kann
es
dann
immer
kaum
erwarten,
den
leckeren
Erdbeerkuchen
zu
probieren.

Doch
ich
darf
den
Erdbeerkuchen
erst
anschneiden,
wenn
alle
Gäste
angekommen
sind.

Du hast nun einige Leseübungen kennen gelernt.

6 Du kannst mit einer Partnerin oder einem Partner weitere Leseübungen wie in den Aufgaben 1 bis 5 entwickeln.

Leseübungen
➤ **S. 191, Aufgaben 1 und 2;**
S. 192, Aufgaben 3–5

7 Hier fehlt doch etwas! Kannst du das Gedicht trotzdem lesen? Lies das Gedicht. Zuerst leise, dann laut.

Wir Irmela Brender

Ich bin ich und du bist du.
Wenn ich rede, hörst du zu.
Wenn du sprichst, dann bin ich still,
weil ich dich verstehen will.
Wenn du fällst, helf' ich dir auf,
und du fängst mich, wenn ich lauf.

das ganze Gedicht ➤ S. 291

Training 3: Wörter aus dem Zusammenhang erschließen

8 Ergänze beim Lesen die fehlenden Wörter.

Die Kreide liegt auf dem ______. (Tür, Tisch, Pferd, Mülleimer)
Auf dem ______ schwimmt ein Schwan. (Wiese, See, Sand, Weg)
Nach dem Schwimmen muss ich mich ______.
(hinstellen, abtrocknen, anrufen, umsehen)
Der Clown jongliert ______ mit Stab, Hut und Teller.
(lustig, bunt, klein, sauber)
In fernen Zeiten lebte in einem fernen ______ eine sehr arme Frau mit ihrem Sohn Aladin. (Garage, Stadt, Hütte, Land)

Training 4: Beim Lesen mitdenken

9 **a.** Lies den Text zunächst leise und wähle immer das passende Wort aus der Klammer aus.
b. Lies dann den Text einer Partnerin oder einem Partner vor. Verwende dabei die passenden Wörter.

Die Urzeit

Wenn wir an die Urzeit (schenken/denken/lenken), fallen uns oft zuerst die Dinosaurier (ein/rein/klein). Als „uralt" bezeichnen wir häufig Lebewesen oder Dinge, die schon (bange/lange/Zange) vor uns auf der (Held/Geld/Welt) waren. Die kleine Silbe „ur" (steht/geht/weht) aber auch vor Wörtern, mit denen wir zeigen (rollen/wollen/tollen), dass sie der Anfang oder die Quelle von etwas sind, wie der Ursprung, die Ursache oder der Urheber. Die Urzeit ist ein Zeitabschnitt der Erdgeschichte, der sehr (weit/breit/schneit) zurückliegt und in dem das (Geben/Leben/Weben) auf der (Erde/Herde/Pferde) entstanden ist.

Einen Sachtext mit dem Textknacker erschließen

Einen Text verstehen ist so wie eine Nuss knacken.
Eine harte Nuss musst du knacken, damit du an ihren Kern herankommst. Dazu brauchst du einen Nussknacker.

Einen Text kannst du auch knacken, genauso wie eine harte Nuss.
Dann kannst du ihn verstehen. Dabei hilft dir der Textknacker.

mehr Übungen zum Textknacker: „Rund ums Essen" ➤ S. 28–45

1 Unten findest du den Textknacker.
a. Lies die Schritte 1 bis 4 des Textknackers allein und in Ruhe.
b. Sprich dann mit einer Partnerin oder einem Partner darüber, wie der Textknacker funktioniert.

2 Schreibe die Schritte 1 bis 4 auf.

3 Bastle dir einen Textknacker aus Karton.
Dann kannst du ihn für jeden Text verwenden.
Schreibe nur die Schritte 1 bis 4 und die hervorgehobenen Wörter auf.

Arbeitstechnik

Einen Sachtext mit dem Textknacker lesen

1. Schritt: Vor dem Lesen
Du siehst dir den **Text als Ganzes** an.
- Was weißt du schon über das **Thema**?
- Was erzählen dir die **Bilder** und die **Überschrift**?
- Worum könnte es gehen?

2. Schritt: Das erste Lesen
Du **überfliegst** den Text **oder** du **liest** ihn **einmal** durch.
- Was fällt dir auf?
- Was kennst du schon?
- Worum geht es?

3. Schritt: Den Text genau lesen
Du achtest auf:
- die **Überschrift**
- die **Absätze**
- die **Schlüsselwörter**
- **unbekannte Wörter**

4. Schritt: Nach dem Lesen
Du **arbeitest mit dem Inhalt** des Textes.
- Welche **Informationen** sind für dich und deine Aufgabe wichtig?

4 Lies den folgenden Sachtext mit dem Textknacker.

Wird ein Fußball auf nassem Rasen beim Aufsetzen schneller? Christoph Drösser

Ein fliegender Fußball hat einen so genannten „Impuls“*.
Das ist eine physikalische Größe*, die man erhält,
wenn man die Masse* mit der Geschwindigkeit malnimmt.
Um schneller zu werden, müsste der Fußball irgendwoher
einen größeren Impuls bekommen. Aber woher?

* der Impuls: der Anstoß, die Wucht
* die physikalische Größe: ein Begriff aus der Physik
* die Masse: das Gewicht

Eine Möglichkeit: Man kann
den Drehimpuls eines Balles umwandeln,
sodass er schneller wird.
Vielleicht kennst du das vom Tischtennis:
Ein Ball, der einen Drall* nach vorne hat,
springt flach und schnell von der Platte ab.
Mit der Drehung „drückt“ er sich noch
einmal heftig ab.

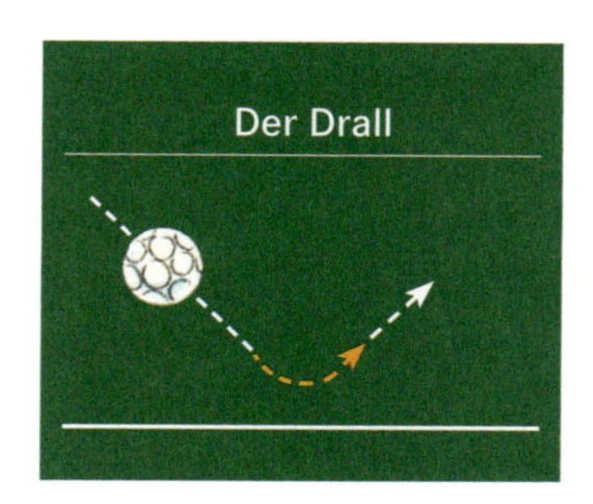

* der Drall: der Schwung, die Drehung

Nur, wieso sollte das beim Fußball
auf nassem Rasen besser gehen
als bei trockenem?
Nein, der Ball wird nicht schneller.
Was den Torwart aber aus der Fassung
bringen kann, ist die Unberechenbarkeit
des Balles bei nassem Boden: Je nachdem,
wie tief das Wasser ist, springt er flacher
oder höher weg. Da langt dann
der Keeper* schon mal daneben.
Und im Extremfall* bleibt der Ball
wie ein nasser Sack in einer Pfütze liegen.

Der Ball trifft auf nassen Boden

* der Keeper: englisches Wort für Torwart
* im Extremfall: im äußersten Fall

5 Beantworte nach dem Lesen die folgenden Fragen in Stichworten:
- Worum geht es in dem Text?
- Was muss geschehen, damit ein Fußball schneller wird?
- Was hat Fußball mit Tischtennis zu tun?
- Wird der Ball auf nassem Rasen schneller?
- Was sind die Schwierigkeiten, wenn du im Regen Fußball spielst?

Lesetipp: Den Sachtext findest du in dem Buch „Stimmt's? Freche Fragen, Lügen und Legenden für clevere Kids“. Es enthält viele Antworten auf interessante Fragen.

weitere Sachtexte
➤ S. 196, 286–287

Einen Sachtext überfliegen

Bevor du einen Text genau liest, solltest du ihn überfliegen.

W **1** Überfliege einen der beiden Texte A oder B.
- Fliege mit den Augen die geschwungene Linie entlang.
- Folge der Linie von links oben nach rechts unten ohne Unterbrechung.

A Die Kohlenhydrate

mehr zum Thema Ernährung ➤ S. 42–43

Kohlenhydrate sind, neben Fett und Eiweiß, wichtige Bestandteile
der Ernährung. Warum?
Ein Teil aller Kohlenhydrate ist Zucker. Dieser ist wichtig
für die Arbeit der Muskeln und für das Denken, denn Zucker liefert Energie.
5 Deshalb brauchst du auch im Laufe des Schulvormittags einen Imbiss,
der dir Energie schenkt.
Es gibt „gute" und „weniger gute" Kohlenhydrate.
„Gute" Kohlenhydrate sind zum Beispiel in Kartoffeln, Erbsen, Linsen,
Getreide, Obst und Vollkornbrot enthalten. Die Energie,
10 die diese Lebensmittel liefern, hält lange an.
Auch Weißbrot, Kuchen, Bonbons, Schokolade oder süße Getränke
haben Kohlenhydrate, allerdings die „weniger guten". Sie liefern zwar
schnell Energie, diese hält aber nicht lange an.

B Getreide, das: Zu den Getreidesorten gehören: Weizen, Roggen, Reis,
Hafer, Hirse und Mais. Sie werden in Lebensmitteln verarbeitet.
Die Samen von Getreide sind eine wichtige Grundlage der Ernährung.
Getreidekörner enthalten Kohlenhydrate, Eiweiß, Vitamine und anderes.
Aus Weizen und Roggen werden z. B. Brot, Kuchen oder Nudeln hergestellt,
aus Gerste und Hirse Grütze. Aus Mais wird Fladen hergestellt.

mehr zum Thema: „Fladenbrote auf der ganzen Welt" ➤ S. 286–287

2 Welche Wörter oder Wortgruppen hast du dir gemerkt?
a. Decke den Text ab.
b. Schreibe wichtige Wörter auswendig auf.

3 Worum geht es in dem Text?
Schreibe es auf.

Eine Grafik mit dem Textknacker erschließen

1 Unten findest du den Textknacker für Grafiken.
a. Lies die Schritte 1 bis 4 des Textknackers allein und in Ruhe.
b. Besprecht in Partnerarbeit, wie der Textknacker funktioniert.

2 Du kannst dir auch einen Textknacker für Grafiken aus Karton basteln. Schreibe nur die Schritte 1 bis 4 und die hervorgehobenen Wörter auf.

Arbeitstechnik

Eine Grafik mit dem Textknacker erschließen

Grafiken können zusätzliche Informationen zu Sachtexten enthalten.
1. Schritt: Vor dem Lesen
Du siehst dir die **Grafik als Ganzes** an.
- Was erzählt dir die **Überschrift**?
- Worum könnte es gehen?

2. Schritt: Das erste Lesen
Du **siehst** dir die Grafik **genauer** an.
- Was kennst du schon?
- Welche **Angaben** enthält die Grafik? Du findest sie unter oder neben der Grafik.
- Worüber informiert die Grafik?

3. Schritt: Die Grafik genau lesen
Du **untersuchst** die Grafik genau.
- **Schlage** unbekannte **Abkürzungen oder Wörter** im Wörterbuch **nach**.
- Welche Fragen kannst du mit Hilfe der Grafik beantworten? **Stelle Fragen** an die Grafik.

4. Schritt: Nach dem Lesen
Du **arbeitest mit dem Inhalt** der Grafik.
- **Beantworte** die **Fragen**, die du an die Grafik gestellt hast.

Die Klasse 5b hat eine Umfrage zum Thema Fernsehen gemacht.

mehr zum Thema: „Eine Umfrage zur Mediennutzung durchführen“ ➤ S. 106–107
weitere Grafiken ➤ S. 104, 286

3 **a.** Erschließe das Säulendiagramm mit dem Textknacker.
b. Was hat die Umfrage ergeben? Schreibe Stichworte auf.

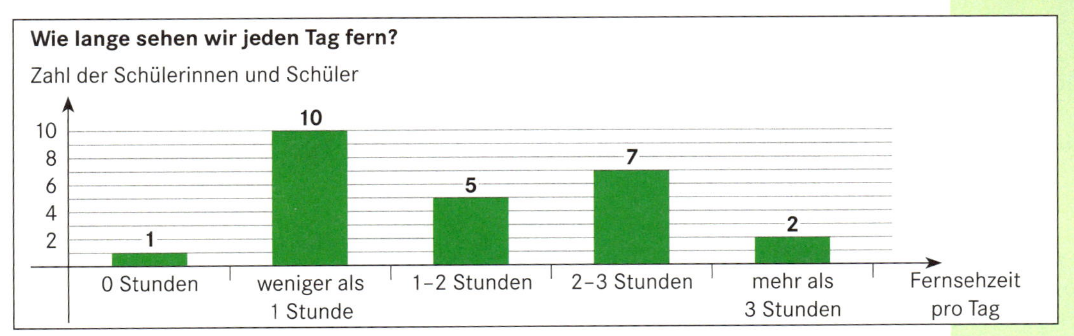

Sich informieren

Sich in einer Bibliothek orientieren

Auf dem Bild seht ihr die Kinder- und Jugendbuchabteilung einer Bibliothek.

1 **a.** Seht euch das Bild an.
b. Schreibt Stichworte zu diesen Fragen auf:
- Was könnt ihr auf dem Bild entdecken?
- Was könnt ihr in dieser Bibliothek tun?

2 In einer Bibliothek könnt ihr nicht nur Bücher ausleihen. Welche anderen Medien könnt ihr in einer Bibliothek ausleihen?

In der Jugendbuchabteilung sind die Bücher nach Themen geordnet.

3 Welche Themen gibt es in der dargestellten Jugendbuchabteilung? Schreibt sie auf.

Bild: Jugendbuchabteilung ➤ **S. 198**

4 In welchen Regalen würdet ihr nach diesen Titeln suchen? Ordnet die Buchtitel den Themen aus Aufgabe 3 zu.

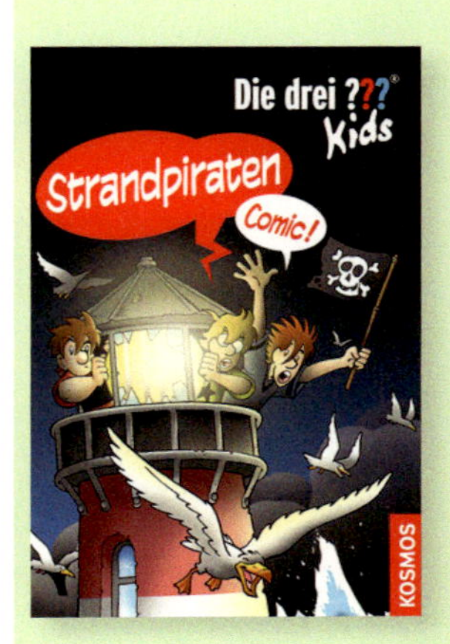

Im Computer der Bibliothek könnt ihr Bücher und Medien suchen.

5 Hier wurde im Computer **Tintenwelt** ins Suchfeld eingegeben. Lest die Informationen und beantwortet die Fragen.
- Wie heißt Band 1?
- Wie heißt die Autorin?
- Sind die Bücher in der Bibliothek vorhanden?

Titel: Tintenherz	**Band:** 1
Autor/in: Cornelia Funke **Signatur:** 5.1 FAN Fun 1	**Jahr:** 2003 **Dieser Titel ist vorhanden.**
Titel: Tintenblut	**Band:** 2
Autor/in: Cornelia Funke **Signatur:** 5.1 FAN Fun 2	**Jahr:** 2005 **Dieser Titel ist verliehen.**
Titel: Tintentod	**Band:** 3
Autor/in: Cornelia Funke **Signatur:** 5.1 FAN Fun 3	**Jahr:** 2007 **Dieser Titel ist vorhanden.**

Unten dem Autorennamen findet ihr die Signatur. Das ist eine Kennzeichnung aus Buchstaben und Zahlen. Die Signatur sagt euch, in welcher Abteilung ihr ein Buch findet.

6 Seht euch das Foto genau an. Wie heißt das Buch mit der Signatur **G 200 Nase**?

7 **a.** Erkundet eine Bibliothek in eurer Nähe.
- Wie ist die Jugendbuchabteilung aufgebaut?
- Was kostet ein Mitgliedsausweis für Schülerinnen und Schüler?

b. Was habt ihr erfahren? Informiert eure Klasse darüber.

Im Lexikon nachschlagen

**Möchtest du wissen, was ein Wort bedeutet?
Dann kannst du in einem Lexikon nachschlagen.**

1 Sieh dir den folgenden Ausschnitt aus dem Schülerlexikon an.
Welche Hilfen findest du?

Flipflop — die Kopfzeile

heimischen Fledermäuse halten sich tagsüber und während des Winterschlafs meist in Baum- und Felshöhlen auf.

Fleisch, allgemein alle Weichteile (Muskeln) von Menschen und Tieren, aber auch von Pflanzen (z. B. Fruchtfleisch). Im engeren Sinn sind meistens mit Fleisch die Teile von warmblütigen Tieren gemeint, die als Nahrungsmittel verzehrt werden. Durch seinen hohen Gehalt an Proteinen (Eiweißstoffen), Mineralstoffen und Vitaminen ist Fleisch ein wichtiger Bestandteil der menschlichen ↑Ernährung.

fleischfressende Pflanzen, auf nährstoffarmen Böden wachsende Pflanzen, die sich durch den Fang v. a. von Insekten eine zusätzliche Stickstoffquelle verschaffen (deshalb auch oft **insektenfressende Pflanzen**

förmigen Blättern und lilafarbenen oder auch weißen oder roten, in Rispen stehenden Blüten, die stark duften. Der **Gemeine Flieder**, der Ende des 16. Jh. von Asien nach Europa kam, wird heute in zahlreichen Kulturformen angepflanzt.

Fliegen, eine Unterordnung der zweiflügeligen Insekten mit kurzen, dreigliedrigen Fühlern und leckenden oder saugenden Mundwerkzeugen; etwa 50 000 Arten. Die Larven sind fußlos (Maden) und leben als Schädlinge in und an Pflanzen, als Parasiten auf Tieren oder als Räuber von anderen Insekten. — das Stichwort

Fliegende Fische, eine Familie der Knochenfische, die vorwiegend in tropischen und subtropischen Meeren leben. Die bis etwa 45 cm langen Hochseefische benutzen ihre großen, flügelähnli-

— der Registerbuchstabe

2 **a.** Lies den Lexikoneintrag zum Wort **Fleisch**.
b. Welche Bedeutungen hat das Wort?
Schreibe sie in Stichworten auf.
Tipp: Hole dir Hilfe bei deiner Lehrerin oder deinem Lehrer, wenn du Verständnisschwierigkeiten hast.

mehr zum Thema Ernährung: „Rund ums Essen“ ➤ S. 28–45

Manchmal verweisen Pfeile auf andere Wörter im Lexikon.

3 Unter welchem Wort kannst du nachschlagen, wenn du weitere Informationen zum Thema **Fleisch** suchst?
Schreibe es auf.

4 Schlage das gesuchte Wort aus Aufgabe 3 in einem Lexikon nach.
Tipp: Beachte beim Nachschlagen das Alphabet.

nachschlagen ➤ S. 304

Im Internet recherchieren

Im Internet könnt ihr sehr viele Meinungen und Informationen zu zahlreichen Themen finden. Da ist es auf den ersten Blick gar nicht so einfach, die wichtigen Informationen zu finden.

mehr zum Thema:
sich in den Medien informieren ➤ S. 110–115

1. Schritt: Treffende Suchbegriffe verwenden

Wenn ihr im Internet Informationen sucht, müsst ihr treffende Suchbegriffe verwenden.

1 Hier findet ihr Fragen zum Thema **Apfel**.
Notiert zu jeder Frage einzelne Suchbegriffe.

1 Woher kommt der Apfel?
2 Was kann man aus Äpfeln herstellen?
3 Welche unterschiedlichen Apfelsorten gibt es?

Starthilfe
Frage 1:
Apfel, Herkunft

mehr zum Thema:
„Rund ums Essen"
➤ S. 28–45

2. Schritt: Geeignete Suchmaschine nutzen

Geeignete Suchmaschinen, z. B. blinde-kuh.de, helles-koepfchen.de oder fragfinn.de, sind speziell für Kinder und Jugendliche. Diese Seiten bieten gute Informationen und verständliche Texte.

2 Seht euch die Startseite **www.blinde-kuh.de** im Internet an.
Gebt dazu wie in der Abbildung die Adresse in das Adressfeld ein und drückt die Eingabetaste.

Auf der Webseite **blinde-kuh.de** könnt ihr euch über verschiedene Themen informieren.

3 Probiert es aus. Gebt die Suchbegriffe aus Aufgabe 1 in das Suchfeld ein.
Tipp: Achtet dabei auf die richtige Rechtschreibung, denn sonst kann es sein, dass die Suchmaschine falsche Treffer liefert.

3. Schritt: Die passenden Treffer aus der Trefferliste auswählen

Wenn ihr eure Suchbegriffe in die Suchmaschine eingegeben habt, erhaltet ihr eine Trefferliste. Die Trefferliste zeigt viele Internetseiten, auf denen etwas zu euren Suchbegriffen steht.

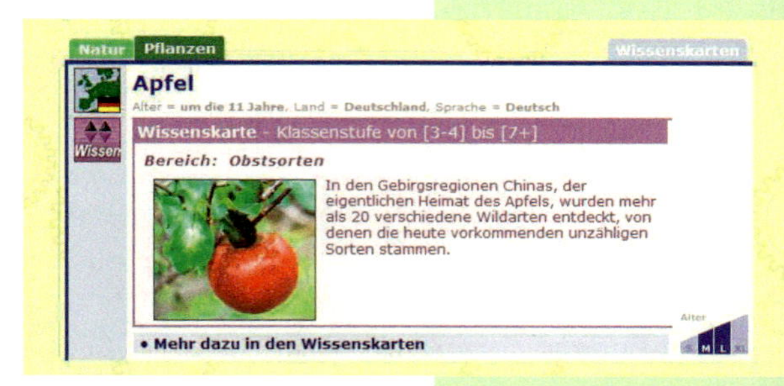

4 Überfliegt eure Trefferliste.

- Überprüft die ersten Treffer: Scheinen sie eure Fragen aus Aufgabe 1 zu beantworten? Wenn nicht, überlegt euch treffendere Suchbegriffe und versucht es erneut.
- Wählt die Treffer aus, die am besten zu den Suchbegriffen zu passen scheinen.
- Klickt dann mit dem Cursor (dem Mauszeiger) auf den Treffer, den ihr euch genauer ansehen möchtet.

Fragen zum Apfel
➤ **S. 201, Aufgabe 1**

4. Schritt: Informationen entnehmen

Wenn ihr Texte recherchiert habt, müsst ihr sie genau lesen.

Textknacker ➤ S. 194–195

5 Der folgende Text stammt von einer Webseite.
Jeder liest für sich den Text mit dem Textknacker.

Der Apfel

In den Gebirgsregionen Chinas, der eigentlichen Heimat des Apfels, wurden mehr als 20 verschiedene Wildarten entdeckt, von denen die heute vorkommenden unzähligen Sorten stammen. […]
Mehrere tausend Sorten werden inzwischen gezüchtet, die sich in der Farbe, der Form und dem Geschmack voneinander unterscheiden.
Der Apfelbaum gehört zur Familie der Rosengewächse.
Anfang April blühen die Apfelbäume meist in rosaroten Farben und sind daher auch eine Zierde in jedem Garten.

Inzwischen ist der Apfel in Europa die bedeutendste Obstsorte. Reife Äpfel können roh verzehrt oder einem Obstsalat beigemischt werden. Viele Apfelsorten eignen sich auch gut zum Herstellen von Apfelsaft […].
Weitere Verwendung findet der Apfel auch bei der Herstellung von Apfelmus, Apfelkuchen und Apfelstrudel.
Im Winter verzehren ihn viele Menschen auch gerne als Bratapfel. […]

In Deutschland wird der Apfel im Spätsommer oder Herbst – je nach Sorte – geerntet.
Da er aber in vielen verschiedenen Ländern angebaut wird und es eine Vielzahl von Sorten gibt, kann er im Handel ganzjährig angeboten werden.

6 Welche interessanten Texte habt ihr über die Suchmaschine gefunden? Auch diese Texte sollte jeder für sich lesen.

7 Beantwortet mit Hilfe eurer Texte die Fragen in Stichworten:
- Woher kommt der Apfel?
- Was kann man aus Äpfeln herstellen?
- Welche unterschiedlichen Apfelsorten gibt es?

8 Suchtraining:
a. Sucht im Internet Apfelrezepte in verschiedenen Ländern. Beachtet dabei die Schritte 1 bis 4.
b. Was habt ihr erfahren? Informiert eure Klasse darüber.
Tipp: Ihr könnt verschiedene Apfelrezepte ausprobieren.

Projektideen zum Thema
➤ S. 206–209

Miteinander arbeiten und präsentieren

Ein Kurzreferat vorbereiten und vortragen

Themen für ein Kurzreferat ➤ S. 66–71

Ein Kurzreferat kannst du in sechs Schritten vorbereiten.

1. Schritt: Das Thema aussuchen

1 **a.** Wähle ein Thema aus, das du in einem Kurzreferat vorstellen möchtest.
b. Notiere erste Ideen und Fragen zu diesem Thema.

Cluster ➤ S. 299

2. Schritt: Informationen beschaffen

2 Sammle Informationen zu deinem Thema.
- Suche in einer Bibliothek nach geeigneten Sachbüchern.
- Suche im Internet nach Informationen zu deinem Thema.

sich in einer Bibliothek orientieren ➤ S. 198–199

im Internet recherchieren ➤ S. 201–203

3. Schritt: Informationen aus Texten entnehmen

Der Textknacker hilft dir, die gefundenen Sachtexte zu verstehen.

3 Lies die Texte aus den Sachbüchern und aus dem Internet mit dem Textknacker.

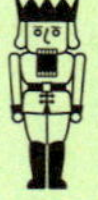

Textknacker ➤ S. 194–195

4 Schreibe die wichtigsten Informationen aus deinen Texten in Stichworten auf Karteikarten.
a. Schreibe zu jedem Absatz die Schlüsselwörter auf.
b. Schreibe deine Fragen aus Aufgabe 1 auf einzelne Karteikarten.
c. Beantworte die Fragen auf den Karteikarten in Stichworten.

4. Schritt: Das Kurzreferat gliedern und die Notizen ordnen

Damit die Zuhörer deinem Kurzreferat gut folgen können, musst du die Inhalte in Abschnitte unterteilen und sinnvoll ordnen.

5 In welcher Reihenfolge willst du deine Gedanken vortragen? Nummeriere die Karteikarten in einer sinnvollen Reihenfolge.

5. Schritt: Überschrift, Einleitung und Schluss formulieren

Nun brauchst du für dein Kurzreferat noch eine Überschrift, eine interessante Einleitung und einen passenden Schluss.

6 Formuliere eine Überschrift, die neugierig macht.

7 Schreibe in deiner Einleitung, worum es in deinem Kurzreferat geht.

8 Notiere Stichworte für ein bis zwei Schlusssätze.

6. Schritt: Den Vortrag vorbereiten und üben

9 Prüfe deine Notizen für das Kurzreferat:
- Sind die Karteikarten übersichtlich?
- Enthalten deine Karteikarten alle wichtigen Informationen?

10 Willst du Fotos, Plakate oder andere Materialien zeigen? Dann lege sie rechtzeitig in der richtigen Reihenfolge bereit.

Plakat ➤ S. 299

11 Übe, dein Kurzreferat möglichst frei vorzutragen.
a. Lies noch einmal deine Karteikarten.
b. Sprich möglichst frei in ganzen Sätzen.

Arbeitstechnik

Ein Kurzreferat frei vortragen

- Stelle dich so hin, dass **alle dich sehen** können.
- Versuche, **frei** zu **sprechen** und wenig abzulesen.
- Sprich **langsam** und **deutlich**.
- Orientiere dich an deinen **Stichworten**.
- Schreibe **Schlüsselwörter** an die Tafel.
- **Sieh** beim Sprechen **die Zuhörer an**.
- **Zeige** deine **Bilder und Materialien** an passenden Stellen.

Jetzt kannst du das Kurzreferat halten.

12 Trage nun dein Kurzreferat vor.

13 Wertet in der Klasse das Kurzreferat aus:
- War das Kurzreferat verständlich?
- Habt ihr Rückfragen an den Vortragenden?
- Was hat euch gefallen? Was kann verbessert werden?

mehr Tipps zur Auswertung ➤ S. 76

Ein Projekt planen, durchführen und auswerten

Im Kapitel **Feste feiern** habt ihr vielfältige Feste kennen gelernt. Wie wäre es, wenn ihr nun selbst ein Fest plant und vorbereitet? Die folgenden Aufgaben helfen euch Schritt für Schritt dabei.

Kapitel: „Feste feiern“ ➤ S. 64–81

1. Schritt: Das Projekt planen

1 Sammelt Ideen für euer Projekt **Unser Fest**.

a. Ihr seht einen Cluster für ein Fest der Kulturen. Übertragt den Cluster auf ein Plakat. Ihr könnt euer Fest auch unter ein anderes Motto stellen (Sommerfest, Apfelfest ...).

b. Ergänzt den Cluster mit euren Ideen. Ihr könnt auch einen eigenen Cluster entwickeln.

Cluster ➤ S. 299
Plakat ➤ S. 299
mehr zum Thema Apfel ➤ S. 201–203

mehr Anregungen rund ums Essen ➤ S. 28–45
sich informieren ➤ S. 198–203
einen Steckbrief schreiben ➤ S. 300

2 **a.** Besprecht euren Cluster.
b. Markiert, was es bei eurem Fest alles geben soll.

3 **a.** Stimmt darüber ab, wen ihr zu eurem Fest einladen wollt.
b. Klärt mit der Schulleitung, wann euer Fest stattfinden kann.
c. Fragt auch, welche Lehrkräfte euch bei dem Fest unterstützen können.

4 Plant die Organisation eures Festes. Schreibt auf, was ihr fürs Fest alles organisieren müsst:
- Einladungen schreiben, Plakate gestalten
- den Rahmen gestalten (Raumschmuck, Musik ...)
- Verkauf von Speisen und Getränken
- Ablauf des Festes (Wann findet was statt?)
- Aufräumarbeiten
- ...

eine Einladung schreiben ➤ S. 72–73
Plakat ➤ S. 299

2. Schritt: Gruppen bilden und Themen verteilen

Für euer Projekt habt ihr nun viele Themen und Aufgaben gesammelt. In einem Übersichtsplan könnt ihr alle Themen und Aufgaben aufschreiben und auf einzelne Gruppen verteilen.

5 Was soll bei eurem Fest alles stattfinden?
Erstellt gemeinsam einen Plan für euer Fest.

a. Schreibt auf ein Plakat, wofür ihr euch entschieden habt (Aufgaben 2 und 4).

Aufgaben ➤ **S. 206**

b. Bildet Gruppen von drei bis vier Schülerinnen und Schülern.

c. Womit beschäftigen sich die einzelnen Gruppen?
Verteilt die Themen und Aufgaben auf die Gruppen.
Tipp: Denkt auch daran, die organisatorischen Aufgaben aus Aufgabe 4 zu verteilen.

d. Schreibt auf, bis wann die Gruppenarbeit abgeschlossen sein muss.

Starthilfe

Projekt: Unser Fest der Kulturen			
Thema	**Aufgaben**	**Welche Gruppe ist zuständig?**	**Bis wann?**
– Organisation – internationale Speisen – ...	– Einladungen schreiben – ... – Bruschetta, Lasagne – ... – ...	– A (Alessandro, Paul, Betül) – ... – ... – ... – ...	– ... – ... – ... – ... – ...

3. Schritt: Die Gruppenarbeit planen und umsetzen

Nun habt ihr gruppenweise verschiedene Aufgaben übernommen. Ein genauer Arbeitsplan für jede Gruppe erleichtert die Arbeit.

6 Schreibt einen Arbeitsplan für eure Gruppe.
Legt dazu eine Tabelle am Computer an.

Starthilfe

Aufgaben	**Was muss erledigt werden?**	**Wer übernimmt die Aufgabe?**	**Bis wann?**
– italienische Speisen: Bruschetta, Lasagne – ...	– Zutaten besorgen – ... – ...	– Meltem, Max – ... – ...	– ... – ... – ...

7 Erledigt dann eure Aufgaben so, wie ihr es festgelegt habt.

8 Führt ein Projekttagebuch über eure Arbeit.
Folgende Fragen sollte jeder täglich in Stichworten beantworten:
- Was habe ich heute erledigt?
- Was lief gut, was lief schlecht? Warum?

4. Schritt: Die Ergebnisse der Gruppenarbeit vorstellen und das Projekt durchführen

9 Sprecht gemeinsam über eure Festvorbereitungen.
a. Die einzelnen Gruppen stellen vor, was sie vorbereitet haben.
b. Geht gemeinsam den in Aufgabe 5 festgelegten Plan durch:
- Sind alle organisatorischen Aufgaben geklärt?
- Wurde alles berücksichtigt?

Aufgabe ➤ S. 207

10 Führt euer Projekt durch: Feiert euer Fest.

5. Schritt: Das Projekt auswerten

11 Zunächst wertet jede Gruppe ihr Projekttagebuch aus.
Schreibt dazu Stichworte auf.

Starthilfe

gut gelungen:	nicht so gut gelungen:
– Gruppenarbeit	– Überblick verloren
– ...	– ...

12 Sprecht in der Klasse im Stuhlkreis über das ganze Projekt.
a. Tragt eure Ergebnisse aus Aufgabe 11 zusammen.
b. Was hat euch gut gefallen? Was hat euch nicht gefallen?

Gesprächsregeln anwenden ➤ S. 18–19

13 **a.** Besprecht, was ihr beim nächsten Projekt noch besser machen könnt.
b. Schreibt es auf ein Plakat.

Daran denken wir beim nächsten Projekt:
- *Wir nehmen immer Schreibzeug mit.* ▪
- *Wir schreiben alle Ergebnisse sofort ins Projekttagebuch.* ▪
- *Wir drucken nicht so viele Internetseiten aus.* ▪
- *Wir behandeln ausgeliehene Bücher sorgfältig.* ▪
- ... ▪

Damit euch auch andere Projekte gut gelingen, sind hier die Schritte der Projektarbeit noch einmal zusammengefasst:

Arbeitstechnik

Ein Projekt planen, durchführen und auswerten

In einem Projekt beschäftigt ihr euch mit einem bestimmten **Thema**.

1. Schritt: Das Projekt planen
- **Sammelt Ideen** mit einem Cluster.
- **Entscheidet** euch für ein **Thema**.
- Entscheidet, womit ihr euch **im Einzelnen beschäftigen** wollt (Teilthemen).
- Klärt wichtige **organisatorische Fragen** vorab mit eurer Lehrerin oder eurem Lehrer. (Wann und wie könnt ihr das Projekt durchführen?)

2. Schritt: Gruppen bilden und Teilthemen verteilen
- **Bildet Gruppen**.
- **Verteilt** die **Teilthemen** auf die Gruppen.

3. Schritt: Die Gruppenarbeit planen und umsetzen
- **Schreibt** einen **Arbeitsplan** für eure Gruppe (Was? Wer? Wann?).
- Geht so vor, wie ihr es im Arbeitsplan festgelegt habt.
- Führt ein **Projekttagebuch**.

4. Schritt: Die Ergebnisse der Gruppenarbeit vorstellen und das Projekt durchführen
- **Stellt** die **Ergebnisse** der Gruppenarbeit **vor**.
- **Besprecht** die Ergebnisse.
- **Führt** das **Projekt durch**.

5. Schritt: Das Projekt auswerten
- Jede Gruppe **wertet** ihr **Projekttagebuch aus**.
- **Sprecht** im Stuhlkreis über das **Projekt**: Was ist gut gelungen? Was möchtet ihr beim nächsten Projekt besser machen?

mehr Projektideen
➤ S. 108–109, 115, 132–133

Schreiben und überarbeiten

Texte in einer Schreibkonferenz überarbeiten

weitere Schreibkonferenzen
➤ S. 160, 162–163, 185

In einer Schreibkonferenz überarbeitet ihr eure Texte gemeinsam.

 **1** **a.** Lest die Geschichte von Alexander.
b. Besprecht nach dem Lesen, was euch auffällt.

Nächtlicher Besuch

Es war schon spät und ich schaltete ihn aus.
Als ich im Bett lag, hörte ich ein Gereusch. (ä)
Jch stand auf, zog mir meine Hausschuhe an und ging zur Zimmertür.
Jch lauschte und hörte es wieder. Jrgendjemand schien an etwas zu kratzen.
Jch machte die Tür auf und ging die Treppe hinunter.
Jch stand im Flur, als ich das Geräusch erneut hörte. Jch hatte Angst
und rief: „Hallo, ist da jemand?“ Doch niemand antwortete. Das Kratzen
schien aus dem Untergeschoss zu kommen. Obwohl ich Angst hatte,
ging ich weiter die Treppe hinunter. Jch tastete nach dem Lichschalter,
doch sie blieb aus. Mir fiel ein, dass vor ein paar Tagen die Glühbirne
kaputtgegangen war und wir erst eine neue kaufen mussten. Also hole ich
meine Taschenlampe und schleiche erneut in den Keller. Da höre ich
das Geräusch wieder. Es kommt aus dem hintersten. Ängstlich ging ich
auf die Kellertür zu, holte tief Luft und öfnete diese mit einem Ruck.
Ein Schuhkarton bewegte sich wie von Geisterhand über den Boden.
Bei genauerem Hinsehen erkannte ich, dass ein Jgel ihn über den Boden schob.
Erleichtert stellte ich fest: „Du musst dich verirrt haben.“
Jch zog Handschuhe an und brachte den nächtlichen Besucher
in den Garten. Jch ging wieder ins Bett und überlegte, wie in den Keller
gekommen war.

Achtung: Fehler!

Für die Durchführung der Schreibkonferenz gibt es Regeln, die den Ablauf strukturieren.

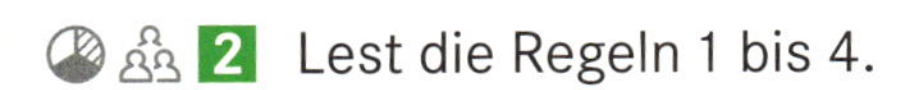 **2** Lest die Regeln 1 bis 4.

Regel 1: Die Autorin oder der Autor liest zunächst den Text vor. Die anderen hören aufmerksam zu.

Regel 2: Sagt zuerst, was euch an dem Text gefällt.

Die Überschrift passt zur Geschichte.

Das mit dem Igel finde ich lustig.

Regel 3: Arbeitet gemeinsam an dem Text.

Tipps:
- Worauf ihr dabei achten sollt, erfahrt ihr durch die Tipps auf den nächsten Seiten.
- Verwendet für jeden Tipp eine bestimmte Farbe.
- Die Autorin oder der Autor entscheidet im Gespräch, welche Vorschläge eingearbeitet werden.

Regel 4: Die Autorin oder der Autor schreibt den überarbeiteten Text noch einmal ordentlich ab.

3 Überarbeitet Alexanders Geschichte in einer Schreibkonferenz.
a. Einer schlüpft in die Rolle des Autors und liest die Geschichte vor.
b. Sagt, was an der Geschichte gut gelungen ist.

Regel 1 ➤ S. 211
Regel 2 ➤ S. 211

Einen Text überarbeitet ihr am besten in mehreren Durchgängen. Wählt selbst aus, worauf ihr bei jedem Durchgang achten wollt.

4 Überarbeitet nun Alexanders Text mit Hilfe der folgenden Tipps.

Regel 3 ➤ S. 211

Tipp 1: Gestaltet die Satzanfänge abwechslungsreich.

Ich stand auf, zog mir meine Hausschuhe an und ging zur Zimmertür.
Ich lauschte und hörte es wieder.

5 Verändert die Satzanfänge so, dass die aufeinanderfolgenden Sätze nicht immer mit demselben Wort beginnen.
a. Sammelt unterschiedliche Satzanfänge.
b. Wählt aus eurer Sammlung passende Satzanfänge aus. Ihr könnt die Sätze auch umstellen.

Tipp 2: Verwendet treffende und abwechslungsreiche Verben und Adjektive. So kann sich der Leser oder Zuhörer alles genauer vorstellen.

... Ich stand auf, zog mir meine Hausschuhe an und ging zur Zimmertür. ...
Ich machte die Tür auf und ging die Treppe hinunter. ...

6 Durch passende Verben wird der Text anschaulicher.
a. Sammelt Wörter aus dem Wortfeld **gehen**.
b. Wählt aus eurer Sammlung passende Verben aus.

Verben ➤ S. 308

7 Überlegt, an welchen Stellen passende Adjektive etwas oder jemanden genauer beschreiben.
a. Sammelt für diese Stellen passende Adjektive.
b. Wählt aus eurer Sammlung passende Adjektive aus.

mehr Übungen
zu passenden Adjektiven
➤ S. 260–261

Tipp 3: Ergänzt fehlende Informationen. Der Leser oder Zuhörer muss den Zusammenhang verstehen.

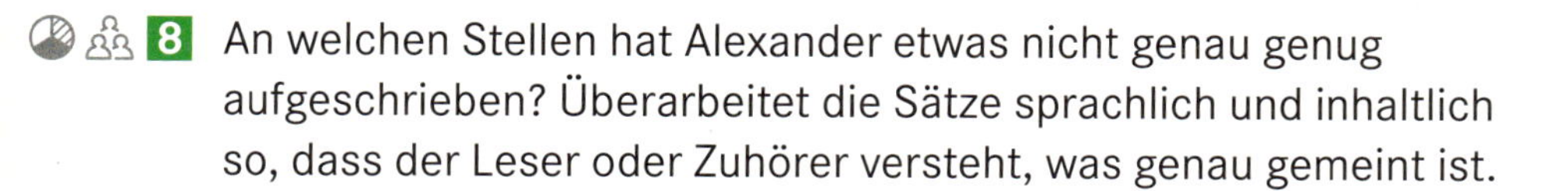

Es war schon spät und ich schaltete (ihn) aus. ...

8 An welchen Stellen hat Alexander etwas nicht genau genug aufgeschrieben? Überarbeitet die Sätze sprachlich und inhaltlich so, dass der Leser oder Zuhörer versteht, was genau gemeint ist.

Tipp 4: Verwendet beim schriftlichen Erzählen das Präteritum.

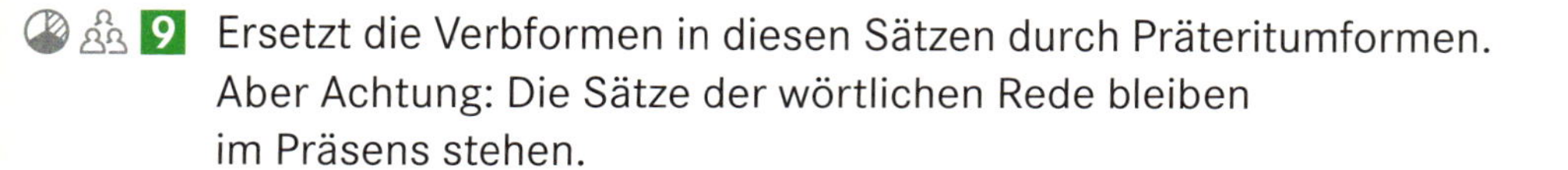

Also (hole) ich meine Taschenlampe und (schleiche) erneut in den Keller. Da (höre) ich ...

9 Ersetzt die Verbformen in diesen Sätzen durch Präteritumformen. Aber Achtung: Die Sätze der wörtlichen Rede bleiben im Präsens stehen.

mehr Übungen zu Verben im Präteritum ➤ **S. 257–259**

mehr Übungen zur wörtlichen Rede ➤ **S. 90–91, 238–239**

Tipp 5: Überprüft die Rechtschreibung.

Als ich im Bett lag, hörte ich ein Ger(e)usch.

10 In Alexanders Geschichte gibt es insgesamt drei Rechtschreibfehler. Findet die weiteren Fehler und verbessert sie. Ihr könnt dazu auch ein Wörterbuch verwenden.

Rechtschreiben auf einen Blick ➤ **S. 303–306**

Ihr habt gemeinsam Alexanders Text überarbeitet, damit der Zuhörer oder Leser ihn nun besser versteht.

11 Fällt euch noch mehr an Alexanders Text auf? Ergänzt weitere Tipps.

12 Jeder schreibt die Geschichte mit allen Überarbeitungen noch einmal sauber und ordentlich auf.

Regel 4 ➤ **S. 211**

Schrift üben – Schreiben üben

Buchstaben und Schriftzeichen können in verschiedenen Sprachen ganz unterschiedlich aussehen. Hier siehst du das Wort Buch **in verschiedenen Sprachen.**

das Buch   το βιβλίο*
книга**   ספר***

* griechisch

** russisch

*** hebräisch

1 Probiere die verschiedenen Schriften aus:
Schreibe die Wörter besonders schön ab.
Tipp: Die hebräische Schrift schreibt man von rechts nach links.

In manchen Sprachen gibt es keine Buchstaben, sondern Schriftzeichen.
Die Wörter sehen aus wie Bilder.
Dies ist das chinesische Schriftzeichen für das Wort Buch:

2 Schreibe das chinesische Schriftzeichen ab.
- Wähle ein geeignetes Schreibgerät aus.
- Du kannst auch verschiedene Schreibgeräte ausprobieren, zum Beispiel einen Bleistift, einen Füller, einen Filzstift ...

Manchmal sind die Anfangsbuchstaben besonders schön gestaltet.
Diese Anfangsbuchstaben heißen Initialen.

Lesemappen und Leseplakate gestalten ➤ S. 131, 133

3 Auch du hast Initialen: Es sind die Anfangsbuchstaben deines Vornamens und deines Nachnamens.
Tipp: Du kannst auch die Initialen von einer Freundin oder einem Freund gestalten und das Blatt dann verschenken.

Jakob Hanson

Mit den folgenden Übungen kannst du trainieren, flüssig zu schreiben.
Deine Schrift kannst du mit einfachen Formen trainieren.

4 Schreibe die Formen in deinem Heft nach.
Schreibe, ohne den Stift abzusetzen.

Nun kannst du das genaue Schreiben von Buchstaben üben.

Aa Bb Cc Dd Ee Ff Gg Hh Ii
Jj Kk Ll Mm Nn Oo Pp Qq Rr
Ss Tt Uu Vv Ww Xx Yy Zz

5 Schreibe die Buchstaben auf.
Tipp: Achte darauf, dass die Buchstaben nach oben und nach unten immer gleich lang sind.

Schreibe sorgfältig und deutlich.
Dann kann man alles gut lesen und auch verstehen.

6 **a.** Schreibe die folgenden Wörter sorgfältig untereinander auf.
b. Lies die Wörter aus deinem Heft vor.

das Buch das Lineal die Pause der Radiergummi das Regal

7 Ordne den Nomen aus Aufgabe 6 die passenden Strichbilder zu.
Zeichne neben jedes Wort das passende Strichbild.

Rechtschreiben

Es gibt verschiedene Wege, die Rechtschreibung zu trainieren.
Übe jeden Tag, dann wirst du sicherer beim Schreiben.
Tipp: Lege dir ein Übungsheft für die Rechtschreibung an.

Die Arbeitstechniken

Das Partnerdiktat

Bei einem Partnerdiktat geht es darum, mit Hilfe einer Partnerin oder eines Partners einen Text fehlerfrei aufzuschreiben.

1 Jeder liest die Fabel einmal für sich.

Der Fuchs und die Trauben |

An einem hohen Rebstock | hingen wundervolle Trauben. |
Das sah | ein hungriger Fuchs. |
Gierig | versuchte er, | die Trauben zu pflücken. |
Er streckte sich | und sprang, | so hoch er konnte. |
Er versuchte sogar, | am Rebstock* hochzuklettern. |
Aber alles umsonst – | die Trauben hingen | zu hoch. |
Da sagte der Fuchs: | „Die Trauben sind mir | viel zu sauer.“ |
Er machte | ein hochmütiges* Gesicht | und ging davon. |

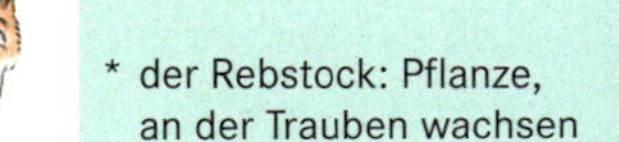

* der Rebstock: Pflanze, an der Trauben wachsen

* hochmütig: jemand ist sehr eingebildet

2 Schreibt die Fabel als Partnerdiktat.

Arbeitstechnik

Das Partnerdiktat

Ein Partner diktiert.	**Der andere Partner schreibt.**
– Setze dich so hin, dass du **gut sehen** kannst, was dein Partner schreibt. – **Lies** den ersten Satz **vor**. – **Diktiere** dann nacheinander die **Sinneinheiten**. – Denke an die **Satzzeichen**.	– **Höre** dir den Satz in Ruhe an. – **Schreibe** nun **Sinneinheit** für Sinneinheit. – Schreibe nur in jede zweite Zeile. – Sage **„Stopp“**, wenn du nicht mitkommst.
– Bei einem **Fehler** sage sofort **„Stopp“**. – **Lass** deinem Partner **Zeit**, den Fehler zu finden. – **Hilf** ihm, wenn er unsicher ist.	– **Lies** die letzte Sinneinheit und versuche, den **Fehler zu finden**. – Lass dir helfen. – Streiche das **Fehlerwort** durch. – Schreibe das Wort **richtig** darüber.

3 Nimm deine Fehlerwörter in deine Wörtersammlung auf.

Fehlerwörter sammeln
➤ S. 221

Das Laufdiktat

Mit einem Laufdiktat kannst du die Rechtschreibung gut alleine üben.

1 Lies die Fabel. Beachte dabei die Sinneinheiten. Sie gliedern den Text.

Der Igel und der Maulwurf |

Wieder einmal | nahte der Winter. |
Der Igel | spürte schon | die Kälte. |
Da fragte er | den Maulwurf, |
ob er in seiner Höhle | wohnen darf. |
5 Der Maulwurf | war einverstanden. |
Der Igel zog ein | und machte | es sich bequem. |
Und er machte | sich so breit, |
dass er den Maulwurf | immerzu | mit seinen Stacheln stach. |
Als der Maulwurf | es nicht mehr aushielt, |
10 bat er den Igel auszuziehen. |
Da lachte der Igel | und sagte: | „Wenn es dir | hier nicht gefällt, |
kannst du doch gehen. | Ich bin sehr zufrieden | und bleibe." |

2 Schreibe die Fabel als Laufdiktat.

Arbeitstechnik

Das Laufdiktat

- **Lies** den Text in Ruhe durch.
- Lege den Text auf einen **weit entfernten Platz**.
- **Schleiche** leise zu dem Platz.
- **Präge** dir nun **eine Sinneinheit ein**.
- **„Trage" die Wörter** im Kopf zu deinem Arbeitsplatz.
- **Schreibe** sie **auf**. Schreibe nur in jede zweite Zeile.
- **Schreibe** so **den ganzen Text auf**.
- **Vergleiche** deinen Text mit der Vorlage.
- Streiche **Fehlerwörter** durch und **schreibe** sie richtig **darüber**.

3 **a.** Sieh dir deine Fehlerwörter an. Versuche zu erklären, welchen Fehler du beim Schreiben gemacht hast.
b. Nimm alle Fehlerwörter in deine Wörtersammlung auf.

Fehlerwörter sammeln
➤ S. 221

Das Abschreiben

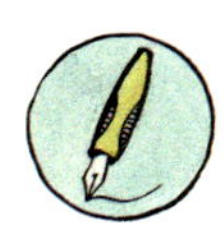

Abschreibübungen sind sehr wichtig für richtiges Schreiben. Richtiges Abschreiben will jedoch gelernt sein. Du brauchst deine ganze Konzentration und eine ordentliche Schrift.

1 Schreibe eine der beiden Fabeln nach den Schritten 1 bis 7 ab.

Fabeln:
„Der Fuchs und die Trauben" ➤ S. 217
„Der Igel und der Maulwurf" ➤ S. 218

1. Schritt: Lies den Text langsam und sorgfältig.
Lies ihn laut, wenn du niemanden störst.

lesen ↓

2. Schritt: Gliedere den Text in Sinneinheiten.
Mache dazu Striche nach zusammengehörenden Wortgruppen.
In den beiden Fabeln sind die Sinneinheiten bereits markiert.

gliedern ↓

3. Schritt: Präge dir die Wörter einer Sinneinheit genau ein.
Lies dazu nochmals Silbe für Silbe, Wort für Wort.

einprägen ↓

4. Schritt: Jetzt schreibe die Wörter auswendig auf.
Schreibe nur in jede zweite Zeile.
Schreibe langsam.
Schreibe ordentlich.
Schreibe nicht zu eng.

schreiben ↓

5. Schritt: Nun kontrolliere.
Vergleiche Wort für Wort.

kontrollieren ↓

6. Schritt: Hast du einen Fehler entdeckt, streiche das Wort mit dem Lineal durch.
Schreibe es richtig darüber.

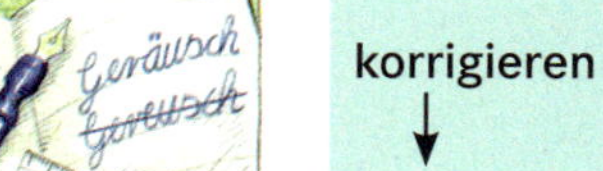

korrigieren ↓

7. Schritt: Die Fehlerwörter kommen in deine Wörtersammlung.

Fehlerwörter sammeln
Fehlerwörter sammeln ➤ S. 221

Merkwörter mit Wörterlisten üben

Ein Training mit Wörterlisten ist besonders geeignet für Merkwörter. Das sind Wörter, deren Schreibweise du nicht von anderen Wörtern herleiten kannst. Du musst sie dir merken. Übe sie immer wieder.

W **1** Mit einer Wörterliste in Form einer Tabelle kannst du Merkwörter üben.

a. Es gibt unterschiedliche Möglichkeiten, wie die Tabelle aussehen kann. Wähle Tabelle 1 oder Tabelle 2 aus oder verwende immer wieder unterschiedliche Tabellen.

b. Lege ein Blatt (DIN A4 oder DIN A3) quer vor dich hin und zeichne eine Tabelle auf.

Starthilfe

Tabelle 1

Merkwort	schwierige Stelle	ein Satz	ein verwandtes Wort	Wörterbuch
das Moor	Moor	Wir wandern durchs Moor.	moorig	S. 73

↓ →

Mit dieser Tabelle kannst du gut an drei verschiedenen Tagen üben.

Starthilfe

Tabelle 2

1. Tag			2. Tag	3. Tag
Merkwort	Silben bunt geschrieben	winzig klein	verdeckt aufgeschrieben	beim Partnerdiktat aufgeschrieben
ähnlich	ähnlich	ähnlich	ähnlich	ähnlich

↓ →

2 Übe die Merkwörter aus den Listen mit Hilfe einer Wörterliste.

a. Trage die Merkwörter aus Liste 1 oder 2 untereinander ↓ in die erste Spalte deiner Tabelle ein.

b. Fülle die Tabelle nun zeilenweise → aus. Schreibe sehr deutlich und ordentlich.

Liste 1: Merkwörter mit Doppelvokalen

das Moor das Haar das Paar
die Waage der Saal der Staat das Meer
der Schnee das Beet die Idee das Boot
das Moos der Zoo der Kaffee leer

Liste 2: Merkwörter mit -h

ähnlich belohnen erzählen die Fahrt das Frühstück
die Gefahr hohl das Jahr kühl die Lehrerin das Mehl
nehmen das Ohr rühren sehr die Uhr der Verkehr
wählen die Zahl

Fehlerwörter sammeln

Die Wörter, die du häufig falsch schreibst, sind deine Fehlerwörter. Du kannst sie auf Karten sammeln oder mit Wörterlisten üben.

mit Wörterlisten üben ➤ S. 220

1 Sammle deine Fehlerwörter und übe sie.

Arbeitstechnik

Fehlerwörter sammeln

- Lege für jedes **Fehlerwort** eine **Karteikarte** an.
- **Lies** das Wort **laut**. Sprich es in Silben.
- Schreibe dein **Fehlerwort** in die **Mitte der ersten Zeile**.
- **Schreibe ordentlich**.
- **Markiere** die **schwierige Stelle**. Du kannst sie auch oben in die rechte Ecke schreiben.
- Schreibe bei den **Verben** das **Personalpronomen** (er, es oder sie) und den **Infinitiv** (die Grundform) dazu.
- Schreibe bei den **Adjektiven** die **Steigerungsformen** dazu.
- Schreibe die **Nomen mit Artikel** im **Singular** und im **Plural** auf.
- Unten kannst du noch **verwandte Wörter** dazuschreiben.
- **Kontrolliere**, ob du das Wort **richtig** aufgeschrieben hast.

2 Übe wiederholt deine Fehlerwörter.
Das Gummibandprinzip hilft dir dabei.
- **a.** Besorge dir drei verschiedenfarbige Gummibänder (rot, gelb, grün).
- **b.** Sammle alle Fehlerwörter in einem roten Gummiband.
- **c.** Übe die Wörter.
- **d.** Sammle die Wörter, die du richtig geschrieben hast, in einem gelben Gummiband. Hast du ein Wort falsch geschrieben, bleibt es im roten Gummiband.

3
- **a.** Nach etwa ein bis zwei Wochen übst du die Wörter im gelben Gummiband.
- **b.** Sammle die Wörter, die du richtig geschrieben hast, in einem grünen Gummiband. Die falsch geschriebenen Wörter steckst du wieder ins rote Gummiband.

4 Mit dem grünen Gummiband arbeitest du einmal im Monat.
- **a.** Hast du ein Wort drei Monate hintereinander richtig geschrieben, darfst du die Karte zerreißen.
- **b.** Ist das Wort falsch geschrieben, steckst du es wieder ins rote Gummiband zurück.

Nachschlagen

Bei Rechtschreibunsicherheiten hilft dir das Wörterbuch. Dazu musst du das Alphabet sicher beherrschen.

Wortprofi®
Schulwörterbuch Deutsch
Oldenbourg

1 Wiederhole das Alphabet.
Notiere die fehlenden Buchstaben.

Starthilfe
d ...

a b c e f h i k l m n p q r s t v w x z

2 Schreibe die folgenden Wörter nach dem Alphabet geordnet auf.
Tipp: Bei Wörtern, die mit demselben Buchstaben beginnen, musst du nach dem zweiten, dritten, vierten ... Buchstaben sehen, um sie richtig einordnen zu können.

(die) Zeit (der) Monat (die) Woche (die) Stunde
(der) Januar (der) Nachmittag (das) Osterfest

(der) Montag (der) Dienstag (der) Mittwoch (der) Donnerstag
(der) Freitag (der) Samstag (der) Sonntag

(die) Minute messen meistens
morgen montags manchmal

3 Finde Wörter, die du alphabetisch einordnen kannst.

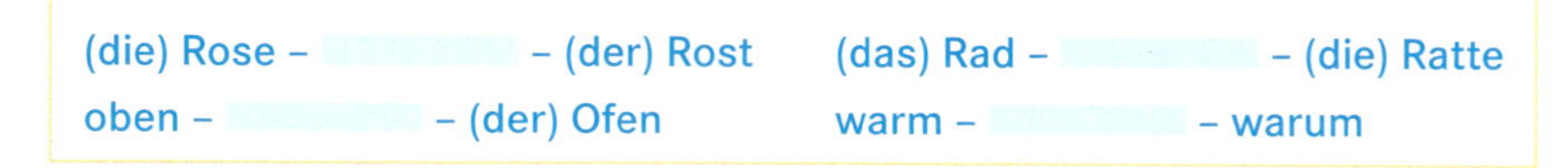

(die) Rose – ______ – (der) Rost   (das) Rad – ______ – (die) Ratte
oben – ______ – (der) Ofen   warm – ______ – warum

Starthilfe
(die) Rose – (die) Rosine – (der) Rost

Im Wörterbuch kannst du nachschlagen, wie ein Wort geschrieben wird.

Zur raschen Orientierung sind auf jeder Doppelseite in der Kopfleiste das jeweils erste und letzte Stichwort angegeben.

darlegen

da|ran|ge|hen, dar|an|ge|hen (Verb)
du gehst daran, er ging daran, sie ist darangegangen, geh(e) daran!
darangehen, etwas zu tun damit anfangen, etwas zu tun: *Wir müssen endlich darangehen, das Zimmer zu streichen.*
da|rauf, dar|auf (Adverb)
1 ≈ danach zu einem Zeitpunkt nach diesem Ereignis: *Kurz darauf zog er in eine andere Stadt.*
2 ≈ oben, über etwas auf diesem/diesen Gegenstand: *Die Herdplatte ist heiß. Leg deine Hand nicht darauf!*
3 ≈ in Bezug auf etwas auf diese Angele...

A B C D E F

Unter dem Stichwort stehen alle weiteren Angaben, Worterklärungen und Beispiele.

Registerbuchstabe: Am Seitenrand ist zum schnelleren Auffinden des gesuchten Stichwortes der aktuelle Buchstabe hervorgehoben.

Mit dem folgenden Spiel lernt ihr das schnelle Nachschlagen im Wörterbuch.

4 a. Der erste Spieler nennt ein Stichwort.
b. Die anderen versuchen, das Wort so schnell wie möglich zu finden.
Tipp: Die Wörter in der Kopfleiste und die Registerbuchstaben unterstützen dabei.
c. Wer das Stichwort zuerst gefunden hat, darf das Stichwort für die nächste Runde aussuchen.

5 a. Schlagt in eurem Wörterbuch die Seite mit dem Wort **richtig** auf.
b. Welche weiteren verwandten Stichwörter findet ihr zu diesem Stichwort?
c. Sprecht in der Gruppe darüber, was ihr über diese Wörter erfahrt.

rich|tig (Adjektiv)
1 so, dass etwas korrekt ist: *Anna hat alle Matheaufgaben richtig.*
2 so, dass es passend bzw. angemessen ist: *Er hat sich absolut richtig verhalten.*
3 so, dass etwas echt ist: *Die Eheringe meiner Eltern sind aus richtigem Gold.*
4 ≈wirklich, sehr *Ich war richtig sauer.*

In der Worterklärung findet ihr Informationen zu den Wörtern.

6 a. Schlagt die Wörter am Rand in eurem Wörterbuch nach. Welche Angaben stehen bei den Wörtern?
b. Sprecht in der Gruppe darüber. Solltet ihr unsicher sein, fragt eure Lehrerin oder euren Lehrer.

Antwort
Dampf
Basar
Familie
Brise
Brocken

Manchmal sind Wörter nicht leicht zu finden.

7 a. Schlage die Wörter am Rand in deinem Wörterbuch nach. Die Arbeitstechnik hilft dir dabei.
b. Notiere, bei welchem Stichwort sie stehen.
c. Schreibe die Seitenzahl dazu.

(der) Tierpark
am besten
(sie) fror
höher
(die) Zoogärtnerin
(er) ließ

Arbeitstechnik

Wörter an der richtigen Stelle im Wörterbuch nachschlagen

In manchen Wörterbüchern sind Wörter nicht immer leicht zu finden:
- Die **Vergangenheitsformen von Verben** stehen oft nur beim **Infinitiv** (Grundform). Beispiel: (sie) fiel → nachschlagen bei fallen
- **Steigerungsformen der Adjektive** stehen manchmal nur bei der **nicht gebeugten Form** des Adjektivs. Beispiel: näher → nachschlagen bei nahe
- **Zusammengesetzte Wörter** musst du manchmal trennen. Beispiel: (der) Hausmeister → nachschlagen bei (das) Haus und (der) Meister

Die Rechtschreibstrategien

Sprechschwingendes Schreiben 

Beim sprechschwingenden Schreiben sprichst du die Wörter Silbe für Silbe mit. Das hilft dir, Fehler zu vermeiden oder zu erkennen.

Tipp 1: Sprich das Wort langsam und deutlich Silbe für Silbe. Schwinge dabei das Wort erst mit deinem ganzen Körper.

1 Probiere den ersten Tipp mit den folgenden Wörtern aus:

Karatestunde   Judokämpfer   Weitwurf

- Stelle dich mit geschlossenen Beinen hin.
- Sprich das Wort langsam und deutlich Silbe für Silbe.
- Schwinge dabei mit deiner Schreibhand in einem großen Bogen nach rechts.
- Gehe gleichzeitig bei jeder Silbe einen Schritt nach rechts.

Tipp 2: Sprich das Wort Silbe für Silbe. Schwinge dabei mit dem Zeigefinger die Silbenbögen auf dem Tisch. Schreibe das Wort dann sprechschwingend auf.

2 Schreibe die Wörter aus Aufgabe 1 nun sprechschwingend auf.
- Sprich das Wort langsam in Silben.
- Schwinge dabei mit dem Zeigefinger die Silbenbögen auf dem Tisch.
- Schreibe das Wort Silbe für Silbe auf, sprich dazu so langsam, wie du schreibst.
- Am Ende jeder Silbe setzt du sofort i-Punkte, ä-, ö-, ü-Punkte und t-Striche.
- Zeichne zur Kontrolle die Silbenbögen unter das Wort und lies dabei mit.

Tipp 1 und Tipp 2 kannst du nun ausprobieren.

3 a. Wähle einen Kasten aus.
b. Schwinge die Wörter oder Wortgruppen mit der Schreibhand, gehe dabei nach rechts und sprich dazu.

lernen üben werfen bremsen aufheben	der Zuschauerrang die Kampfkunst das Bodenturnen die Urkunde die Turnübung	die körperlichen Übungen die sauberen Turnschuhe das schöne Schulturnfest der einfache Salto der grüne Rasen

4 Schreibe die Wörter oder Wortgruppen eines weiteren Kastens aus Aufgabe 3 sprechschwingend auf.
a. Schwinge mit dem Zeigefinger Silbenbögen auf dem Tisch. Sprich dazu.
b. Schreibe das Wort oder die Wortgruppen Silbe für Silbe. Schreibe nur in jede zweite Zeile.
c. Zeichne die Silbenbögen darunter.

Starthilfe
der Zuschauerrang

Der folgende Text enthält Wörter, die du durch das sprechschwingende Schreiben richtig schreiben kannst.

5 Lies den Text einmal ganz durch.

Meine erste Karatestunde

Gestern hatte ich meine erste Karateprobestunde.
Zuerst mussten wir uns warmlaufen. Hinterher machten wir Übungen, damit wir unsere Kraft und Beweglichkeit verbessern. Am Ende übten wir sogar schon einige Kampftechniken. Mir hat die Karatestunde viel Spaß gemacht. Auch der Übungsleiter und die anderen Kinder waren sehr nett. Nun möchte ich jede Woche zum Karatetraining gehen.

6 a. Sprich die hervorgehobenen Wörter in Silben.
b. Übertrage die Tabelle in dein Heft. Trage die Wörter sprechschwingend richtig ein. Ergänze bei den Nomen den Artikel.
c. Zeichne die Silbenbögen darunter.

Starthilfe

zwei Silben	drei Silben	vier Silben	fünf Silben	sieben Silben
gestern				(die) Karateprobestunde

Wörter verlängern 

Manchmal kannst du nicht hören, mit welchem Buchstaben ein Wort oder eine Silbe endet. Dann hilft dir das Verlängern.

1 a. Sprecht die Wörter mit den Lücken aus dem Bild laut.
b. Überlegt: Welchen Laut hört ihr am Ende? Aber: Welchen Buchstaben müsst ihr jeweils für den Laut am Ende schreiben?

Starthilfe

Wir hören:	Wir schreiben aber:
t	die Hand

2 Überprüfe die richtige Schreibweise der Wörter aus dem Bild mit der Verlängerungsprobe.
a. Lies das Merkwissen.
b. Verlängere die Wörter.
c. Sprich die Wörter laut und schwinge dabei.
d. Schreibe das Wort mit der Verlängerung auf.

Starthilfe

der Stab → die Stäbe

sprechschwingendes Schreiben
➤ S. 224–225

Merkwissen

Die Verlängerungsprobe: Oft spricht man am Ende eines Wortes **p**, **t**, **k** und schreibt doch **b**, **d**, **g**.
Suche eine **längere Form** des Wortes. Dann hörst du, welchen Buchstaben du schreiben musst.
Beispiele:
- Nomen: der Kor → die Kör**b**e (Plural) – daher: der Kor**b**
- Verben: gi t → ge**b**en (Infinitiv) – daher: (er/sie) gi**b**t
- Adjektive: lusti → lusti**g**er (Steigerungsform) – daher: lusti**g**

3 **a.** Verlängere die Wörter mündlich und schwinge dabei.
b. Schreibe die Wörter dann richtig auf.

wil das Kin run das Fel wüten
der Ber das Lan der Sonnta schwieri der Zu
hungri wichti gel hal der Urlau er kle t

4 Lies den Text.

Im Zirkus

Zum Geburtstag habe ich mir einen Besuch im Zirkus gewünscht.
Am Freitag war es dann so weit. Meine Freunde und ich gingen
am frühen Abend in die Vorstellung. Der Clown hat mir am besten gefallen.
Er stand auf einem Berg aus Bällen und jonglierte lustig mit Stab, Hut,
Teller und Feuerfackel. Tollpatschig machte er Zaubertricks, die schiefgingen.
Wir mussten häufig laut lachen.
Ich stelle es mir schön vor, wenn man als Clown mit Leib und Seele
die Leute zum Lachen bringen kann.

5 Bei den hervorgehobenen Wörtern kannst du
die Verlängerungsprobe anwenden.
a. Verlängere die Wörter. Leite so die richtige Schreibweise her.
b. Schreibe die Wörter auf.

Starthilfe
der Geburtstag → die Geburtstage ...

**Die Verlängerungsprobe kann dir auch helfen,
zusammengesetzte Nomen mit b, d, g richtig zu schreiben.
Dazu musst du die Wörter zuerst zerlegen.**

6 Leite die richtige Schreibweise der Nomen her.
a. Trenne die zusammengesetzten Nomen.
b. Verlängere das erste Nomen.
c. Schreibe das zusammengesetzte Wort richtig auf.
d. Zeichne die Silbenbögen darunter.

die Aben vorstellung die Ber bahn die Wan zeitung
der Wal spaziergang der Freita morgen

Starthilfe
Nomen 1: der Abend – die Abende
→ die Abendvorstellung

Wörter ableiten 

Wenn du unsicher bist, ob ein Wort mit ä oder e, mit äu oder eu geschrieben wird, dann hilft dir die Ableitungsprobe.

1 Lies den Text.

Ein Gewitter |

Dunkle Wolken | ziehen am Himmel auf. | Auf einmal | donnert es | furchtbar laut. |
Ängstlich gehe ich | an diesem Abend | ins Bett. | In meinen Träumen | gibt es jedoch | kein Gewitter. |
Am folgenden Tag | lese ich | in der Zeitung: |
Ein Blitz fällte | zwei Bäume. | Äste stürzten | auf Fahrräder und ein Auto. |
Die Feuerwehr hackte | die Äste klein | und räumte sie beiseite. |
Kanäle flossen über | und einige Plätze waren teilweise überflutet. |
An Häusern | entstanden | keine Schäden. |

2 Leite die Schreibweise der hervorgehobenen Wörter ab.
a. Lies das Merkwissen.
b. Lege eine Tabelle mit zwei Spalten an.
Trage alle hervorgehobenen Wörter in die linke Spalte ein.
c. Suche ein verwandtes Wort mit **a**/**au**.

Merkwissen

Die Ableitungsprobe: **ä** und **e** klingen in vielen Wörtern ähnlich;
äu und **eu** klingen gleich.
Du kannst Wörter mit **ä** und **äu** von verwandten Wörtern
mit **a** oder **au** ableiten.

ängstlich – die **A**ngst — die Tr**äu**me – der Tr**au**m
↓ ↓
? a ϟ ä — ? au ϟ äu

3 Gehe nun umgekehrt vor. Finde zu den folgenden Wörtern verwandte Wörter mit **ä** oder **äu**.

saugen Pflanze Saft
Blatt Kraut graben
Garten Gras Wald

Starthilfe

Wort	verwandtes Wort mit ä/äu
saugen die Pflanze der Saft	der Säugling ... das Pflänzchen ... die Säfte ...

4 Schreibe den Text „Ein Gewitter" als Partnerdiktat.

Partnerdiktat ➤ S. 217

Signalgruppen erkennen

Bei vielen Wörtern stehen mehrere Konsonanten (Mitlaute) hintereinander. Auf diese Stellen musst du beim Schreiben besonders achten.

1 **a.** Lies die Wörter laut.
b. Was fällt dir auf? Schreibe es auf.

der Kummer die Stimme kommen hoffen der Augenblick
der Spatz sitzen krumm das Zimmer der Himmel der Platz
schlimm immer der Stoff der Witz bummeln trommeln
die Katze dumm der Sommer fromm blicken die Hitze
wimmern der Satz offen der Koffer brummen hoffentlich

Signalgruppen helfen dabei, Wörter mit mehreren Konsonanten richtig zu schreiben.

2 **a.** Lies das Merkwissen.
b. Schreibe die Wörter aus Aufgabe 1 nach Signalgruppen geordnet auf.
c. Markiere jeweils die Signalgruppe.

Starthilfe
-umm: der Kummer, krumm ...
-imm: ...

Merkwissen

Signalgruppen erkennen: Häufig treten **kurz gesprochene Vokale und mehrere Konsonanten zusammen** auf, zum Beispiel: **-umm**, **-imm**, **-omm**, **-off**, **-ick**, **-atz**, **-itz**.
Diese Buchstabenkombinationen nennt man **Signalgruppen**.
Sie helfen dir, Wörter mit kurz gesprochenen Vokalen und mehreren Konsonanten zu erkennen und richtig zu schreiben.

W **Wähle Aufgabe 3 oder 4.**

3 Bilde mit einem Wort aus jeder Signalgruppe aus Aufgabe 2 einen vollständigen Satz.

Starthilfe
Das Rechtschreiben macht mir immer weniger Kummer. ...

4 Was machst du nach Schulschluss? Schreibe einen kurzen Text mit möglichst vielen Wörtern, die Signalgruppen enthalten.

Mit Wortbausteinen üben

Viele Wörter sind aus mehreren Teilen zusammengesetzt:
aus dem Wort**stamm** und anderen Wort**bausteinen**.
Wenn du die Wortbausteine kennst, kannst du Fehler
in der Rechtschreibung vermeiden.

Wortstämme erkennen

Wörter sind miteinander verwandt
und bilden Familien.
Jede Wortfamilie hat einen Wortstamm.
Gleiche Wortstämme schreibt man
in der Regel gleich.

1 Schreibe die Familienmitglieder untereinander auf.

Die Wortfamilie **fallen**
fallen die Falle auffallen der Durchfall herunterfallen zufällig
hinfallen der Überfall der Schneefall umfallen zurückfallen
der Wasserfall verfallen der Fallschirm rückfällig
entfallen der Anfall befallen der Regenfall der Einfall

2 **a.** Ordne die Wörter nach Wortarten. Lege dazu eine Tabelle an.
b. Ergänze die Nomen im Plural.
c. Markiere den Wortstamm.
d. Finde weitere Familienmitglieder
und schreibe sie in die Tabelle.

Nomen ➤ S. 307
Verben ➤ S. 308
Adjektive ➤ S. 309

Starthilfe

Nomen	Verben	Adjektive
die Falle – die Fallen	fallen	zufällig

3 **a.** Schreibe die Familienmitglieder aus dem Wortfeld **geben**
nach dem Alphabet geordnet auf.
b. Markiere den Wortstamm **-geb-**.
c. Erweitere die Wortfamilie mit eigenen Beispielen.

Die Wortfamilie **geben**
geben der Arbeitgeber abgeben die Aufgaben ausgeben
der Gastgeber nachgeben umgeben vergeben weitergeben
der Ratgeber der Angeber

Wortbausteine: Vorsilben üben

Auch Vorsilben sind Wortbausteine.
Die am häufigsten verwendeten Vorsilben in Verben und Nomen sind **ver-**, **er-** und **ent-**.
Die Vorsilben werden immer gleich geschrieben.

4 **a.** Bilde neue Verben und schreibe sie auf.
b. Schreibe mit zwei Verben aus jedem Stern Sätze auf.

5 Findet weitere Verben mit den Vorsilben **ver-**, **er-** und **ent-**. Wer findet mehr?

6 Zu welchen Verben aus dem ersten Stern lassen sich verwandte Nomen finden? Schreibe sie auf und markiere die Vorsilbe.
Tipp: Nomen schreibst du groß.

Starthilfe
verbieten – das Verbot …

7 Schreibe die Überschriften aus der Zeitung ab und setze die richtige Vorsilbe ein.
Tipp: Nomen schreibst du groß.

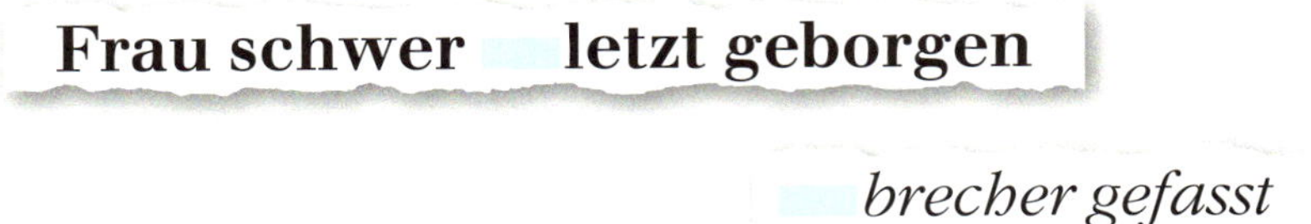

brecher gefasst

Wieder lassungen

Neue kenntnisse

Öffentlichkeit ist setzt

Regelwissen anwenden: Nomen großschreiben
➤ S. 232–233

Regelwissen anwenden: Nomen großschreiben

Nomen schreibt man groß. So kannst du ein Nomen erkennen:

Nomen ➤ S. 307

Tipp 1: Prüfe: Werden mit dem Wort Lebewesen, Gegenstände oder Dinge bezeichnet?

1 **a.** Welche Personen und Gegenstände kannst du auf dem Bild vom Zeltlager sehen?
b. Schreibe die passenden Nomen auf. Du kannst die Nomen mit den Silben vom Rand zusammensetzen.
c. In den Sprechblasen findest du Nomen. Sie bezeichnen vorgestellte oder sichtbare Dinge. Schreibe die Nomen heraus.
d. Bilde mit den Nomen, die du aufgeschrieben hast, Sätze.

be Be cher der
ger er fin hut
Ka lam nen nu
pe Pfad Ruck
sack schen Son
Ta la treu
Trink Zelt

Tipp 2: Prüfe: Hat das Wort einen bestimmten oder unbestimmten Artikel bei sich?

2 Lies den folgenden Brief.

Hallo, Krischi,
mit der Klasse verbrachte ich eine Woche im Zeltlager.
Manche stellen sich einen Urlaub im Zelt ganz leicht vor.
Aus Brettern und starken Seilen bauten wir einen stabilen Esstisch und
5 Bänke. Bei einer Nachtwanderung beobachteten wir nachtaktive Tiere.
In der Dunkelheit sahen wir eine Eule und kleine Mäuse.
Der Betreuer ließ uns sogar eine Mutprobe machen. Wir hatten wirklich
viel Spaß dabei, manche hatten aber auch Angst.
Aber ein bisschen Tapferkeit gehört in der Einsamkeit des Waldes dazu.
10 Dein Tim

3 **a.** Finde in Tims Brief die Nomen, die einen bestimmten oder unbestimmten Artikel bei sich haben.
b. Schreibe die Nomen mit ihrem bestimmten und unbestimmten Artikel auf.

Starthilfe
die/eine Klasse ...

Tipp 3: Prüfe: Steht vor dem Wort ein Adjektiv (z. B. **der rote Hut**)?

Adjektive ➤ S. 309

4 **a.** Überprüfe noch einmal die Wörter aus dem Text. Vor welchen Nomen in Tims Brief steht ein Adjektiv?
b. Schreibe die Nomen mit ihren Adjektiven und bestimmten und unbestimmten Artikeln auf.

Starthilfe
das starke Seil – ein starkes Seil ...

Tipp 4: Einige Nomen kannst du an der Nachsilbe erkennen.
Prüfe: Hat das Wort am Ende die Nachsilbe **-ung**, **-heit** oder **-keit**?

5 **a.** Welche der Nomen aus Tims Brief haben die Nachsilbe **-ung**, **-heit** oder **-keit**? Überprüfe die Nomen, die du aus dem Text herausgeschrieben hast.
b. Markiere die Endungen **-ung**, **-heit** oder **-keit**.

Starthilfe
die/eine Nachtwanderung ...

Nun hast du alle Nomen aus Tims Brief herausgeschrieben.

6 **a.** Bilde mit mindestens fünf Nomen aus dem Text jeweils einen neuen und vollständigen Satz.
b. Unterstreiche die Nomen und ihre Artikel.
c. Markiere die Nachsilben **-ung**, **-heit** oder **-keit**.

Merkwissen

Nomen werden **großgeschrieben**.
Mit diesen Tipps kannst du **Nomen erkennen**.
- **Tipp 1:** Prüfe, ob mit dem Wort **Lebewesen**, **Gegenstände** oder **Dinge** bezeichnet werden.
- **Tipp 2:** Prüfe, ob das Wort einen **Artikel** bei sich hat.
- **Tipp 3:** Prüfe, ob vor dem Nomen ein **Adjektiv** steht.
- **Tipp 4:** Prüfe, ob das Wort die **Nachsilbe -ung**, **-heit** oder **-keit** hat.

mehr zu den Nomen ➤ S. 247–249

Die Trainingseinheiten

1. Trainingseinheit: Das Klassenfest

1 Lies den Text.

Das Klassenfest

Die Schülerinnen und Schüler | der Klasse 5c strahlten, | besonders aber | Lena, Jan und Mario. | Ihr Lehrer hatte | ihnen gerade gesagt: | „Ihr wart | wirklich fleißig | in den vergangenen Wochen. | Deshalb sollten wir | ein Fest feiern." | „Aber was für ein Fest?", | wollten einige Kinder wissen. |
5 Spontan meinte Lena, | die gerne Kuchen isst: | „Ein Pflaumenkuchenfest. | Es ist gerade Pflaumenzeit." |
Jan, | der Klassensprecher, | hatte schließlich eine Idee, | der alle | nur zustimmen konnten: | „Wir machen Spiele | zum Kennenlernen | und genießen dabei | Lenas Pflaumenkuchen." |
10 „Eine ausgezeichnete Idee, | so wird unsere Klassengemeinschaft | sicher wachsen", | bemerkte ihr Klassenlehrer. |

mehr zum Thema Feste
➤ S. 64–81

2 Welcher Satz steht nicht im Text? Schreibe diesen Satz auf.

1 Es ist gerade Pflaumenzeit.
2 Die Schülerinnen und Schüler der Klasse 5c strahlten, besonders aber Lena, Jan und Mario.
3 Wir genießen Lenas Pfirsichkuchen und spielen Verstecken.

Viele Wörter haben doppelte Konsonanten.
Beim Schreiben musst du auf sie besonders achten.

3 **a.** Im Text gibt es zusammengesetzte Nomen mit der Signalgruppe **-ass**. Schreibe die zusammengesetzten Nomen untereinander mit ihren bestimmten Artikeln auf.
b. Markiere die Signalgruppe **-ass** wie im Text.
c. Sieh dir die Artikel der zusammengesetzten Nomen an. Was fällt dir auf?

Signalgruppen erkennen
➤ S. 229

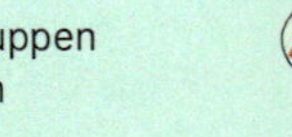

zusammengesetzte Nomen
➤ S. 307

4 Bilde zusammengesetzte Nomen mit **Klasse**.
Schreibe die Nomen auf.
Tipp: Füge nach Klasse ein **n** ein.

Starthilfe
die Klasse(n) + die Stärke = die Klassenstärke

die Klasse(n)	+	die Stärke das Buch das Zimmer	die Ordnung der Raum die Fahrt	die Regel der Kamerad die Lehrerin

5 Du findest im Text Verben mit hervorgehobenen Signalgruppen.
a. Schreibe die Verben zusammen mit ihrem Infinitiv auf.
b. Markiere die Signalgruppen.
c. Was fällt dir auf?
Sprich mit einer Partnerin oder einem Partner darüber.

Starthilfe
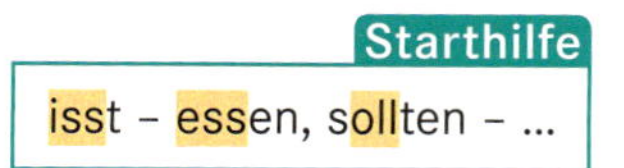
isst – essen, sollten – ...

6 Im Text findest du ein Nomen mit der Signalgruppe **-inn**.
Schreibe das Nomen auf und markiere die Signalgruppe.

7 **a.** Übe die Nomen mit Hilfe einer Wörterliste.
b. Ergänze den Plural (Mehrzahl) und markiere die Signalgruppe **-inn**.

Merkwörter mit Wörterlisten üben ➤ S. 220

Starthilfe
die Lehrerin – die Lehrerinnen

die Lehrerin die Sportlerin die Schulleiterin die Nachbarin die Kundin	die Verkäuferin die Leserin die Künstlerin die Sekretärin die Zuschauerin

Die Wortgruppe **Lena, Jan und Mario** im Trainingstext ist eine Aufzählung.

8 Bilde mit den Aufzählungen ganze Sätze. Schreibe deine Sätze auf.

Birnen, Äpfel und Kuchen ... Englisch, Sport und Deutsch ...	Jeans, Schuhe und Strümpfe ... Eltern, Großeltern und Freunde ...

Merkwissen
Die Teile einer **Aufzählung**, die nicht durch **und** verbunden sind, werden durch **Kommas** voneinander **getrennt**.
Ich bin ein höfliches**,** ehrliches**,** intelligentes und ehrgeiziges Mädchen.

9 Schreibe den Text „Das Klassenfest“ ab.

abschreiben ➤ S. 219

2. Trainingseinheit: Max

Nomen großschreiben

Verben: besondere Zeitformen

Komma bei Nebensätzen

1 Lies den Text.

Max |

In diesem Jahr fiel | mein Geburtstag | auf einen Sonntag. |
Als ich am Morgen aufwachte, | standen meine Eltern | an meinem Bett. |
„Herzlichen Glückwunsch, | liebe Steffi, | draußen vor der Tür wartet |
eine Überraschung auf dich“, | riefen sie. |
Auf einmal hörte ich | das Bellen eines Hundes. | Aufgeregt stürzte ich |
zur Tür und öffnete sie. | Durch die Türöffnung | sauste ein kleiner, |
weißer Hund | in mein Zimmer. | Ich war überglücklich, |
denn mein größter Wunsch | war in Erfüllung gegangen. |
„Er soll Max heißen“, | rief ich. | „Das ist sicher ein passender Name“, |
meinte mein Vater. | Dann kam Max zu mir. |
Ich nahm ihn vorsichtig | auf den Arm und streichelte ihn. |
Am Nachmittag | kamen meine Gäste | und wir spielten zusammen |
mit Max im Garten. |

2 Beantworte die Frage schriftlich:
Was ist Steffis größter Wunsch?

mehr zum Thema Wünsche
➤ S. 82–99

Manche Wörter schreibst du so, wie du sie sprichst.
Dann hilft dir das sprechschwingende Schreiben.

3 Schreibe die Wörter und Wortgruppen sprechschwingend auf.
Zeichne die Silbenbögen ein.

der Geburtstag heißen am Morgen die Überraschung
auf einmal ich stürzte der Wunsch er kam der Garten
die Tür der Arm

sprechschwingendes Schreiben

➤ S. 224–225

Nomen werden großgeschrieben.

4 Manche Nomen kannst du an ihrem Wortbaustein erkennen.
a. Schreibe die Nomen mit **-ung** aus dem Text
mit Artikeln untereinander auf.
b. Ergänze den Plural dieser Nomen.

Starthilfe
Nomen mit -ung: die Überraschung – die Überraschungen

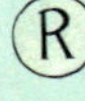
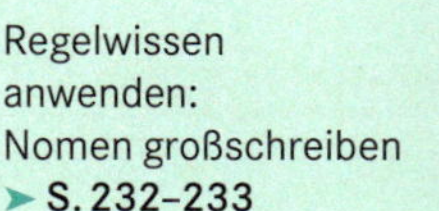
Regelwissen anwenden:
Nomen großschreiben
➤ S. 232–233

Aus Verben können Nomen werden.

5 Der Text enthält ein Verb, das ein Nomen geworden ist. Finde es und schreibe es auf.

Merkwissen

Auch **Verben werden großgeschrieben**, wenn sie **als Nomen verwendet werden** (Nominalisierung): Der Artikel **das** macht's!
Der Hund **bellt** laut. – **Das Bellen** ist laut.

6 **a.** Bilde aus den folgenden Verben Nomen und schreibe sie mit dem Artikel auf.
b. Wähle zwei Verben aus. Schreibe einen Satz auf, in dem sie als Nomen vorkommen.

treffen backen kommen schwimmen denken
trinken pflanzen putzen erzählen

Manche Verben haben besondere Zeitformen.

7 Im Text findest du ein Verb mit einer besonderen Präteritumform: **fiel**.
a. Schreibe den Infinitiv zu dem Verb auf.
b. Schreibe die folgenden Wortreihen auswendig auf.

laufen – er lief – gelaufen
raten – ich riet – geraten
halten – sie hielt – gehalten
lassen – es ließ – gelassen

Verbtabelle: unregelmäßige Verben ➤ S. 312–313

Hauptsätze und Nebensätze werden durch Kommas voneinander getrennt.

Haupt- und Nebensätze verknüpfen ➤ S. 311

8 **a.** Schreibe die folgenden Sätze ab und kreise jeweils die Konjunktion ein.
b. Setze das Komma und unterstreiche die Verben.

Starthilfe
(Als) ich am Morgen aufwachte, standen …

Als ich am Morgen aufwachte standen meine Eltern an meinem Bett.
Als wir zum Sportplatz gingen fing es leider an zu regnen.
Während ich den Schulhof betrat klingelte es bereits.

Achtung: Fehler!

9 Schreibe den Text „Max“ ab.

abschreiben ➤ S. 219 

3. Trainingseinheit: Das Skelett

1 Lies den Text.

Das Skelett |

Aufgeregt fragt Steffi: | „Lukas, | hast du das in der Zeitung gelesen?“ |
Lukas antwortet: | „Ich lese keine Zeitung.“ |
„In der Zeitung steht aber, | dass in Argentinien | das Skelett |
eines bislang unbekannten Riesen-Dinosauriers | ausgegraben wurde“, |
5 erklärt Steffi. |
Sie ist genau wie | ihr Klassenkamerad Lukas ein Dino-Fan. |
Er versteht sofort, | was diese Nachricht bedeutet. | „War da auch |
ein Foto dabei?“, | fragt Lukas. | „Klar, | sogar mehrere Fotos“, |
antwortet Steffi. | Bisher hat Lukas immer gesagt: | „Zeitung lesen? |
10 Das interessiert mich nicht.“ |
Heute Mittag jedoch | will Lukas sofort | in der Zeitung nachsehen |
und wenn es geht, | Fotos entnehmen. | „Vielleicht passen die Fotos |
sogar in mein Dino-Album. | Das wäre toll“, | meint er. |

2 Beantworte die Fragen schriftlich:
- Welche Frage stellt Steffi? Welche Frage stellt Lukas?
- Was steht in der Zeitung?
- Was will Lukas heute Mittag tun?

Verben verbinden sich gern mit Vorsilben.

3 Im Text gibt es zwei Verben mit den Vorsilben **ver-** und **ent-**.
a. Schreibe sie auf.
b. Bilde neue Verben und schreibe sie auf.

mit Wortbausteinen üben ➤ **S. 231**

ver-	+	stehen suchen stecken kaufen kleiden	ent-	+	scheiden sprechen nehmen werfen leeren

4 Was bedeuten die Verben?
a. Bildet gemeinsam Sätze. Schreibt eure Sätze auf.
b. Sprecht über die unterschiedlichen Bedeutungen.

kleiden – verkleiden   kaufen – verkaufen   werfen – entwerfen

Verben mit der Endung **-ieren** werden mit **ie** geschrieben.

5 Im Text findest du ein Verb mit der Endung **-ieren**.
Schreibe es heraus. Notiere dazu den Infinitiv.

6 **a.** Ordne die Verben am Rand nach dem Alphabet.
Schreibe sie auf.
b. Schreibe die folgenden Sätze ab.
Setze dabei passende Verben mit **-ieren** ein.

Ich möchte euch zum Sieg ______.
Willst du den Kuchen mal ______?
Wie konnte das nur ______?
Kannst du das Wort mal ______?
Lukas und Steffi ______ sich sehr für Dinosaurier.

c. Einige Verben am Rand sind übrig geblieben.
Bilde mit jedem Verb einen vollständigen Satz und schreibe ihn auf.

probieren
informieren
interessieren
trainieren
passieren
fotografieren
buchstabieren
gratulieren
reparieren

Im Text gibt es Wörter, deren Schreibweise du dir einprägen musst.

7 Übe diese Wörter mit einer Wörterliste.

sofort bislang sogar jedoch

Merkwörter
mit Wörterlisten üben ➤ S. 220

Der Text enthält sieben wörtliche Reden.

8 **a.** Schreibe die wörtlichen Reden mit den Begleitsätzen ab.
b. Unterstreiche die Begleitsätze mit Rot.

Merkwissen

Wörtliche Rede wird in **Anführungszeichen** gesetzt.
Steht der **Begleitsatz vor der wörtlichen Rede**,
wird er mit einem **Doppelpunkt** abgeschlossen:
Aufgeregt fragt Steffi**:** **„**Lukas, hast du das in der Zeitung gelesen?**“**

Steht **die wörtliche Rede vor dem Begleitsatz**, dann musst du **zwischen der wörtlichen Rede und dem Begleitsatz ein Komma setzen.**
„Was steht in der Zeitung?**“,** fragte Lukas.

mehr Übungen zur
wörtlichen Rede ➤ S. 90–91

9 Schreibe den Text „Das Skelett“ ab.

abschreiben ➤ S. 219

4. Trainingseinheit: Eine kleine Freude

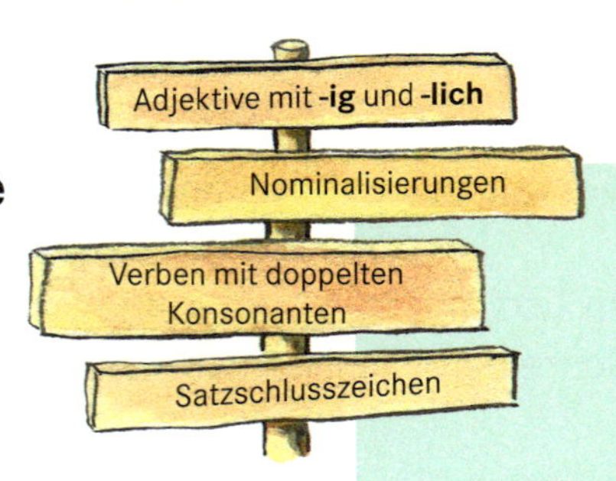

1 Lies den Text.

Eine kleine Freude |

„Fass mal rein! | Für dich!", | rief Marie. | Anne war sich nicht so sicher, |
ob sie wirklich | in den Beutel fassen sollte, | den Marie ihr entgegenhielt. |
Ihre Freundin Marie hatte | manchmal verrückte Ideen. |
Der kleine Beutel war hübsch. | „Aber was ist darin? | Spinnen? | Würmer?", |
5 dachte Anne. | Die wollte sie gar nicht gern anfassen. |
Doch Marie sah sie so freudestrahlend an, | dass sie ihre Hand mutig, |
aber doch ein bisschen vorsichtig | in den Beutel steckte. |
Sie fühlte etwas Weiches. | „Nimm eins!", | forderte Marie sie auf. |
Ein wenig erstaunt zog Anne | ein kleines Pelzstückchen | aus dem Beutel. |
10 Marie erklärte: „Das bedeutet, | dass ich dich mag. |
Es gibt ein altes Märchen | von kleinen Leuten, | die einander warme, |
weiche Pelzchen schenkten. | Solange sie das taten, | waren sie |
immer glücklich | und zufrieden." |

2 Beantworte die Fragen schriftlich.
- Warum fasst Anne nicht sofort in den Beutel?
- Was bedeutet das Pelzchen?
- Woher hat Marie die Idee?

Viele Adjektive erkennst du an ihren Wortbausteinen.

mit Wortbausteinen üben ➤ S. 231 

3 Im Text gibt es Adjektive mit der Endung **-ig** und **-lich**.
Schreibe sie heraus.

Aus Nomen und Verben können Adjektive werden.

4 **a.** Bilde zu den Nomen Adjektive mit der Endung **-ig**.
b. Schreibe sie auf.

der Schmutz die Sonne das Öl die Trauer
die Eile die Kraft die Macht die Sorgfalt

5 **a.** Bilde zu den Verben Adjektive mit der Endung **-lich**.
b. Schreibe sie auf.

zerbrechen bewegen schaden nutzen erhalten

Adjektive können Nomen werden.

6 Im Text gibt es ein Adjektiv, das ein Nomen geworden ist.
Schreibe es auf. Notiere das Adjektiv dazu.

Merkwissen

Adjektive werden großgeschrieben, wenn sie **als Nomen verwendet werden** (Nominalisierung): Das Pronomen **etwas** macht's!
Sie aß **etwas S**üßes. – Es schmeckte **süß**.

7 Verwandle die Adjektive in Nomen. Schreibe sie auf.

interessant groß schmutzig hübsch schwer

Starthilfe
interessant – etwas Interessantes

Beim Schreiben musst du auf doppelte Konsonanten achtgeben.

8 **a.** Im Text gibt es ein Verb mit der Signalgruppe **-ass**.
Schreibe das Verb heraus. Notiere den Infinitiv dazu.
b. Schreibe zwei weitere Verben mit der Signalgruppe **-ass** auf.
c. Bilde mit jedem Verb einen Satz.

Signalgruppen erkennen ➤ S. 229

Im Text gibt es Wortgruppen, deren Schreibweise du dir merken musst. Schreibe sie getrennt und klein.

9 **a.** Schreibe die Wortgruppen auf.
b. Bilde mit den Wortgruppen vollständige Sätze.

ein bisschen gar nicht ein wenig

Merkwörter mit Wörterlisten üben ➤ S. 220

Punkt, Fragezeichen und Ausrufezeichen kennzeichnen das Ende eines Satzes. Sie zeigen an, wie ein Satz verstanden werden soll.

10 Schreibe die Sätze ab und setze die richtigen Satzschlusszeichen.

Kommst du mit ins Kino
Heute läuft ein neuer Abenteuerfilm
Mensch, ist das eine tolle Idee

mehr Übungen zu den Satzarten ➤ S. 276–278

11 Schreibe den Text „Eine kleine Freude“ ab.

abschreiben ➤ S. 219

5. Trainingseinheit:

1 Lies den Text.

An einem sonnigen, kalten Wintertag machte ich
mit meinen Eltern und meiner Schwester einen Spaziergang.
Dabei kamen wir auch an einem zugefrorenen Teich vorbei.
Sofort wollten meine Schwester und ich auf das Eis.
5 Doch zuerst prüfte mein Vater das Eis und erklärte: „Es hält."
Dann sprangen wir voller Freude aufs Eis und glitten hin und her.
In der Mitte war das Eis spiegelglatt und das Wasser schimmerte
dunkel hindurch. Doch was war das? Irgendwo hatte es
verdächtig geknackt. Ich sah auf den Boden. Ich konnte kleine Sprünge
10 im Eis entdecken. Plötzlich krachte es noch lauter und das Eis
unter meinen Füßen gab nach. Eiskaltes Wasser spritzte auf. „Hilfe!",
schrie ich verzweifelt und warf mich blitzschnell nach vorne
auf die noch feste Eisfläche. „Ich komme!", hörte ich meinen Vater rufen.
Gerade noch rechtzeitig konnte ich seine rettende Hand ergreifen.
15 Glücklich erreichten wir das Ufer. Ich umarmte meinen Vater
und stammelte erleichtert: „Danke, danke." Schnell liefen wir zum Auto
und fuhren nach Hause.

2 Finde eine passende Überschrift und schreibe sie auf.

Zusammengesetzte Adjektive werden kleingeschrieben.

3 **a.** Im Text ist ein zusammengesetztes Adjektiv hervorgehoben. Schreibe es auf.

b. Bilde aus den Nomen und Adjektiven zusammengesetzte Adjektive. Schreibe sie auf.

c. Bilde mit den zusammengesetzten Adjektiven jeweils einen vollständigen Satz.

Merkwissen

Aus Nomen und Adjektiven können **zusammengesetzte Adjektive** gebildet werden. Sie werden **kleingeschrieben**.
der Spiegel + glatt = **spiegelglatt**

Verwandte Wörter helfen dabei, richtig zu schreiben.

4 **a.** Im Text ist ein Verb hervorgehoben. Schreibe es heraus.
b. Schreibe den Infinitiv dazu.
c. Schreibe die Wörter der Wortfamilie **fahren** auf.
d. Sucht noch weitere Wörter und schreibt sie auf.

die Fahrt   anfahren   auffahren   das Fahrrad   die Vorfahrt

mit Wortbausteinen üben ➤ S. 230

Manche Verben haben besondere Zeitformen.

5 Bei den Verben mit **-ie** wird die Vergangenheitsform mit **o** geschrieben.
Schreibe die Verbreihen auswendig auf:
lesen – zudecken – schreiben – kontrollieren.

frieren: ich fr**ie**re – ich fr**o**r – ich habe gefr**o**ren
biegen: ich b**ie**ge – ich b**o**g – ich habe geb**o**gen
ziehen: ich z**ie**he – ich z**o**g – ich habe gez**o**gen

Verbtabelle: unregelmäßige Verben ➤ S. 312–313

6 Schreibe zu den Wörterreihen einen Merksatz auf.

Starthilfe
Der Vokal in diesen Wörterreihen wechselt von …

Wenn du unsicher bist, ob ein Wort mit **ä** oder **e** geschrieben wird, dann hilft dir die Ableitungsprobe.

7 Im Text gibt es vier Wörter, die mit **ä** geschrieben werden.
a. Schreibe sie heraus.
b. Suche zu den Wörtern verwandte Wörter und leite daraus die Schreibung ab.

Starthilfe
(er) erklärte (ϟ) klar → (er) erklärte mit ä

Wörter ableiten ➤ S. 228

Im Text sind vier Wörter mit **V/v** enthalten. Ihre Schreibweise musst du dir merken.

8 **a.** Schreibe die Wörter mit **V/v** heraus.
b. Übe die Wörter mit einer Wörterliste.

9 Schreibe den Text ab.

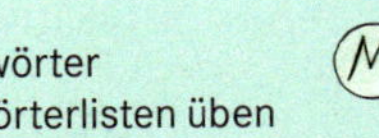

Merkwörter mit Wörterlisten üben ➤ S. 220

abschreiben ➤ S. 219

Richtig schreiben

1 Welche Rechtschreibstrategien beherrschst du?
Erkläre sie in eigenen Worten. Schreibe Stichworte auf.

2 a. Besprecht eure Arbeitsergebnisse aus Aufgabe 1.
- Welche Rechtschreibstrategien habt ihr genannt?
- Habt ihr sie richtig erklärt?
- Welche Strategien gibt es noch?

b. Schreibt die Rechtschreibstrategien noch einmal ordentlich auf ein Plakat oder auf ein Blatt Papier. Ihr könnt das Plakat aufhängen oder das Blatt in euer Rechtschreibheft einkleben.

3 Nun kannst du einige der Rechtschreibstrategien noch einmal anwenden. Lies die Sätze.

Wir ▢ sammelten uns am nächsten Morgen auf dem Pausenhof.
Das Computermodell konnte man gut erkennen. Es war anschau▢.
Zum Schl▢ sprach der Klassenlehrer.
Ich gehe heute Nachmitta▢ auf alle F▢lle noch einmal in die Ausstellung.

4 a. Schreibe die unvollständigen Wörter richtig auf.
Schreibe nur in jede zweite Zeile.
Tipp: Überlege, welche Strategie dir jeweils hilft.
b. Zeichne das entsprechende Symbol unter das Wort.

Manche Wörter schreibst du so, wie du sie sprichst.

5 Schreibe die Wörter sprechschwingend auf.

am Morgen   besuchen   kamen   staunen

Wenn du die Schreibweise der Wortbausteine kennst, machst du weniger Fehler.

6 Bilde aus den Wortstämmen und den Wortbausteinen möglichst viele Wörter.

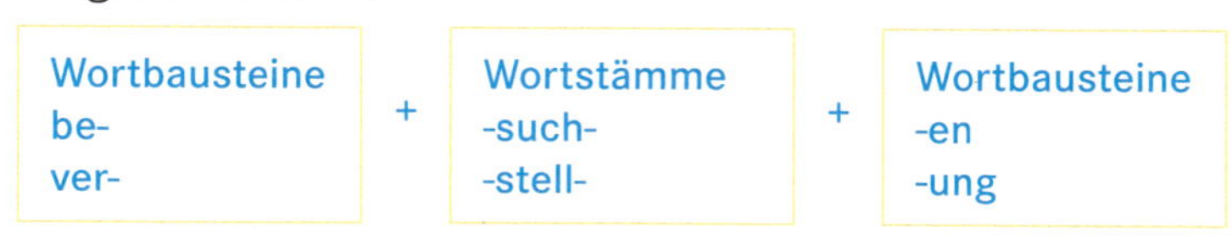

Wortbausteine	+	Wortstämme	+	Wortbausteine
be-		-such-		-en
ver-		-stell-		-ung

Rechtschreibstrategien ➤ S. 224-233
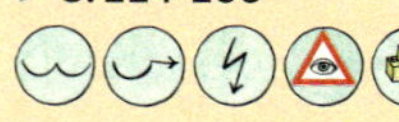

Plakat ➤ S. 229

sprechschwingendes Schreiben ➤ S. 224-225

mit Wortbausteinen üben ➤ S. 230-231

Das kann ich!

Arbeitstechniken helfen, das Rechtschreiben immer wieder zu üben. So gewinnst du mehr Sicherheit beim Rechtschreiben.

7 Welche Rechtschreibarbeitstechniken kennt ihr?
a. Erklärt sie in eigenen Worten.
b. Ihr könnt die Rechtschreibarbeitstechniken auch auf ein Plakat oder ein Blatt Papier schreiben. Ihr könnt das Plakat aufhängen oder das Blatt in euer Rechtschreibheft einkleben.

Arbeitstechniken
➤ S. 217-223

8 Die Schreibweise von manchen Wörtern musst du dir merken. Übe die Merkwörter mit Hilfe einer Wörterliste.

sehr heute noch einmal das Modell

Merkwörter
mit Wörterlisten üben
➤ S. 220

Nun kannst du überprüfen, ob du im Rechtschreiben sicher bist.

9 Der folgende Text enthält 4 Rechtschreibfehler und einen Zeichensetzungsfehler.
a. Lies den Text genau. In den Zeilen mit einem Ausrufezeichen am Rand findest du die Fehler.
b. Schreibe die Fehlerwörter richtig auf.
Schreibe – wenn möglich – dazu, welche Strategie dir hilft.
c. Schreibe den Text ab. Natürlich fehlerfrei.

Achtung: Fehler!

Eine interessante Ausstellung

„Ihr wisst, dass wir morgen Vormittak die Technikausstellung !
in der Stadthalle besuchen werden. Nach der großen Pause gehen wir los“,
sagte unser Klassenlehrer zum Schlus der Besprechung. !
Als wir uns am nächsten Morgen versammelten, fehlten Jennifer und
5 Marie. „Ich glaube, dass die noch beim Anziehen sind“ erklärte Pia. !
Endlich kamen sie und wir fuhren zur Stadthalle. Eine Besonderheit
der Ausstellung war eine Show, welche die entwicklung des Computers !
anschaulich darstellte. Peter meinte: „Wenn ich unseren PC
mit den ersten Modellen vergleiche, muss ich sehr staunen.“
10 Gegen 12 Uhr waren wir wieder zurück.
„Da gehe ich heute Nachmittag auf alle Felle noch einmal hin“, !
meinte Jennifer.

10 Besprich deine Arbeitsergebnisse mit deiner Lehrkraft.
– Was beherrscht du sicher beim Rechtschreiben?
– Wo liegen deine Fehlerschwerpunkte?

Grammatik: Die Wortarten

1 Seht euch das Bild an.
Welche Lebewesen und Gegenstände könnt ihr entdecken?

2 Sprecht über die folgenden Fragen.
- Was habt ihr bei einem Ausflug getan und erlebt?
- Habt ihr schon einmal etwas gesucht?
  Wo habt ihr es gefunden?
- Was alles tut ein Tierpfleger?

Wortart: Nomen

Kennzeichen von Nomen

Clara und Yannic wollen
in den Zoo gehen.
Sie packen ihre Rucksäcke.

1 Schreibe auf eine Liste, was in den Rucksack gepackt werden soll. Schreibe jeweils den bestimmten und den unbestimmten Artikel dazu.

Starthilfe
der Pullover – ein Pullover
…

Clara hat eine Idee.

Wir nehmen Marie und Suzan mit. Das wird allen viel Spaß machen.
Wenn wir Glück haben, haben sie heute Zeit.

2 Schreibe die hervorgehobenen Nomen auf.
Ergänze jeweils den bestimmten und den unbestimmten Artikel.

3 **a.** Ordne die Nomen aus den Aufgaben 1 und 2 in die Tabelle ein.
Schreibe sie mit ihren bestimmten Artikeln (der, das, die) auf.
b. Ordne auch die folgenden Nomen in die Tabelle ein.

Angst   Aquarium   Begeisterung   Freundin
Löwe   Traum   Idee   Nashorn

Starthilfe

Lebewesen	Gegenstände	gedachte oder vorgestellte Dinge
…	der Pullover …	die Angst

Merkwissen

Nomen bezeichnen Lebewesen und Gegenstände (Konkreta) sowie gedachte oder vorgestellte Dinge (Abstrakta). Im Deutschen schreibt man Nomen immer **groß**.
Vor einem Nomen steht oft ein **bestimmter Artikel** (der, das, die) oder ein **unbestimmter Artikel** (ein, ein, eine).

Übungen zur Großschreibung
➤ S. 231, 236–237

Nomen haben einen Plural

Der Übersichtsplan im Zoo zeigt den Weg zu all den Tierarten.

Gibt es hier auch **ein Nashorn**?

Es gibt sogar **zwei Nashörner**!

1 Wie heißen die Tiere?
- **a.** Schreibe die Nomen im Singular mit ihren bestimmten Artikeln (der, das, die) auf.
- **b.** Schreibe die Pluralform mit Artikel (die) daneben.
- **c.** Unterstreiche die Pluralendungen.

2 Was findet man noch im Zoo? Ergänze zehn weitere Nomen im Singular und im Plural.

Starthilfe
der Spielplatz – die Spielplätze
…

Einige Nomen haben besondere Pluralformen.

3 **a.** Schreibe zu den folgenden Nomen die Pluralformen auf.
b. Was verändert sich außer der Endung? Schreibe einen Merksatz auf.

das Nashorn die Kuh die Maus der Vogel
der Fuchs der Wald der Baum das Blatt

4 Schreibe zu den folgenden Nomen die Pluralformen auf. Schlage dazu im Wörterbuch nach.
Tipp: Manchmal findest du auch zwei Pluralformen.

das Lexikon die Praxis der Atlas das Thema der Kaktus
das Album der Globus das Museum die Löwin

im Wörterbuch nachschlagen
➤ S. 222–223

Merkwissen
Fast alle Nomen können im **Singular** (Einzahl) und im **Plural** (Mehrzahl) stehen:
der Mensch – die Menschen, das Nashorn – die Nashörner,
die Schlange – die Schlangen

Zusammengesetzte Nomen

Im Zoo gibt es verschiedene Schlangen zu sehen.

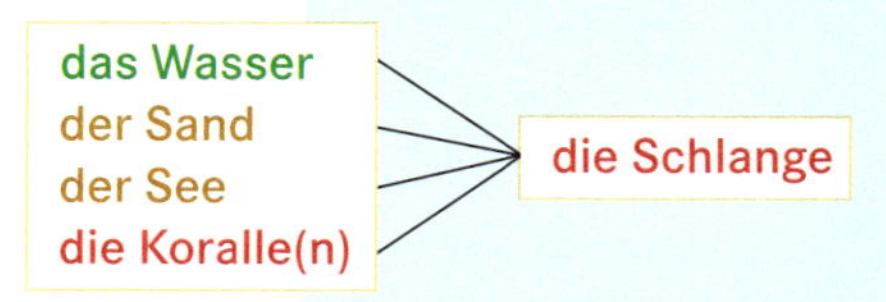

1 Welche Schlangen gibt es?

a. Bilde zusammengesetzte Nomen.
Schreibe sie mit ihren bestimmten Artikeln auf.

b. Unterstreiche die Artikel.

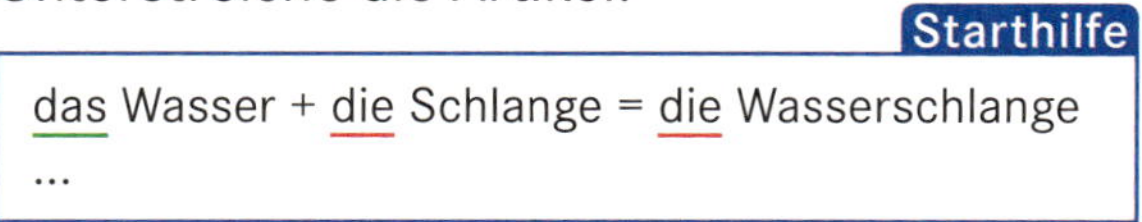

2 **a.** Finde im Wörterbuch zusammengesetzte Nomen mit **Schlange**.
b. Schreibe die zusammengesetzten Nomen wie in Aufgabe 1 auf.

Merkwissen

Zwei Nomen können ein **zusammengesetztes Nomen** (Kompositum) bilden:

das Gift	+	die Schlange	=	die Giftschlange
Bestimmungswort		Grundwort		zusammengesetztes Nomen

Manchmal wird in der Mitte ein **n** eingefügt:
die Schlange + der Kopf = der Schlange**n**kopf

Mit zusammengesetzten Nomen (Komposita) können Lebewesen, Gegenstände und Dinge **genauer bezeichnet** werden.

Übungen zur Schreibweise der zusammengesetzten Nomen ➤ **S. 234–235**

3 Vergleiche die Artikel der zusammengesetzten Nomen.
Wonach richtet sich der Artikel des zusammengesetzten Nomens?
Schreibe einen Merksatz auf.

Auch drei Nomen können ein zusammengesetztes Nomen bilden.

der Garten der See der Zoo	+	der Eintritt der Bau der Hund	+	die Fütterung die Karte der Betrieb

4 Bilde zusammengesetzte Nomen. Schreibe sie auf.
Tipp: Manchmal musst du noch einen Buchstaben einfügen.

5 **a.** Bildet zusammengesetzte Nomen, die es gar nicht gibt.
b. Schreibt zu jedem Nomen eine witzige Worterklärung auf.

6 Ergänze die Wörtertreppe vom Rand.
Du kannst auch eine andere Wörtertreppe aufschreiben.

Hauswand
Wandschrank
Schranktür
...

Nomen in vier Fällen

Clara und Yannic besuchen im Zoo auch das Raubtierhaus.

Im Raubtierhaus ist auch der Tiger untergebracht. Wenn der Tiger schläft, sieht er gar nicht so gefährlich aus. Aber das täuscht, denn die Zähne des Tigers sind sehr spitz und er kann blitzschnell zupacken. Clara und Yannic schauen dem Tiger zu. Gleich ist Fütterung, dann füttert der Tierpfleger den Tiger.

1 a. **Wer? Wessen? Wem? Wen?** Stelle Fragen zum Tiger. Beantworte die Fragen schriftlich in ganzen Sätzen.
b. Unterstreiche jeweils das Nomen **Tiger** mit seinem Artikel.

Im Zoo gibt es viel zu entdecken.

Clara schaut dem Erdmännchen zu. Der Körper des Erdmännchens ist schlank und lang gestreckt. Yannic steht vor dem Affenhaus und beobachtet interessiert die Fütterung der Affen. Die Tierpflegerin verteilt Obst und Gemüse. Der kleinste Affe schnappt sich die größte Banane, klettert auf einen Ast, schält die Banane und verspeist sie genüsslich.

Wer oder was ...?
Wessen ...?
Wem ...?
Wen oder was ...?

2 Stellt euch gegenseitig Fragen zu allen Nomen.

Merkwissen

In Sätzen erscheinen Nomen immer in einem bestimmten **Fall** (Kasus).
Im Deutschen gibt es vier Fälle. Der **Artikel** und die **Endung** des Nomens **richten sich nach dem Fall**.
Man kann nach dem Fall, in dem ein Nomen steht, fragen.

Fälle	Geschlecht		
	männlich	**sächlich**	**weiblich**
Nominativ (Wer oder was?)	Der Tiger schläft.	Das Zebra ist jung.	Die Schildkröte frisst Salat.
Genitiv (Wessen?)	Die Zähne des Tigers sind spitz.	Das Fell des Zebras ist gestreift.	Der Panzer der Schildkröte ist sehr hart.
Dativ (Wem?)	Paula schaut dem Tiger zu.	Das Futter schmeckt dem Zebra.	Wir geben der Schildkröte Salat.
Akkusativ (Wen oder was?)	Der Tierpfleger füttert den Tiger.	Cem beobachtet das Zebra.	Mick fotografiert die Schildkröte.

Im Zoo gibt es auch Pinguine. Sie sind immer ganz aufgeregt, wenn Fütterung ist.

3 **a.** Jeder schreibt einen kurzen Text über die Pinguine.
b. Schreibt dann Fragen zu euren Sätzen auf.
c. Tauscht eure Texte aus und beantwortet die Fragen schriftlich.
d. Überprüft gemeinsam eure Antworten.

Clara macht im Zoo eine überraschende Entdeckung: Da gibt es Tiere, die auch in ihrem Garten leben!

Heute Morgen hat ___ Zoogärtnerin
einen kleinen Erdhügel auf der Wiese ___ Zoos entdeckt.
Das kann nur ___ Maulwurf gewesen sein!

4 Schreibe die Sätze ab. Ergänze dabei die passenden Artikel.

Der folgende Text informiert genauer über den Maulwurf.

Nur selten sieht man ___, denn er lebt in der Erde.
Dort gräbt er mit ___ Gänge und Kammern. Dabei schiebt er
___ nach oben, so entsteht ___.
Der Maulwurf ist nützlich für die Natur. Durch das Graben
wird ___ aufgelockert. Auch gehören viele Schädlinge
zu den Lieblingsspeisen ___. ___ stehen unter Naturschutz,
was bedeutet, dass ___ nicht getötet werden darf,
sondern man ihn lediglich vertreiben darf.

5 Schreibe den Text vollständig auf.
Setze dabei passende Nomen mit dem richtigen Artikel ein.

6 In welchem Fall stehen die eingesetzten Nomen jeweils?
a. Schreibt die Nomen untereinander auf.
b. Bestimmt bei jedem Nomen den Fall mit Hilfe des Merkwissens und schreibt ihn daneben.

Merkwissen:
Nomen in vier Fällen ➤ **S. 250**

7 Bestimme in den anderen Texten,
in welchem Fall die Nomen jeweils stehen.

Texte ➤ **S. 250, 251**

Wortart: Pronomen

Personalpronomen

Aaron schreibt eine kurze Erzählung über ein Erlebnis im Zoo.

Gestern war ich mit Opa und Paula im Zoo. Da liefen die Affen frei herum. Paula hatte ein neues Taschenmesser, auf das Paula sehr stolz war. Paula spielte die ganze Zeit damit. Opa warnte Paula: „Du steckst das Messer besser ein, sonst nehmen dir die Affen das Messer weg!" Aber Paula
5 wollte das nicht. Paula antwortete Opa: „Es hängt doch an einer Kette!" Und dann hielt Paula das Messer sogar einem Affen hin. Der Affe kam angelaufen und griff sofort nach dem Messer. Der Affe zerrte so heftig an dem Messer, dass die Kette zerriss. Schnell lief der Affe mit dem Messer weg. Das war ein Theater! Opa, Paula und ich mussten
10 eine halbe Stunde warten, dann hatte der Affe genug von dem Messer und warf das Messer weg.
Zum Glück hatte der Affe sich nicht verletzt und das Messer blieb heil! Paula war die Sache natürlich peinlich und deshalb spendierte Paula Opa und mir danach ein Eis.

1 Die Erlebniserzählung könnte noch besser klingen. An welchen Stellen könntest du sie verbessern?
Tipp: Zähle im Text nach: Wie oft werden jeweils die Nomen **Paula**, **der Affe**, **die Affen** und **das Messer** benutzt?

2 Überarbeite Aarons Erzählung.
- Beurteile: Wo ist es sinnvoll, die häufig wiederholten Nomen durch die Personalpronomen **er**, **sie**, **es** oder **sie** zu ersetzen?
- Besprich dein Ergebnis mit einer Partnerin oder einem Partner.
- Stellt euer Ergebnis einer anderen Gruppe vor.
- Schreibt nun den überarbeiteten Text auf.

3 Ersetzt alle Nomen im Text durch Personalpronomen. Besprecht, wie sich der Sinn des Textes verändert.

Merkwissen

Personalpronomen kann man für Personen, Lebewesen und Dinge einsetzen.
Sie können im Singular und im Plural stehen.
Singular: **ich, du, er/sie/es** Plural: **wir, ihr, sie**
Die Personalpronomen helfen dabei, häufige Wiederholungen von Nomen zu vermeiden.

Possessivpronomen

Paula, Aaron und ihr Opa picknicken im Zoo. Es entsteht ein großes Durcheinander. Nur Paula behält den Überblick.

ich – mein/meine
du – dein/deine
er – sein/seine
sie – ihr/ihre
es – sein/seine
wir – unser/unsere
ihr – euer/eure
sie – ihr/ihre

4 Wem gehört was?

a. Schreibe auf, was Paula sagt.

b. Unterstreiche die Possessivpronomen.

Starthilfe

Da liegt mein Geldbeutel! Aaron und ich haben die Decke mitgebracht. Es ist ... Opa ...

Merkwissen

Possessivpronomen zeigen an, **wem** etwas gehört. Die **Endungen** der Possessivpronomen richten sich nach dem dazugehörenden **Nomen**.

Als die drei aufbrechen wollen, müssen sie ihre Sachen erst einmal sortieren.

Paula: Mein Geldbeutel ist weg. Habt ihr meinen Geldbeutel gesehen?
Aaron: Hier ist dein Geldbeutel. Ich habe deinen Geldbeutel unter unserer Decke gefunden.
Paula: Danke, wir können unsere Decke gleich einpacken.
Opa: Wo ist euer Rucksack? Ich habe vorhin mein Handy in euren Rucksack gelegt. Hast du auch noch das Ladegerät meines Handys, das ich dir gestern gegeben habe, in deinem Rucksack?

5 In welchen Wortgruppen haben sich die Endungen der Possessivpronomen verändert?

a. Schreibe die Nomen mit den dazugehörenden Possessivpronomen auf.

b. Unterstreiche die Endungen der Possessivpronomen.

6 Habt ihr auch schon einmal ein großes Durcheinander erlebt? Schreibt einen Dialog. Verwendet Possessivpronomen.

Wortart: Verben

Verben im Präsens und im Futur

Lars wünscht sich eine Katze. Seral hat bereits eine Katze und kümmert sich um die Pflege und Ernährung.

1 Was tut Seral regelmäßig für ihre Katze?

a. Seht euch die Bilder an. Beschreibt, was ihr seht.

b. Schreibt Sätze auf.

c. Unterstreicht alle Verbformen in eurem Text.

Starthilfe
Seral säubert jeden Tag die Katzentoilette. Sie ...

die Katzentoilette
das Futter
der Napf
bürsten
streicheln

Lars besucht Seral und spielt mit der Katze.

2 **a.** Was tut die Katze? Schreibe Sätze auf.
Verwende dazu die Wörter und Wortgruppen vom Rand.

b. Unterstreiche die Verbformen.

Starthilfe
Die Katze springt nach dem Ball.

nach dem Ball springen

miauen

durch das Zimmer rennen

auf den Stuhl springen

nach dem Ball greifen

Merkwissen

Tätigkeiten beschreibt man mit **Verben.**
Verben im **Präsens** verwendet man, um auszudrücken,
was man **regelmäßig** tut: Sie **spielt** jeden Tag mit ihrer Katze.
oder
was man **jetzt** tut: Sie **spielt** jetzt gerade mit ihrer Katze.

3 Was wird Lars alles tun, wenn er eine Katze hat?
Schreibe einen kurzen Text. Verwende das Futur.

ich werde
du wirst
er/sie/es wird
wir werden
ihr werdet
sie werden

Merkwissen

Wenn man über Dinge spricht, die in der **Zukunft** liegen,
die also noch nicht geschehen sind, verwendet man oft das **Futur**:
Lars **wird** seiner Katze einen Namen **geben**.

Perfekt: Mündlich erzählen

Seral erzählt Lars, was sie am Wochenende erlebt hat.

1 In den Sprechblasen sind die Perfektformen hervorgehoben.

a. Schreibe sie mit den Personalpronomen untereinander auf.

b. Schreibe die Infinitive dazu.

Starthilfe

wir haben gespielt – spielen
...

2 **a.** Schreibe das Gespräch zwischen Seral und Lars weiter. Verwende dazu die folgenden Verbformen:

gebracht gefunden gesehen gelacht geschmeckt

b. Unterstreiche die Perfektformen.

ich habe
du hast
er/sie/es hat
wir haben
ihr habt
sie haben

3 Erzählt euch gegenseitig von einem schönen Erlebnis.

a. Ein Partner beginnt und erzählt. Verwendet dazu z.B. die Perfektformen dieser Verben:

kochen feiern erleben besuchen sagen trainieren schenken

b. Der andere Partner notiert beim Hören die Perfektformen.

c. Dann werden die Rollen getauscht.

Merkwissen

Wenn man etwas **mündlich** erzählt, was schon vergangen ist, verwendet man meist das **Perfekt**. Viele Verben bilden das Perfekt mit dem Hilfsverb **haben**: Wir **haben gelacht**.

Seral erzählt, was passiert ist, als es plötzlich angefangen hat zu regnen:

Wir sind nicht mehr auf dem Spielplatz geblieben.
Wir sind zuerst ein bisschen schneller gelaufen, dann sind wir gerannt.
Max ist gefallen. Dann ist er ziemlich langsam gegangen.
Aber alle sind vor dem starken Unwetter zu Hause angekommen.
Dennoch sind alle ziemlich nass geworden.

4 **a.** Schreibe die hervorgehobenen Perfektformen mit den passenden Personalpronomen untereinander auf.
b. Schreibe die Infinitive daneben.

Starthilfe
wir sind geblieben – bleiben
...

5 Was könnte Seral noch erzählen?
Schreibe Perfektsätze in wörtlicher Rede auf.
Verwende die folgenden Verbformen:

gerutscht gesprungen passiert zerrissen gerannt gewesen

Starthilfe
„Felicia ist auf dem nassen Boden gerutscht. ...“

wörtliche Rede ➤ S. 239

ich bin
du bist
er/sie/es ist
wir sind
ihr seid
sie sind

Merkwissen
Einige Verben bilden das **Perfekt** mit dem Hilfsverb **sein**:
Die Kinder **sind gerannt**.
Oft sind es Verben der Bewegung:
laufen, kommen, gehen, rennen, fallen, fahren

Bei einigen Verben verändert sich im Perfekt der Verbstamm.

6 **a.** Ordne die passenden Verbformen einander zu.
b. Schreibe mit mindestens fünf Verbformen Sätze im Perfekt auf.
c. Unterstreiche in deinen Sätzen die Hilfsverben, mit denen das Perfekt gebildet wird.

rennen schreiben bringen springen schwimmen
gehen bleiben helfen trinken

getrunken geholfen gesprungen gegangen geblieben
gebracht geschwommen geschrieben gerannt

Präteritum: Schriftlich berichten oder erzählen

Die Klasse 5 b möchte eine Broschüre zum Thema Ernährung vorbereiten. Julian und Irina informieren sich über die Kartoffel.

mehr zum Thema Ernährung: „Rund ums Essen“ ➤ S. 28–45

Die Kartoffel

In Südamerika nutzte man schon sehr früh die Kartoffel als Nahrungsmittel. Vor etwa 450 Jahren gelangte sie dann auch in andere Teile der Welt. Die Menschen lernten erst nach und nach, wie sie die Kartoffelpflanze nutzen können. Spanische Gärtner probierten die oberirdischen Teile und
5 merkten, dass sie gar nicht schmecken. Die oberirdischen Beeren verursachten sogar Vergiftungen.
Deshalb nutzte man die Kartoffelpflanzen zunächst als Zierpflanzen. Wegen ihrer schönen Blüten schmückten sie die königlichen Parkanlagen. Die französische Königin steckte sich die Blüten als Schmuck in ihr Haar.
10 Es dauerte noch über 100 Jahre, bis man entdeckte, dass die Knollen unter der Erde essbar sind. Dann endlich verwendete man die Kartoffel als Nahrungsmittel.

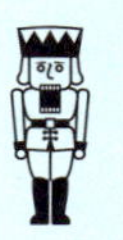

Textknacker ➤ S. 194–195

1 Die Kartoffel wurde in Europa erst spät als Nahrungsmittel entdeckt. Wie wurde die Kartoffel zuvor genutzt? Schreibe Stichworte auf.

2 **a.** Schreibe die hervorgehobenen Präteritumformen mit den passenden Personen auf.
b. Schreibe die Infinitive daneben.

Starthilfe
man nutzte – nutzen
...

Merkwissen
Wenn man **schriftlich** über etwas berichtet oder erzählt, was schon vergangen ist, verwendet man das **Präteritum.**
Viele Verben bilden das Präteritum mit den folgenden Endungen:
ich lern**te**, du lern**test**, er/sie/es lern**te**,
wir lern**ten**, ihr lern**tet**, sie lern**ten**.
Man nennt diese regelmäßig gebildeten Verben auch schwache Verben.

3 **a.** Schreibe alle Präteritumformen von **merken** auf.
b. Markiere die Endungen.

Starthilfe
ich merkte
du ...

4 Schreibe mit den Verben vom Rand Sätze im Präteritum auf.

versuchen
machen
suchen
entdecken
fragen
schmecken

Julian und Irina erfahren noch mehr über die Kartoffel.

Der Siegeszug der Kartoffel

Als die Gärtner die Kartoffelpflanzen wegwarfen, fanden sie in der Erde
die Knollen an den Wurzeln. Diese Früchte waren durchaus schmackhaft.
Jedoch hielt sich das Gerücht, dass Kartoffeln giftig sind. Weil es aber
Hungersnöte gab, entschied sich ein französischer Apotheker für eine List.
5 Er ließ seine Kartoffelfelder von Soldaten bewachen, aber nur tagsüber.
Nachts kamen die neugierigen Bauern und stahlen die Pflanzen,
weil sie sie für sehr kostbar hielten.
Und so begann der Siegeszug der Kartoffel. Sogar der preußische König
Friedrich der Große aß in der Öffentlichkeit Kartoffelgerichte.
10 Er bewies damit, dass die Kartoffeln nicht giftig sind.

5 Wie wurde die Kartoffel als Nahrungsmittel entdeckt?
Schreibe Stichworte auf.

6 **a.** Schreibe den Text ab.
b. Markiere die Präteritumformen.

7 Die folgenden Infinitive gehören zu den Präteritumformen im Text.
a. Schreibe die Infinitive untereinander auf.
b. Schreibe die passenden Präteritumformen daneben.

lassen finden sein halten entscheiden kommen wegwerfen
halten stehlen beginnen geben beweisen essen

Merkwissen

Bei einigen Verben ändert sich im **Präteritum** der Verbstamm.
Man nennt diese Verben auch unregelmäßige (starke) Verben.
finden: Sie **fanden** die Knollen in der Erde.
Manche Verben haben in der 1. und 3. Person Singular keine Endung:
ich **fand**, er/sie/es **fand**,
aber: du **fandest**, wir **fanden**, ihr **fandet**, sie **fanden**

Übungen zur Schreibweise der unregelmäßigen Präteritumformen
➤ S. 236–237, 242–243

Wie war es, als du ein neues Gericht zum ersten Mal probiertest?

8 Erzähle schriftlich davon.
Du kannst die Präteritumformen vom Rand verwenden.

Starthilfe

Die Mutter meiner Freundin kochte letztes Jahr ein Gericht,
das ich noch nicht kannte. ...

aß trank fand
schmeckte
probierte
rief fragte sah
war kochte
gab kannte

Nicht nur Kartoffeln kamen früher auf den Tisch.

In den Häusern der reichen Adligen fing der Tag mit einem guten Frühstück an. Man stellte Brot aus feinem Mehl her. Zu den Hauptmahlzeiten und bei Festen saß man lange zusammen und die Diener trugen gleich mehrere Sorten Fleisch auf. Man probierte auch viele Gewürze aus. Gewürze kaufte man in fernen Ländern ein.

9 Wie ernährten sich früher reiche Leute? Schreibe Stichworte auf.

10 **a.** Seht euch die hervorgehobenen Verbformen genau an. Welche Besonderheit stellt ihr fest?
b. Schreibt diese Verbformen ab.
c. Schreibt den Infinitiv dazu.

Starthilfe
fing an – anfangen
...

Merkwissen

Zusammengesetzte Verben stehen im **Präsens** und im **Präteritum** im Satz auseinander.

Infinitiv:	**anfangen**
Präsens:	Der Tag **fängt** mit einem guten Frühstück **an**.
Präteritum:	Der Tag **fing** mit einem guten Frühstück **an**.

Die reichen Menschen hatten oft reichlich zu essen.

Die reichen Menschen ______ beim Essen lange ______
(zusammensitzen). Aber sie ______ meistens nicht alles ______
(aufessen). Die Diener ______ in der Zeit ______ (herumstehen)
und ______ ihnen ______ (zusehen).
5 Nach dem Essen ______ sie die Tische ______ (abräumen).
Die Diener ______ aber das restliche Essen nicht ______ (wegwerfen),
sondern ______ sich manchmal etwas ______ (einstecken).
Sie ______ die Reste für sich ______ (aufheben) und ______
ihrer Familie etwas ______ (abgeben).
10 So ______ auch einige ärmere Leute gutes Essen ______ (ausprobieren).

11 **a.** Schreibe den Text im Präteritum auf. Die passenden Verben findest du in den Klammern.
Tipp: Du kannst in der Verbtabelle nachschlagen.
b. Markiere in deinem Text jeweils die beiden Verbteile.

Verbtabelle: unregelmäßige Verben ➤ S. 312–313

12 Fasse in einem Infotext zusammen, was du über die Nahrungsmittel und Essgewohnheiten erfahren hast. Verwende Verbformen im Präteritum.

Wortart: Adjektive

Mit Adjektiven Eigenschaften beschreiben

Die Klasse 5 b will ein Märchen szenisch gestalten. Till und Aileen suchen dafür passende Kleidungsstücke auf dem Flohmarkt.

Till: Sieh mal, der alte Hut! Die ______ Jacke passt doch prima dazu! Der ______ Kragen und die ______ Tasche haben schon Risse. Das passt zu einem Räuber.
Aileen: Die ______ Trägerhose kannst du als Räuber auch prima tragen! Ich werde die ______ Schürze und die ______ Bluse anprobieren! Aber mir fehlt noch ein ______ Rock.

groß
braun
weiß
gestreift
grau
passend
weit

1 Schreibe die Sätze ab. Setze in die Lücken die Adjektive ein, mit denen Till und Aileen die Kleidungsstücke beschreiben könnten.

2 Beschreibe drei weitere Kleidungsstücke mit Adjektiven. Schreibe Sätze auf.

Merkwissen

Mit **Adjektiven** (Eigenschaftswörtern) kann man Personen, Tiere oder Gegenstände **genauer beschreiben** und ihre Eigenschaften benennen.
Adjektive werden im Satz **kleingeschrieben**.
Steht das Adjektiv vor einem Nomen, verändert sich die Endung:
Das Hemd ist rot. Aber: das **rote** Hemd

Übungen zur Schreibweise der Adjektive
➤ S. 240–241

Gegensätzliche Eigenschaften kannst du mit Adjektivpaaren ausdrücken: groß – klein.

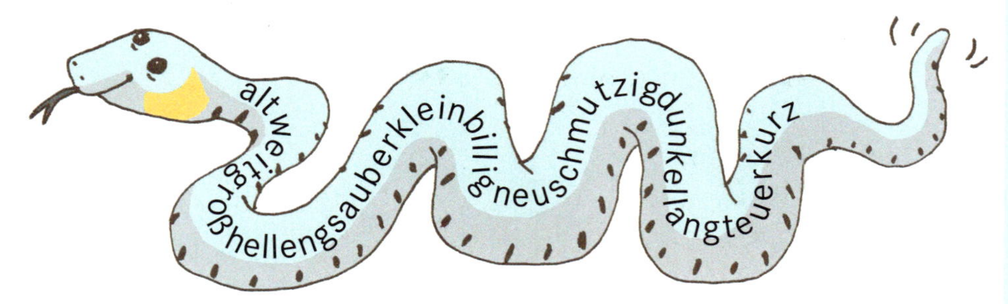

3 Welche Adjektivpaare sind in der Wörterschlange versteckt? Schreibt sie auf.

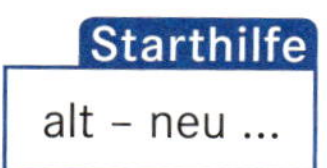

Adjektive kannst du steigern. So kannst du beschreiben, wie sich Dinge unterscheiden.

4 **a.** Beschreibe die Unterschiede zwischen den Kleidungsstücken: Größe, Länge, Weite, Alter, Preis. Verwende die Adjektive aus Aufgabe 3.

> **Starthilfe**
> Der graue Hut ist größer als der braune Hut.
> Das gelbe Kleid ist teurer als ...

b. Lege eine Tabelle an. Trage die Adjektive in der Grundform und in den Steigerungsformen ein.

Merkwissen

Will man beschreiben, wie sich Personen, Tiere, Sachen ... unterscheiden, kann man **gesteigerte Adjektive** verwenden:

Grundform	**Komparativ** (1. Steigerungsform)	**Superlativ** (2. Steigerungsform)
(so) **groß** (wie)	**größer** (als)	am **größten**

5 Welches Adjektiv passt jeweils nicht in die Wörterreihe? Begründe.

freundlich – gemein – nett – lieb
fröhlich – glücklich – traurig – heiter
fantastisch – toll – super – schlecht

6 **a.** Jeder schreibt weitere Wörterreihen wie in Aufgabe 5 auf.
b. Tauscht eure Wörterreihen aus und löst sie gegenseitig.

Wortart: Präpositionen

Wo?

Aner will sich auf einen Test vorbereiten. Er schafft sich dafür erst einmal Platz.

mehr zum Thema:
Den Arbeitsplatz einrichten
➤ S. 187

1 **a.** Sieh dir das Bild an.
Wo liegt/hängt/steht etwas?

b. Schreibe auf, was du hier siehst.
Schreibe eigene Sätze
oder nutze
die Satzschalttafel.
Tipp: Schreibe
an dem → am,
in dem → im.

<table>
<tr><td>Der</td><td>Rucksack
Bleistift
...</td><td rowspan="3">liegt
hängt
steht</td><td rowspan="3">an
auf
unter
neben
in
hinter
vor
über
zwischen</td><td>dem</td><td>Tisch.
Stuhl.
...</td></tr>
<tr><td>Das</td><td>Heft
Lexikon
...</td><td>dem</td><td>Mathebuch.
Schulbrot.
...</td></tr>
<tr><td>Die</td><td>Schultasche
Baseballkappe
...</td><td>der</td><td>Lampe.
Schublade.
...</td></tr>
</table>

Merkwissen

Wörter wie **an**, **auf**, **unter**, **neben**, **in**, **hinter**, **vor**, **über**, **zwischen** sind **Präpositionen**. Mit ihrer Hilfe kann man z. B. ausdrücken, **wo** sich etwas befindet (Dativ).

Wohin?

Wohin räumt Aner die Sachen?

1 Sieh dir die Bilder an und lies die Sätze über Aner.

Aner stellt den Regenschirm **in den** Schirmständer.
Er legt das Comicheft **in das** Regal.
Er steckt das Deutschbuch **in die** Schultasche.

2 Schreibe weitere Sätze.
Schreibe eigene Sätze oder nutze die Satzschalttafel.
Tipp: Schreibe **an das** → **ans**, **auf das** → **aufs**, **in das** → **ins**.

Aner Er	steckt stellt legt hängt räumt packt	den	Rucksack …	**an** **auf** **unter** **neben** **in** **hinter** **vor** **über** **zwischen**	den	Schreibtisch. …
		das	Lexikon …		das	Regal. …
		die	Sonnenbrille …		die	Schublade. …

3 Schreibe zwei weitere Sätze mit **ans, ins, aufs.**

4 **a.** Seht euch noch einmal das Bild mit dem Arbeitsplatz an.
b. Wohin hat Aner etwas gelegt / gestellt / geräumt?
Stellt euch abwechselnd Fragen und beantwortet sie.

Bild ➤ S. 262

Merkwissen

Mit **Präpositionen** kann man auch ausdrücken, **wohin** etwas kommt (Akkusativ).

Wortarten verwenden

Hier kannst du überprüfen, ob du die Wortarten erkennen und sicher verwenden kannst.

1 Nomen werden im Deutschen großgeschrieben.
a. Lege eine Folie über die Sätze und markiere alle Nomen.
b. Schreibe die Sätze in der richtigen Groß- und Kleinschreibung auf.

DIE KLASSE PLANT EINEN AUSFLUG IN DEN ZOO.

JULIA UND MAXIM WOLLEN NICHT NUR DAS AFFENHAUS BESICHTIGEN, SONDERN AUCH DAS RAUBTIERHAUS.

SIE FREUEN SICH BESONDERS AUF DIE FÜTTERUNG DER TIGER UND AUF DAS NEUGEBORENE TIGERBABY.

Übungen zur Großschreibung
➤ S. 231, 232–233, 236–237, 244

2 **a.** Schreibe die folgenden Nomen im Singular mit ihrem bestimmten und unbestimmten Artikel untereinander auf.
b. Schreibe jeweils die Pluralform daneben.

Fütterung Geldbeutel Giraffe Ausflug Regenjacke

Messer Raubtier Freundin Affenhaus Streichelzoo

Angst Vogel Tierpflegerin Kängurubaby Seehundstation

3 Überarbeite die folgenden Sätze:
Welches Nomen wird häufig wiederholt?
Ersetze es durch ein passendes Personalpronomen.

Lena hat einen neuen Fußball, den Lena jedem zeigt.
Lena will nur noch mit diesem Ball spielen.

4 **a.** Überarbeite den ersten Satz. Verwende Personalpronomen.
b. Ergänze den zweiten Satz.
c. Schreibe auf, welche Art von Pronomen du eingesetzt hast.

Marie hat neue Ohrringe, die Marie gerne trägt.
Marie erzählt jedem: „Das sind ______ .“

5 a. Schreibe die folgenden Sätze im Präsens auf.
b. Schreibe die Sätze noch einmal im Perfekt und im Präteritum auf.

Yannic und Alena ______ (gehen) gern ins Schwimmbad.
Lange ______ (üben) Yannic den Sprung vom Fünfmeterbrett.

Ihr ______ (gehen) gern ins Schwimmbad. Yannic und Alena ______ am liebsten vom Dreimeterbrett ______ (herunterspringen). Alena ______ (trainieren) fast täglich für den Wettkampf im Turmspringen.

6 Übertrage die folgende Tabelle in dein Heft und ergänze die Verben vom Rand in den richtigen Verbformen.

Starthilfe

Infinitiv	Präsens	Präteritum	Perfekt
lernen	er lernt	er ...	er ...

(er) lernen
(wir) essen
(du) schlafen
(ihr) reiten

7 Beschreibe die Tiere genauer.

Das Kaninchen hat ein ______ (weich) Fell.
Der Ameisenbär hat eine ______ (lang) Nase.
Der Waschbär hat einen ______ (buschig) Schwanz.

8 Vergleiche die Tiere miteinander.

Ein Hase ist ______ (leicht) ein Elefant.
Ein Tiger ist ______ (groß) ein Pinguin.

9 Vergleiche die Geschwindigkeit von zwei Tieren miteinander. Schreibe einen Satz auf.

10 Ergänze die folgenden Sätze. Verwende Präpositionen.

Der Löwe befindet sich ______ dem Gehege.

Wo sind die Seehunde? Sie schwimmen ______ Becken.

11 Schreibe drei Sätze zum Thema **Zoo** auf. Verwende Präpositionen.

12 Besprich deine Arbeitsergebnisse mit deiner Lehrkraft:
- Kannst du die Wortarten sicher verwenden?
- Was solltest du noch üben?

Satzglieder verwenden

1 Welches Fest habt ihr schon einmal gefeiert? Erzählt davon.

mehr zum Thema „Feste feiern" ➤ S. 64–81

2 Seht euch das Bild an und beantwortet die Fragen:
- **Wer** hält einen Luftballon in den Händen?
- **Was** steht auf dem Tisch in der Mitte?
- **Was tun** die Schülerinnen und Schüler vor der Musikanlage?
- **Wen** fotografiert das Mädchen?
- **Wem** überreicht die Frau eine Waffel?

Wer feiert? Was genau macht die Klasse?
Der folgende Satz gibt euch die Antwort:

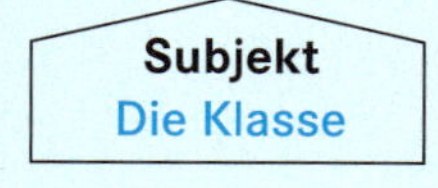

Subjekt	Prädikat	Objekt
Die Klasse	feiert	ein fröhliches Sommerfest.

Die Satzglieder Subjekt, Prädikat und Objekt sind die wichtigsten Bausteine eines Satzes.

Wer? Was? – Das Subjekt

Die Klasse 5b feiert ein Sommerfest. Alexa macht Fotos für die Schülerzeitung und hält viele Momente fest.

Projektidee:
ein Fest der Kulturen feiern
➤ S. 206–209

Timo verkauft Waffeln. Alex isst schon die zweite Waffel.
Oxana und ihre Freunde tanzen. Pedro betreut das Gewinnspiel. David gewinnt einen Ball. Sarah und Elena wollen Getränke kaufen. Oliver berät sie. Schnell bringt Manuel einen Kasten Wasser. Lilli spricht mit Herrn Bauer.

1 **Wer** macht was? Frage nach den Subjekten.
a. Schreibe die Fragen und die Antworten auf.
b. Markiere die Subjekte.

Starthilfe
Wer verkauft Waffeln?
Timo verkauft Waffeln.
Wer isst …? …

Lilli unterhält sich mit Herrn Bauer. Er ist ganz begeistert von dem Fest.

Herr Bauer: Die Stimmung ist ja toll!
Sogar Schüler aus den anderen Klassen sind hier.
Auch einige Erwachsene habe ich schon begrüßt. Die Arbeit hat sich gelohnt.
Nächstes Jahr machen wir auf jeden Fall wieder ein Fest.
Lilli: Ja, unsere Klasse hat großen Spaß. Sogar Lumpi, Manuels Hund, ist ganz aufgeregt. Auf das nächste Fest freuen wir uns schon.

2 **a.** Frage auch in diesen Sätzen nach den Subjekten.
Schreibe die Fragen und die Antworten auf.
Tipp: In manchen Sätzen ist das Subjekt keine Person.
b. Markiere die Subjekte.

3 Bestimme die Wortarten der Subjekte aus Aufgabe 2.

Starthilfe
die Stimmung:
bestimmter Artikel + Nomen
…

Merkwissen
Das **Subjekt** (der Satzgegenstand) kann eine Person oder auch eine Sache sein. Es kann aus einem Wort oder mehreren Wörtern bestehen. Mit **Wer oder was?** fragt man nach dem Subjekt:

Wer verkauft Waffeln? Timo verkauft Waffeln.

Was ist laut? Die Musik ist laut.

Was tut ...? – Das Prädikat

Mit Verben kannst du ausdrücken, was jemand tut oder was geschieht. Die Verben stehen im Mittelpunkt eines Satzes und bilden das Prädikat. Auf dem Fest ist einiges los. Wer tut was?

Kerem spielt die aktuellen Hits. Philipp und Benny singen laut. Elena ruft Onur. Er steht direkt neben einem Lautsprecher. Onur hört nichts. Alexa fotografiert Alex und Selin. Finn holt sich ein Getränk.

1 **a.** Frage nach den Prädikaten in den Sätzen.
b. Schreibe die Fragen und die Antworten auf.
c. Markiere die Prädikate.

Starthilfe
Was tut Kerem? Kerem spielt ...

2 Frage nach den Prädikaten in den Sätzen von Aufgabe 1 auf S. 267. Gehe so vor wie in Aufgabe 1.

Aufgabe 1 ➤ S. 267

Für das Sommerfest musste viel vorbereitet werden.

Timo hat gestern den Waffelteig vorbereitet. Seine Mutter hat ihm geholfen. Mia hat die Becher für den Getränkestand besorgt. Ihr Bruder Carlos arbeitet in einem Getränkemarkt und verleiht die Becher. Die Gewinne hat Herr Bauer gestiftet. Leonie und Yannic haben die Einladungen geschrieben.

3 **a.** Schreibe die Sätze ab.
b. Markiere in jedem Satz alle Teile des Prädikats.
c. Verbinde die Teile mit einer Klammer.

Starthilfe
Timo hat gestern den Waffelteig vorbereitet. ...

Merkwissen

Das Prädikat (die Satzaussage) sagt etwas darüber aus, was jemand tut oder was geschieht. Mit **Was tut ...?**, **Was hat ... getan?** oder **Was geschieht?** fragt man nach dem Prädikat. Das Prädikat besteht aus einem Verb. Das Verb kann auch aus mehreren Teilen bestehen.

Was tut Kerem? Kerem spielt die aktuellen Hits.

Manchmal bildet das Prädikat eine **Klammer**:

Was hat Timo gestern getan? Timo hat den Waffelteig vorbereitet.

4 Was musste wohl noch für das Sommerfest vorbereitet werden? Schreibe drei weitere Sätze auf. Markiere das Prädikat.

Wen? Wem? – Die Objekte

Zum Sommerfest kommen auch viele Gäste.

Herr Bauer hat die Schulleiterin eingeladen. Lisa bringt ihre Eltern mit. Und Manuel bringt Lumpi mit. Einige Gäste haben sogar kleine Geschenke dabei. Nina packt die Blumen aus. Sie stellt Blumenvasen auf die Tische.

1 Wer hat **wen** eingeladen? **Was** wird mitgebracht?
Frage nach den **Akkusativobjekten**.
a. Schreibe die Fragen und die Antworten auf.
b. Markiere die Akkusativobjekte.

Starthilfe
Wen hat Herr Bauer eingeladen?
Herr Bauer hat die Schulleiterin eingeladen.
Wen bringt Lisa …

Damit beim Fest alles gut läuft, helfen die Jugendlichen einander.

Dario hilft Maja beim Spülen der Becher. Berke gibt Pedro Tipps für das Gewinnspiel. Manuel hilft Oliver beim Getränkenachschub. Noah assistiert Timo beim Waffelstand. Mehrzad macht seinem Bruder Musikvorschläge.

2 **Wem** hilft Dario? **Wem** …? Frage nach den **Dativobjekten**.
a. Schreibe die Fragen und die Antworten auf.
b. Markiere die Dativobjekte.

Starthilfe
Wem hilft Dario? Dario hilft Maja.
Wem gibt Berke Tipps für das Gewinnspiel? Berke gibt …

Beim Sommerfest gibt es kleine Überraschungen.

Die Klasse spielt den Gästen einen Sketch vor. Die Gäste klatschen den Jugendlichen Beifall. Herr Bauer spendiert der Klasse Waffeln.

3 **a.** Schreibe die Sätze ab.
b. Frage nach den Objekten und markiere sie.

4 Was könnte es noch auf dem Sommerfest gegeben haben?
Ergänze zwei Sätze mit Akkusativobjekten oder Dativobjekten.

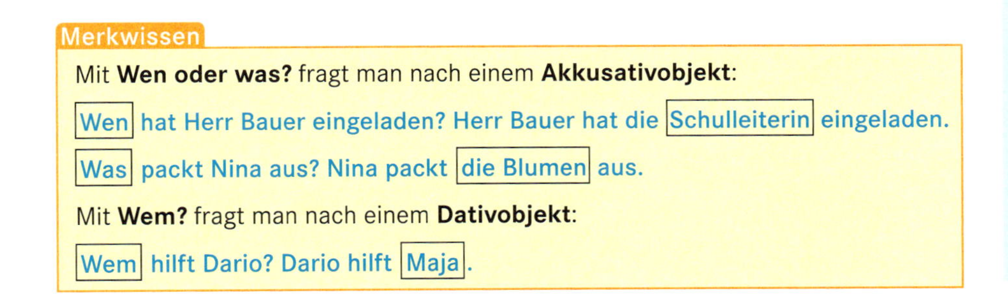

Merkwissen
Mit **Wen oder was?** fragt man nach einem **Akkusativobjekt**:
Wen hat Herr Bauer eingeladen? Herr Bauer hat die Schulleiterin eingeladen.
Was packt Nina aus? Nina packt die Blumen aus.
Mit **Wem?** fragt man nach einem **Dativobjekt**:
Wem hilft Dario? Dario hilft Maja.

Wo? Wann? – Die adverbialen Bestimmungen

Auch das schönste Fest ist einmal zu Ende. Es gibt viel zu tun.

Die Lampions hängen im Schulhof. Ben nimmt sie abends ab. Einige schmutzige Teller stehen auf den Tischen. Anna bringt sie gleich in die Küche. Die Getränkekästen stehen im Abstellraum. Morgen wird Herr Bauer sie zum Getränkemarkt bringen. Kerems Vater hat die Musikanlage nach Hause gebracht. Kerem hat sie in einer halben Stunde abgebaut. Larissa und Oxana verstauen den Müll in Müllsäcken.

1 Wo ...? Wohin ...? Woher ...?
Frage nach den **adverbialen Bestimmungen des Ortes**.
a. Schreibe die Fragen und die Antworten auf.
b. Markiere die adverbialen Bestimmungen des Ortes.

Starthilfe
Wo hängen die Lampions? Die Lampions hängen im Schulhof.
... Wohin bringt Anna ...? ...

2 Wann ...? Wie lange ...?
Frage nach den **adverbialen Bestimmungen der Zeit**.
a. Schreibe die Fragen und die Antworten auf.
b. Markiere die adverbialen Bestimmungen der Zeit.

Starthilfe
Wann nimmt Ben die Lampions ab?
Ben nimmt sie abends ab.
Wann bringt Anna ... ? ...
Wie lange hat Kerem die Musikanlage ... ? ...

3 Bestimme in den ersten beiden Sätzen alle Satzglieder.
a. Schreibe die ersten beiden Sätze ab.
b. Frage nach den Satzgliedern und markiere sie unterschiedlich.

Merkwissen
Mit einer **adverbialen Bestimmung des Ortes** (lokal) kann man ausdrücken, **wo** etwas geschieht. Man fragt mit **Wo?**, **Woher?** oder **Wohin?**.
Wo hängen die Lampions? Die Lampions hängen im Schulhof.

Mit einer **adverbialen Bestimmung der Zeit** (temporal) kann man ausdrücken, **wann** etwas geschieht. Man fragt mit **Wann?** oder **Wie lange?**.
Wann nimmt Ben die Lampions ab?
Ben nimmt sie abends ab.

Satzglieder umstellen

Satzglieder sind die Bausteine eines Satzes.

Sommerfest ein feiert Klasse am Die fröhliches Freitag.

1 Welche Wörter gehören zu einem Satzglied?

a. Schreibt jedes Wort des Satzes auf jeweils eine Karte.
b. Legt die Karten so, dass ein Satz entsteht. Schreibt ihn auf.
c. Legt die Karten so um, dass neue sinnvolle Sätze entstehen. Schreibt die Sätze auf.
d. Vergleicht die Sätze: Welche Wörter kann man nur gemeinsam umstellen? Markiert sie jeweils.
e. Markiert das Prädikat in einer anderen Farbe. An welcher Stelle steht das Prädikat in den Sätzen?

2 **a.** Lest die folgenden Sätze laut und betont.
b. Wie verändert sich jeweils der Sinn der Sätze? Erklärt es.

Alexa gibt mir die Einladungen. (Alexa, nicht Yannic, gibt sie mir.)

Die Einladungen gibt mir Alexa.

Mir gibt Alexa die Einladungen.

3 **a.** Stelle die Satzglieder in den Sätzen um. Schreibe die Sätze auf.
b. An welcher Stelle steht das Prädikat? Markiere es jeweils.
c. Wie verändert sich der Sinn der Sätze?

Anna kauft ihrem Freund Jonas eine Waffel.

Cem hat seinen Freund eingeladen.

Merkwissen

Die meisten Sätze kannst du dadurch verändern, dass du sie umstellst. So kannst du zum Beispiel die **Betonung** im Satz verändern. Die Teile eines Satzes, die beim Umstellen zusammenbleiben, heißen **Satzglieder**. Ein **Satzglied** kann aus einem Wort oder mehreren Wörtern bestehen. Mit der **Umstellprobe** kannst du Satzglieder ermitteln: Die Wörter eines Satzglieds kann man nur gemeinsam umstellen.

Subjekt	**Prädikat**	**Objekt**
Die Klasse	feiert	ein fröhliches Sommerfest .

Was steht wo im Satz? – Die Felder eines Satzes

Du hast gelernt, dass du mit den Bausteinen der Satzglieder Sätze umstellen und verändern kannst.
Aber: Was steht wo im Satz?

Bei den folgenden Sätzen stimmt etwas nicht.

Die Klasse ein Fest feiert. Oxana und ihre Freunde nach der neuesten Musik tanzen. Gewinnt David einen Ball. Viel Spaß alle haben.

Achtung: Fehler!

1 **a.** Was stimmt an den Sätzen nicht? Besprecht es gemeinsam.
b. Schreibt die Sätze richtig auf.
Tipp: Es kann auch mehrere Möglichkeiten geben.
c. Markiert das Verb.

Es gibt Regeln, wo im Satz etwas steht. Dabei ist das Verb im Satz besonders wichtig. Das siehst du, wenn du einen Satz in Felder einteilst.

Vorfeld	Klammer, Verb	Mittelfeld	Klammer, Verb
Die Klasse	feiert	ein Fest.	

2 Sieh dir den Satz genau an. An welcher Stelle steht das Verb?

3 **a.** Übertrage die Tabelle mit den Feldern und dem Satz in dein Heft.
b. Ergänze die Tabelle mit deinen Sätzen aus Aufgabe 1. Trage sie richtig in die Felder ein.
Tipps:
- Trage zuerst das Verb ein. Markiere es.
- Achte auf die Groß- und Kleinschreibung.

c. Überprüft eure Sätze in Partnerarbeit.

Starthilfe

Vorfeld	Klammer, Verb	Mittelfeld	Klammer, Verb
Die Klasse	feiert	ein Fest.	
...	tanzen	...	
...	...	...	

Das Fest war ein Erfolg. Die Klasse plant schon das nächste Fest.

Im nächsten Jahr wird die Klasse wieder ein Fest feiern. Alle wollen bei den Vorbereitungen helfen. Lilli schreibt alle Ideen auf. Viele Fragen müssen schon bald geklärt werden. Wann beginnt die Klasse mit der Vorbereitung des nächsten Sommerfestes? Wer hilft? Wann findet das erste Treffen statt?

4 **a.** Der Text enthält Aussage- und Fragesätze.
Schreibe die Sätze nach Feldern getrennt auf.
Tipp: Trage zuerst das Verb ein. Markiere es.
b. Überprüft in Partnerarbeit eure Sätze.

Starthilfe

Vorfeld	Klammer, Verb	Mittelfeld	Klammer, Verb
Im nächsten Jahr	wird	die Klasse wieder ein Fest	feiern.
Alle	wollen	...	...
...	...	...	...
Wann	beginnt	...	
...	...	...	...

5 Untersucht nun genauer das **Vorfeld** eurer Sätze:
- Schreibt auf, welche Satzglieder dort stehen können.
- Welches Satzglied steht am häufigsten im Vorfeld?

6 Was könnte sich die Klasse für das nächste Fest noch vornehmen?
a. Ergänze drei weitere Sätze. Schreibe sie in die Felder.
b. Probiere verschiedene Möglichkeiten aus.
c. Überprüft in Partnerarbeit eure Sätze.

Merkwissen

Das Verb spielt im Satz eine besondere Rolle: Es ist der König im Satz.
Die übrigen Satzglieder sind seine Mitspieler.
In vielen Sätzen steht das **Verb** an der **zweiten Stelle** (Verbzweitsatz).
Besteht das Verb aus mehreren Teilen, bildet es eine **Klammer** (Satzklammer).

Vorfeld	Klammer, Verb	Mittelfeld	Klammer, Verb
Die Klasse	feiert	ein Fest.	
Nächstes Jahr	wird	die Klasse ein Fest	feiern.
Wann	feiert	die Klasse ein Fest?	

Das kann ich!

Satzglieder verwenden

Hier kannst du überprüfen, ob du die Satzglieder erkennen und sicher verwenden kannst.

1 Bestimme in den folgenden Sätzen die Prädikate und die Subjekte.
a. Schreibe die Sätze ab.
b. Markiere die Prädikate ( ).
c. Markiere anschließend die Subjekte ( ).

Das Geburtstagsfest war wunderschön. Die ersten Gäste kamen schon um 14 Uhr. Suzan freute sich über die vielen schönen Geschenke. Sie packte sie gleich aus und zeigte sie allen.

Ganz besonders gefiel Suzan das Fotoalbum. Anna hatte sogar ein Bild von sich und Suzan eingeklebt. Auch über die neue CD freute Suzan sich sehr. Sie hatte sie sich schon lange gewünscht.

Suzans Oma hatte einen Kuchen gebacken. Er schmeckte allen wunderbar und war schnell aufgegessen. Ihre Oma bot Kakao und Apfelsaftschorle an. Mit einem leckeren Abendessen wurden die Gäste zum Abschluss des Tages verwöhnt.

2 Ergänze die Objekte in den folgenden Sätzen.

Am Wochenende machten wir **was?** . In den Gepäcktaschen unserer Fahrräder verstauten wir **was?** . Anna gab **wem?** **was?** .

Wir genossen ______ sehr. Ein kleiner Ort gefiel ______ besonders gut. Hier machten wir ______. Anna machte ______ von allen.

Als wir weiterfahren wollten, entdeckte ich, dass mein Fahrrad ______ hatte. Leider hatte ich ______ vergessen. Aber Max half ______. Schnell reparierte er ______ und pumpte zum Schluss ______ auf.

einen Ausflug
die Getränke
ihrer Freundin
die Landkarte

die Fahrt
ein Foto
eine Pause
uns

3 In dem Text sind adverbiale Bestimmungen hervorgehoben.
a. Frage nach den hervorgehobenen adverbialen Bestimmungen. Schreibe die Fragen untereinander auf.
b. Ergänze jeweils die Art der adverbialen Bestimmung.

Bald darauf fing es auch noch an zu regnen. **In einem Eiscafé** warteten wir, bis der Regen vorbei war. **Nach einer halben Stunde** schien schon wieder die Sonne. Weiter ging die Fahrt in den nächsten Ort. **Am späten Nachmittag** waren wir wieder zu Hause.

4 In dem folgenden Text gibt es adverbiale Bestimmungen.
a. Schreibe den Text ab.
b. Frage nach den adverbialen Bestimmungen des Ortes und der Zeit. Markiere sie in unterschiedlichen Farben.

> Noch lange haben wir über den Ausflug gesprochen. Nächsten Monat wollen wir wieder eine Fahrradtour machen. Auch wenn das Ziel erst nach einigen Kilometern erreicht wird, genießen wir die Fahrt.
> Jetzt müssen die Räder einige Zeit im Schuppen bleiben.

5 Bestimme in dem Text auch die Subjekte und Prädikate.

6 Wende die Umstellprobe an.
a. Schreibe den folgenden Satz ab.
b. Stelle den Satz um. Schreibe alle Möglichkeiten auf.
c. Trenne die Satzglieder mit Strichen voneinander ab.

> Suzan feierte letzte Woche ihren Geburtstag.

> Zum Geburtstag schenkten Anna und Max Suzan einen Kinogutschein.

> Am Wochenende haben Suzan, Anna und Max einen neuen und spannenden Film im Kino angeschaut.

7 Die folgenden Wörter und Wortgruppen sind noch keine grammatisch korrekten Sätze.
a. Bilde jeweils einen grammatisch korrekten Satz.
b. Schreibe den Satz jeweils nach Feldern getrennt auf.

Tipps:
- Am Satzanfang schreibst du groß.
- Am Schluss eines Satzes setzt du einen Punkt.

Sätze nach Feldern getrennt aufschreiben
➤ S. 272–273

> gehen   in den neuen Film   wir

> uns gefallen   die Schauspielerin   hat

> nächste Woche   Suzan, Anna und Max   den Film   wollen anschauen   in dem neuen Kino

8 Bestimme die Satzglieder, die im Vorfeld stehen.

9 Besprich deine Arbeitsergebnisse mit deiner Lehrkraft. Was solltest du noch üben?

Sätze untersuchen

Die Satzarten

Die Satzarten und die Satzzeichen

Mia möchte sich etwas bei Leon am Schulkiosk kaufen.
Was sagen, rufen und fragen Mia und Leon?

1 **a.** Lest die Sprechblasen laut.
b. Wer sagt, ruft, fragt was?
c. Mia und Leon unterhalten sich. Wer sagt wann was? Bringt die Sprechblasen in eine sinnvolle Reihenfolge.
d. Schreibt das Gespräch auf. Setzt dabei die richtigen Satzschlusszeichen.

Starthilfe
Mia: Gibt es noch belegte Vollkornbrötchen?
Leon: ______.

Merkwissen

Es gibt Aussagesätze, Ausrufesätze, Aufforderungssätze und Fragesätze.
Die **Satzzeichen** (Punkt, Ausrufezeichen, Fragezeichen) kennzeichnen das Ende eines Satzes. Sie zeigen an, wie ein Satz verstanden werden soll.
- Nach einem **Aussagesatz** steht ein **Punkt**.
  Es gibt heute etwas ganz Besonderes.
- Nach einem **Ausrufesatz** steht ein **Ausrufezeichen**.
  Oh, das ist ja toll!
- Nach einem **Aufforderungssatz** steht meist ein **Punkt**.
  Gib mir bitte eine Flasche Wasser.
- Nach einem **Fragesatz** steht ein **Fragezeichen**.
  Was möchtest du haben?

Die Satzarten nach der Stellung des Verbs unterscheiden

Manchmal ist es gar nicht so leicht, die Satzarten zu unterscheiden. Dabei kann dir das Verb helfen.

Larissa und Jana planen ihre Mittagspause.

Larissa: Heute Mittag esse ich in der Schulmensa
Jana: Was gibt es denn
Larissa: Ich werde das vegetarische Essen nehmen
Es gibt Tortellini mit Käsesoße und Salat
Jana: Das hört sich gut an Wann gehst du essen
Larissa: Komm doch mit
Jana: Hast du eine Essensmarke für mich
Kannst du sie mir ausleihen

Achtung: fehlende Satzschlusszeichen!

1 Welche Satzarten kannst du in dem Gespräch unterscheiden?

2 **a.** Schreibe die Sätze nach Feldern getrennt auf.
Tipp: Trage zuerst immer das Verb ein. Markiere es.
b. Setze die Satzschlusszeichen.

Starthilfe

Vorfeld	Klammer, Verb	Mittelfeld	Klammer, Verb
Heute Mittag	esse	ich in der Schulmensa.	

Sätze nach Feldern getrennt aufschreiben
➤ S. 272–273
Satzschlusszeichen
➤ S. 276

3 **a.** Seht euch die Sätze noch einmal genau an:
- An welcher Stelle steht jeweils das Verb?
- Um welche Satzart handelt es sich jeweils?

b. Schreibt eine Regel auf, wo das Verb in diesen Sätzen steht.
c. Überprüft eure Regel mit Hilfe des Merkwissens.

Merkwissen

Die Satzarten kann man nach der **Stellung des Verbs** unterscheiden.
In vielen **Aussagesätzen** und **Fragesätzen** steht das **Verb** an der **zweiten Stelle** (Verbzweitsatz). Bei den meisten **Aufforderungssätzen** steht das **Verb** an der **ersten Stelle** (Verberstsatz).

Vorfeld	Klammer, Verb	Mittelfeld	Klammer, Verb
Es	gibt	heute etwas ganz Besonderes.	
Was	möchtest	du	haben?
	Gib	mir bitte eine Flasche Wasser.	

Die Satzarten und ihre Verwendung

Ist ein Fragesatz immer eine Frage? Ist ein Aussagesatz immer eine Aussage?

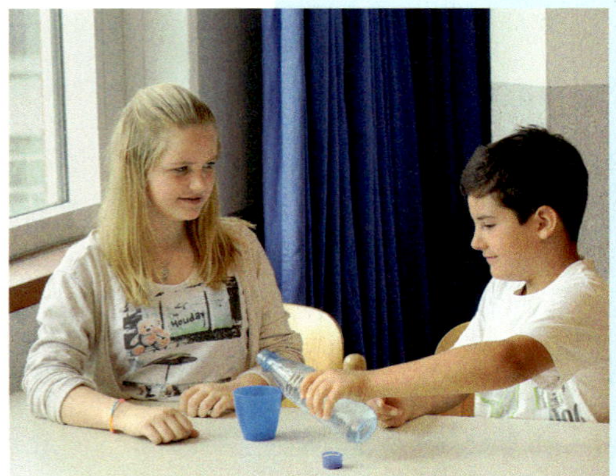

1 Sieh dir die Fotos an und lies die Sprechblasen.
- Welche Absicht hat die Sprecherin dieser Sätze?
- Wie wirken die Sätze auf dich?

2 Überlege: Warum wird eine Aufforderung häufig als Aussagesatz oder als Fragesatz ausgesprochen?

3 Schreibe Sprechblasen auf, in denen wie in Aufgabe 2 eine Aufforderung als Aussage oder als Frage formuliert ist.

Philipp sitzt mit seinen Eltern am Tisch und zappelt.

4 Was könnten Philipps Eltern sagen?
- **a.** Schreibt Sätze auf. Probiert verschiedene Satzarten aus.
- **b.** Lest die Sätze laut und betont vor.
- **c.** Überlegt: Welche Sätze passen in welchen Situationen am besten?
- **d.** Schreibt einen kurzen Dialog.

Starthilfe
Philipp, hör jetzt auf!
Ich möchte, dass ...
Kannst du nicht ...?
...

Merkwissen
Die Satzart sagt nicht immer eindeutig etwas über die **Absicht der Sprecherin oder des Sprechers** aus. **Aufforderungen** können z. B. auch mit einem **Aussagesatz** oder einem **Fragesatz** ausgedrückt werden.

Hauptsätze und Nebensätze verknüpfen

Herr Maier geht einkaufen.

1 Was ist auf den einzelnen Bildern zu sehen?
Schreibe zu jedem Bild einen Satz auf.

2 Warum steht Herr Maier vor dem Kühlschrank?
Warum schreibt er …? Warum …?
- Stelle Fragen zu den Bildern und beantworte sie.
- Verwende Nebensätze mit **weil**.

Starthilfe
Warum steht Herr Maier vor dem Kühlschrank?
Er steht vor dem Kühlschrank, weil er …

3 Stelle deine Sätze um. Beginne jeweils mit dem Nebensatz.
Setze nach dem Nebensatz ein Komma.

4 Wo steht das Verb in den Nebensätzen?
Markiere in den Nebensätzen die Verbformen.

Merkwissen

Ein **Hauptsatz** ist ein eigenständiger Satz.
Herr Maier kocht gern.
Ein **Nebensatz** kann nicht ohne einen Hauptsatz stehen.
Herr Maier lädt oft Gäste ein, weil er gern für andere kocht.
Hauptsatz Nebensatz

Im **Hauptsatz** steht das **gebeugte Verb** an **zweiter Stelle** (Verbzweitsatz).
Im **Nebensatz** steht das **gebeugte Verb an letzter Stelle** (Verbletztsatz).

Der **Nebensatz** wird durch eine **Konjunktion** (Bindewort) wie **weil** mit dem **Hauptsatz verbunden**.

Der Hauptsatz und der Nebensatz werden durch ein **Komma** voneinander abgetrennt.

Kausale Satzgefüge

Onur hat am Schulkiosk bedient. Er erzählt Marie davon.

Letzte Woche habe ich
am Schulkiosk ausgeholfen, weil Timo krank war.
Wir hatten viel Arbeit, weil fast die gesamte Klasse gekommen war.
Weil die Wurst und der Käse immer so lecker sind,
waren die belegten Brötchen schnell ausverkauft.

1 a. Schreibe den Text ab.
b. Unterstreiche in den Nebensätzen die Konjunktion **weil**.
c. Markiere in den **weil**-Sätzen die Verbformen.

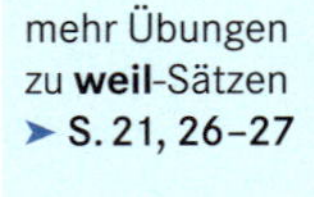
mehr Übungen
zu **weil**-Sätzen
➤ S. 21, 26–27

2 a. Markiere auch in den Hauptsätzen die Verbformen.
b. Vergleiche: An welcher Stelle steht das gebeugte Verb jeweils?
c. Entscheide dann, ob es sich um einen Hauptsatz oder einen Nebensatz handelt. Markiere die Hauptsätze und die Nebensätze in unterschiedlichen Farben.

Heute kauft auch Onur etwas am Kiosk. Warum wohl?

Onur kauft sich heute einen Apfel und eine Banane.
Er hat sein Pausenbrot zu Hause vergessen.

3 Verknüpfe die Sätze miteinander. Verwende die Konjunktion **weil**.

4 Verknüpfe auch die folgenden Sätze miteinander.
Verwende die Konjunktion **weil**.
a. Schreibe die Sätze auf. Achte auf die Kommasetzung.
b. Unterstreiche in den Nebensätzen die gebeugte Verbform.

Ich kaufe eine Flasche Wasser. Ich habe großen Durst.

Marvin steht ganz hinten in der Schlange an. Er ist erst spät aus dem Klassenraum gekommen.

Merkwissen

Die Konjunktion **weil** leitet eine Begründung ein.

5 Schreibe einige Hauptsätze mit Nebensätzen auf, in denen du begründest, warum du gern auf dem Schulhof bist.

Sätze untersuchen

Satzarten bestimmen und verwenden

1 Welche Satzarten kannst du unterscheiden? Schreibe sie auf. Schreibe dazu, mit welchem Satzzeichen die Satzarten enden.

2 **a.** Schreibe die Sätze nach Feldern getrennt auf.
b. Um welche Satzart handelt es sich jeweils? Setze die richtigen Satzzeichen.

Meine Mutter richtet mir mein Pausenbrot
Sie legt die Brotdose in meine Schultasche
Außerdem packt sie noch mein Lieblingsgetränk und einen Apfel ein
Wer bereitet dein Pausenbrot vor Schreibe es auf

Sätze nach Felder getrennt aufschreiben ➤ S. 272–273

Achtung: fehlende Satzschluss-zeichen!

3 Du darfst dir ein Pausenbrot wünschen. Schreibe einen Dialog.
a. Bitte deinen Vater, dein Pausenbrot vorzubereiten.
b. Schreibe deine Sätze nach Feldern getrennt auf.
c. Bestimme auch die Satzarten deiner Sätze.

Hauptsätze und Nebensätze verknüpfen

4 Haupt- oder Nebensatz?
a. Schreibe die folgenden Sätze ab.
b. Bestimme jeweils die Hauptsätze und die Nebensätze.
c. Markiere in den Nebensätzen die Konjunktionen und die Verbformen.

Ich versuche mich gesund zu ernähren. Ich esse viel Gemüse und Obst, weil es sehr vitaminreich ist. Weil meine Mutter gerne neue Rezepte ausprobiert, gibt es heute eine Überraschung. Ich bin sehr gespannt.

5 Verknüpfe die beiden folgenden Sätze mit der Konjunktion **weil**.
a. Schreibe den Hauptsatz mit Nebensatz auf.
b. Stelle den Satz um: Beginne mit dem Nebensatz.

Ich esse gerne die Marmelade meiner Oma. Sie ist selbst gemacht.

6 Besprich deine Arbeitsergebnisse mit deiner Lehrkraft. Was solltest du noch üben?

Leseecke

mehr zum Thema:
„Ich – du – wir!“ ➤ S. 14

Sofies Welt Jostein Gaarder

Sofie erhält eines Tages einen geheimnisvollen Brief. Er hat keinen Absender und er enthält nur drei Worte: „Wer bist du?“

Sofie warf die Schultasche in die Ecke und stellte Sherekan eine Schale mit Katzenfutter hin. Dann ließ sie sich mit dem geheimnisvollen Brief in der Hand auf einen Küchenhocker fallen.
Wer bist du? Wenn sie das wüsste! Sie war natürlich Sofie Amundsen, aber wer war das? Das hatte sie noch nicht richtig herausgefunden.
Wenn sie nun anders hieße? Anne Knutsen zum Beispiel. Wäre sie dann auch eine andere?
Plötzlich fiel ihr ein, dass ihr Vater sie zuerst gern Synnøve genannt hätte.
Sofie versuchte, sich auszumalen, wie es wäre, wenn sie die Hand ausstreckte und sich als Synnøve Amundsen vorstellte – aber nein, das ging nicht.
Dabei stellte sie sich die ganze Zeit eine andere vor.
Nun sprang sie vom Hocker und ging mit dem seltsamen Brief in der Hand ins Badezimmer. Sie stellte sich vor den Spiegel und starrte sich in die Augen.
„Ich bin Sofie Amundsen“, sagte sie.
Das Mädchen im Spiegel schnitt als Antwort nicht einmal die kleinste Grimasse. Egal, was Sofie auch machte, sie machte genau dasselbe. Sofie versuchte, dem Spiegelbild mit einer blitzschnellen Bewegung zuvorzukommen, aber die andere war genauso schnell.
„Wer bist du?“, fragte Sofie.
Auch jetzt bekam sie keine Antwort, aber für einen kurzen Moment wusste sie einfach nicht, ob sie oder ihr Spiegelbild diese Frage gestellt hatte.
Sofie drückte den Zeigefinger auf die Nase im Spiegel und sagte: „Du bist ich.“
Als sie keine Antwort bekam, stellte sie den Satz auf den Kopf und sagte: „Ich bin du.“
Sofie Amundsen war mit ihrem Aussehen nie besonders zufrieden gewesen.
Sie hörte oft, dass sie schöne Mandelaugen hätte, aber das sagten sie wohl nur, weil ihre Nase zu klein und ihr Mund etwas zu groß war.
Die Ohren saßen außerdem viel zu nah an den Augen. Am schlimmsten aber waren die glatten Haare, die sich einfach nicht legen ließen. Manchmal strich

der Vater ihr darüber und nannte sie „das Mädchen mit den Flachshaaren“, nach einer Komposition von Claude Debussy*. Der hatte gut reden, 35 schließlich war er nicht dazu verurteilt, sein Leben lang schwarze, glatt herabhängende Haare zu haben. Bei Sofies Haaren halfen weder Spray noch Gel. [...]

War es nicht ein bisschen komisch, dass sie nicht wusste, wer sie war? Und war es nicht auch 40 eine Zumutung, dass sie nicht über ihr eigenes Aussehen bestimmen konnte? Das war ihr einfach in die Wiege gelegt worden. Ihre Freunde konnte sie vielleicht wählen, sich selber hatte sie aber nicht gewählt. Sie hatte sich 45 nicht einmal dafür entschieden, ein Mensch zu sein. Was war ein Mensch?

Sofie sah wieder das Mädchen im Spiegel an. „Ich glaube, ich mache jetzt lieber meine Bio-Aufgaben“, sagte sie, fast, wie um sich zu entschuldigen. 50 Im nächsten Moment stand sie draußen im Flur. Nein, ich gehe lieber in den Garten, dachte sie dort. „Miez, Miez, Miez, Miez!“ Sofie scheuchte die Katze hinaus auf die Treppe und schloss hinter sich die Tür.

* Claude Debussy: ein französischer Komponist

Bradley, letzte Reihe, letzter Platz Louis Sachar

Niemand sitzt neben Bradley, doch dann kommt Jeff ...

mehr zum Thema: „Ich – du – wir!“ ➤ **S. 15**

Bradley Chalkers saß ganz hinten im Klassenzimmer – letzte Reihe, letzter Platz. Keiner saß am Pult neben ihm und keiner vor ihm. Er war eine Insel.

Wenn es nach ihm gegangen wäre, hätte er im Schrank gesessen. 5 Dann hätte er die Tür schließen können und nicht mehr Mrs Ebbel zuhören müssen. Bestimmt hätte sie nichts dagegen gehabt. Vermutlich wäre es ihr sogar recht gewesen. Und dem Rest der Klasse sowieso. Letzten Endes wäre es allen besser gegangen, wenn er im Schrank gesessen hätte, aber leider passte sein Pult da nicht rein.

10 „Hört zu, Kinder“, sagte Mrs Ebbel, „ich möchte euch heute Jeff Fishkin vorstellen. Jeff ist erst vor Kurzem hierhergezogen. Er kommt aus Washington, D. C.*, und das ist unsere Hauptstadt, wie ihr wisst.“

Bradley hob den Kopf und musterte den Neuen, der vorne neben Mrs Ebbel stand.

15 „Wie wär's, wenn du der Klasse ein wenig von dir erzählst, Jeff?“, ermunterte ihn Mrs Ebbel.

* Washington, D. C.: die Hauptstadt der USA

Der Neue zuckte die Achseln.
„Weshalb so schüchtern?", sagte Mrs Ebbel.
Der Neue murmelte etwas, aber Bradley verstand es nicht.
20 „Warst du schon mal im Weißen Haus*, Jeff?", fragte Mrs Ebbel.
„Die Klasse würde sicher gerne ein wenig darüber hören."
„Nein, da war ich noch nie", sagte der Neue hastig und schüttelte den Kopf.
Mrs Ebbel lächelte. „Na schön, dann suchen wir jetzt am besten
einen Platz für dich." Sie ließ den Blick durchs Klassenzimmer schweifen.
25 „Hm, im Moment ist wohl kein Platz frei, außer dort ganz hinten.
Da könntest du sitzen."
„Nein, nicht neben Bradley!", rief ein Mädchen in der ersten Reihe.
„Immer noch besser als vor Bradley", sagte der Junge neben ihr.
Mrs Ebbel runzelte die Stirn. Sie wandte sich Jeff zu. „Tut mir leid,
30 aber einen anderen freien Platz haben wir nicht."
„Mir egal, wo ich sitze", murmelte Jeff.
„Nun ja, dort ... mag keiner sitzen", sagte Mrs Ebbel.
„Das stimmt", meldete sich Bradley. „Keiner will neben mir sitzen!"
Er lächelte sein merkwürdiges Lächeln. Er zog den Mund
35 dermaßen in die Breite, dass man kaum wusste, ob es ein Lächeln war oder
eine Grimasse.
Verlegen setzte sich Jeff neben Bradley, der ihn mit Glubschaugen* anstarrte.
Jeff antwortete mit einem Lächeln und Bradley wandte sich ab.
Als Mrs Ebbel mit dem Unterricht begann, holte Bradley einen Bleistift und
40 ein Blatt Papier hervor und fing an zu kritzeln. Er kritzelte
fast den ganzen Morgen vor sich hin, mal auf einem Blatt Papier und mal
auf dem Pult. [...]
Mrs Ebbel gab ihnen eine Englischarbeit zurück. „Die meisten von euch
haben sehr gut abgeschnitten", sagte sie. „Was mich sehr gefreut hat.
45 Wir haben vierzehn Einsen, der Rest sind Zweien. Natürlich gibt es auch
eine Sechs, aber ..." Sie zuckte die Achseln.
Bradley hielt seine Arbeit hoch, damit alle sie sehen konnten,
und lächelte wieder dieses schiefe Lächeln.
Während Mrs Ebbel mit der Klasse die richtigen Antworten durchging,
50 holte Bradley seine Schere heraus und zerschnippelte das Aufgabenblatt
sorgfältig in winzige Quadrate.
Als es zur Pause läutete, zog er seine rote Jacke an und ging, für sich alleine,
nach draußen. „Hey, Bradley, wart doch mal!", rief jemand von hinten.
Verdutzt drehte er sich um.
55 Jeff, der Neue, schloss hastig zu ihm auf. „Hi", sagte Jeff.
Bradley starrte ihn verblüfft an.
Jeff lächelte. „Ich hab nichts dagegen, neben dir zu sitzen", sagte er. „Echt."
Bradley wusste nichts zu sagen.

* das Weiße Haus: der Amtssitz des Präsidenten der USA

* die Glubschaugen: große, hervorstehende Augen

„Ich war schon mal im Weißen Haus", gab Jeff zu. „Wenn du willst,
60 erzähl ich dir davon."
Bradley dachte kurz nach und sagte: „Gib mir 'nen Dollar* oder
ich spuck dich an."

* der Dollar: ein Zahlungsmittel in den USA

Nach der Schule kommt Bradley nach Hause.

Er ging durch den Flur in sein Zimmer und schloss die Tür. „Hey, hört mal",
rief er, „Bradley ist wieder da!" Dabei tat er so, als würde jemand anders
65 sprechen. „Hi, Bradley. Hi, Bradley", sagte er mit wieder anders
verstellter Stimme. „Hallo, alle zusammen!", antwortete er,
diesmal als er selbst.
Er sprach zu seiner Sammlung kleiner Tiere. Davon besaß er
ungefähr zwanzig. Da war ein Messinglöwe, den er eines Tages
70 auf dem Schulweg in einer Mülltonne gefunden hatte. Ein Esel aus Elfenbein,
den seine Eltern von ihrer Reise nach Mexiko mitgebracht hatten.
Zwei Eulen, die früher als Salz- und Pfefferstreuer gedient hatten,
ein gläsernes Einhorn mit abgebrochenem Horn, eine Familie Cockerspaniels,
die sich um einen Aschenbecher drängten, ein Waschbär, ein Fuchs,
75 ein Elefant, ein Känguru und einige Wesen, die schon so ramponiert waren,
dass man nicht mehr erkennen konnte, was für Tiere es einmal
gewesen waren. Sie alle waren seine Freunde.
Und sie alle mochten Bradley.
„Wo ist Kim?", fragte Bradley. „Und Bartholomäus?"
80 „Ich weiß nicht", sagte der Fuchs.
„Die hauen immer zusammen ab", sagte das Känguru.
Bradley beugte sich über das Bett, langte unter sein Kopfkissen und
zog Kim das Kaninchen und Bartholomäus den Bären hervor. Er wusste,
dass sie unter seinem Kissen steckten, weil er sie selbst vor der Schule
85 dort hingetan hatte.
„Was habt ihr zwei denn da unten getrieben?", fragte er streng.
Kim kicherte. Sie war ein kleines rotes Kaninchen mit aufgeklebten
Perlaugen. Eines ihrer Ohren war abgebrochen. „Nichts, Bradley", sagte sie.
„Ich war nur kurz spazieren."
90 „Ähm, und ich musste mal", sagte Bartholomäus. Er war ein braun-weißer
Bär und stand auf den Hinterbeinen. Sein Maul war aufgerissen und
darin waren schön geformte Zähne und eine rote Zunge zu sehen. [...]
Bradley langte in seine Hosentasche und zog eine Hand voll Papierschnipsel
hervor, die Reste seiner Englischarbeit. „Seht mal alle her", sagte er.
95 „Ich hab euch was zu futtern mitgebracht!" Er ließ die Papierschnipsel
aufs Bett fallen und schob all seine Tiere mitten in den Haufen hinein.
„Nur mit der Ruhe", sagte er. „Es ist genug für alle da."

Fladenbrote auf der ganzen Welt

Brot wird aus Getreide gebacken: aus Weizen, Roggen, Gerste, Hafer, Reis, Hirse (Teff), Mais. Früher verwendeten die Menschen das Getreide, das dort wuchs, wo sie lebten.

mehr zum Thema: „Nahrungsmittel und Essgewohnheiten" ➤ S. 31–32

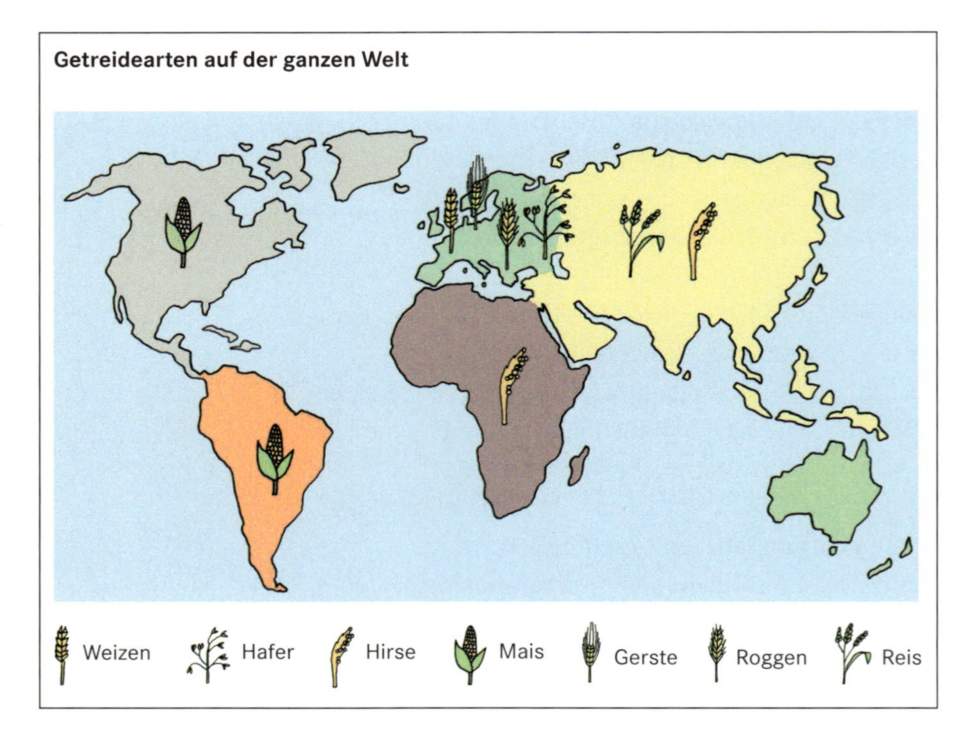

Fladenbrote gehören zu den ältesten Brotsorten der Menschheit.
Schon vor mehr als 7000 Jahren gab es Fladenbrote im alten Ägypten. Das Brot wurde aus Getreidebrei hergestellt und auf heißem Stein gebacken.

Chapati ist ein Fladenbrot in Nordindien und Pakistan. Man bereitet es aus einer Mischung von Gerste, Hirse und Weizen zu. Indische Einwanderer brachten es später nach Ostafrika.

Matze ist ein Brot, das aus Wasser und Mehl (Weizen, Roggen, Gerste, Hafer oder Dinkel) besteht. Juden essen dieses Brot in der Pessach-Woche im Gedenken an den Auszug des jüdischen Volkes aus Ägypten.

Oblaten sind dünne, zerbrechliche Teigplatten aus Weizenmehl. In der christlichen Kirche werden sie beim Abendmahl verwendet. Als Backoblaten sind sie Unterlage für weiches Gebäck, z. B. für Makronen. In Mexiko nascht man die süße, bunt gefärbte, manchmal mit Kernen gefüllte Oblea (Oblate).

Injera heißt das weiche Fladenbrot in Äthiopien. Es wird aus dem Getreide Teff, einer Hirseart, hergestellt. Man isst es als Beilage.

Papadam wird in Indien als Beilage zum Essen gegessen. Man bereitet den Teig aus Linsenmehl oder aus Linsen- und Reismehl zu.

Pizza (ursprünglich aus Italien) besteht traditionell aus Weizen-Hefeteig und wird vor dem Backen mit verschiedenen Zutaten belegt.

Pide (Türkei), **Pita** (Griechenland), **Nān-e Barbarī** (Iran) ist ein Weizen-Fladenbrot mit Hefe, das von Griechenland bis zum Nahen Osten gegessen wird. Es wird als Beilage zu vielen Mahlzeiten gegessen.

Die **Tortilla** in Lateinamerika wird aus Mais hergestellt, man kann heute aber auch Tortillas aus Weizen kaufen. Sie kann mit Fleisch oder Gemüse belegt werden, man benutzt abgeteilte Stücke auch als „Besteck“, um damit nach den anderen Beilagen auf dem Teller zu greifen.

Yufka (Türkei), **Filo** (Griechenland) oder **Malsouka** (Nordafrika) besteht aus einem Teig, der an Blätterteig erinnert. Er wird aus Weizenmehl, Salz und Wasser hergestellt.

Lexikonartikel: Vitamine

Vitamine:
Das lateinische Wort **Vita** bedeutet **Leben**. Für den Menschen sind Vitamine lebenswichtig. Vitamine sind Stoffe, die der Körper nicht oder nicht in ausreichender Menge bilden kann. Insgesamt gibt es 13 Vitamine. Jedes Vitamin hat eine andere Aufgabe. Vitamine helfen, den Körper aufzubauen und zu stärken. Wenn wir nicht genügend Vitamine zu uns nehmen, können wir Mangelerscheinungen oder sogar schwere Krankheiten bekommen.

mehr zum Thema:
„Täglich eine Hand voll Nüsse“
➤ S. 40–41

Herr von Ribbeck auf Ribbeck Theodor Fontane

Herr von Ribbeck auf Ribbeck im Havelland, (1)
ein Birnbaum in seinem Garten stand.
Und kam die goldene Herbsteszeit
und die Birnen leuchteten weit und breit,
5 da stopfte, wenn's Mittag vom Turme scholl, (2)
der von Ribbeck sich beide Taschen voll,
und kam in Pantinen (3) ein Junge daher,
so rief er: „Junge, wiste 'ne Beer?“ (4)
Und kam ein Mädel, so rief er: „Lütt Dirn,
10 kumm man röwer, ick hebb 'ne Birn.“ (5)

So ging es viele Jahre, bis lobesam*
der von Ribbeck auf Ribbeck zu sterben kam.
Er fühlte sein Ende. 's war Herbsteszeit,
wieder lachten die Birnen weit und breit.
15 Da sagte von Ribbeck: „Ich scheide nun ab, (6)
legt mir eine Birne mit ins Grab!“
Und drei Tage darauf aus dem Doppeldachhaus
trugen von Ribbeck sie hinaus;
alle Bauern und Büdner* mit Feiergesicht
20 sangen: „Jesus, meine Zuversicht“,
und die Kinder klagten, das Herze schwer:
„He is dod nu. Wer giwt uns nu 'ne Beer?“ (7)

So klagten die Kinder. Das war nicht recht –
ach, sie kannten den alten Ribbeck schlecht;
25 der neue freilich, der knausert und spart,
hält Park und Birnbaum strenge verwahrt. (8)
Aber der alte, vorahnend schon
und voll Misstraun gegen den eigenen Sohn,
der wusste genau, was damals er tat,
30 als um eine Birn' ins Grab er bat;
und im dritten Jahr aus dem stillen Haus
ein Birnbaumsprössling (9) sprosst heraus.

Und die Jahre gehen wohl auf und ab,
längst wölbt sich ein Birnbaum über dem Grab, (10)
35 und in der goldenen Herbsteszeit
leuchtet's wieder weit und breit.

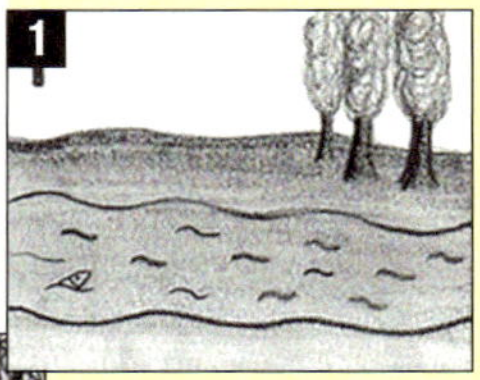

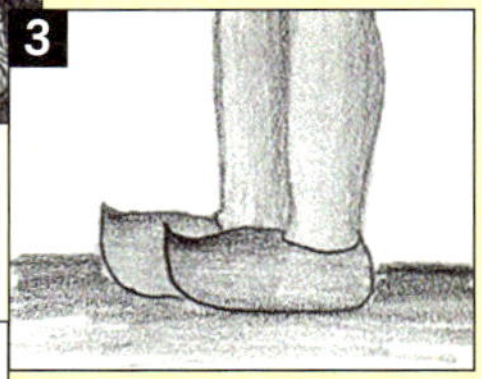

mehr zum Thema:
„Von Wünschen erzählen“
➤ S. 89

* lobesam: tüchtig

* die Büdner:
die armen Bauern

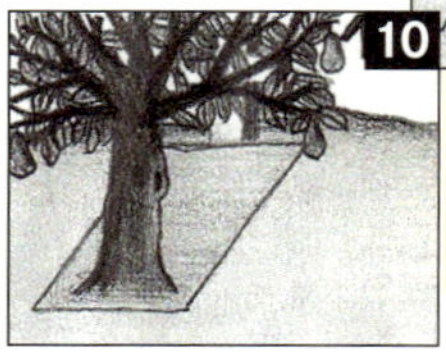

Und kommt ein Jung' übern Kirchhof her,
so flüstert's im Baume: „Wiste 'ne Beer?" (4)
Und kommt ein Mädel, so flüstert's: „Lütt Dirn,
40 kumm man röwer, ick gew di 'ne Birn." (11)

So spendet Segen noch immer die Hand
des von Ribbeck auf Ribbeck im Havelland.

Info

Der wahre Kern der Ballade

Theodor Fontane (1819–1898) wanderte sehr viel durch die Mark Brandenburg. Dabei hörte er zu, wenn ihm die Menschen Geschichten erzählten.
In dem Dorf Ribbeck hörte er eine alte Sage von einem kinderlieben Herrn von Ribbeck, der immer Birnen für die armen Kinder in der Tasche hatte. Als dieser gestorben war und ins Grab gelegt wurde, hatte man vergessen, seine Taschen zu leeren, in denen sich noch Birnen befanden. So wuchs aus dem Grab nach einiger Zeit ein Birnbaum und die Kinder des Dorfes konnten sich die Früchte nehmen.
Den Ort Ribbeck gibt es also tatsächlich. Er hat heute wenige hundert Einwohner und liegt im Landkreis Havelland. Der Name Ribbeck geht auf ein Rittergut im Jahr 1237 zurück. Seit 1998 wohnen die Nachfahren des Herrn von Ribbeck wieder im Ort – zwar nicht im Schloss, aber in einem Haus direkt gegenüber.
Auch den Birnbaum neben der Kirche hat es zu Zeiten Fontanes wirklich gegeben. Er stürzte 1911 während eines Orkans um. Im Jahr 2000 wurde dort ein neuer Birnbaum gepflanzt.
Seit 2009 ist zudem jedes Bundesland mit einem eigenen Birnbaum im Deutschen Birnengarten am Schloss vertreten. Für Baden-Württemberg ist es die Sorte Stuttgarter Geißhirtle.

Theodor Fontane

Der neue Birnbaum

Info

James Thurber – ein US-amerikanischer Schriftsteller

James Thurber war ein US-amerikanischer Schriftsteller, Journalist und Zeichner. Er wurde 1894 in Ohio/USA geboren. Nach dem Studium arbeitete Thurber im Außenministerium der USA und lebte einige Zeit in Paris. Später arbeitete er für das Magazin „The New Yorker", zeitweise auch als Chefredakteur und Verlagsleiter.
Thurbers Veröffentlichungen waren sehr vielfältig. Er schrieb Kurzgeschichten, Fabeln, Märchen und Theaterstücke. Seine Texte illustrierte er selbst. Einige seiner Werke wurden auch verfilmt.
In seinen Fabeln und Märchen erzählte Thurber nicht nur bekannte Geschichten nach, sondern veränderte sie oft in überraschender und humorvoller Weise. Thurber starb 1961 in New York/USA.

eine Fabel von James Thurber: „Der kleine Nachtschmetterling und der Stern"
➤ S. 96

weitere Gedichte:
„Verse, Reime und Bilder“
➤ S. 134–149

Blauer Schmetterling

Hermann Hesse

Flügelt ein kleiner blauer
Falter vom Wind geweht,
Ein perlmutterner Schauer,
Glitzert, flimmert, vergeht.

So mit Augenblicksblinken,
So im Vorüberwehn
Sah ich das Glück mir winken,
Glitzern, flimmern, vergehen.

Drachen
Georg Britting

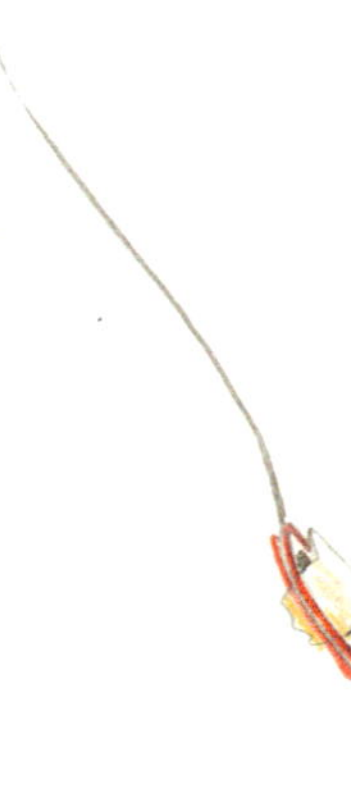

Die Drachen steigen wieder
Und schwanken mit den Schwänzen
Und brummen stumme Lieder
Zu ihrem Geistertänzen.

5 Von wo der knallende Wind herweht?
Von Bauerngärten schwer!
Jeder Garten prallfäustig voll Blumen steht,
Die Felder sind lustig leer.

Der hohe Himmel ist ausgeräumt,
10 Wasserblau, ohne Regenunmut.
Eine einzige weiße Wolke schäumt,
Goldhufig, wie ein Roß gebäumt,
Glanzstrudlig durch die Luftflut.

Wenn die weißen Riesenhasen
Robert Gernhardt

Wenn die weißen Riesenhasen
abends übern Rasen rasen
und die goldnen Flügelkröten
still in ihren Beeten beten,
5 wenn die schwarzen Buddelraben
tief in ihrem Graben graben
und die feisten Felsenquallen
kichernd in die Fallen fallen -;
dann schreibt man, wie jedes Jahr,
10 den hundertzwölften Januar.

Was? Ihr kennt ihn nicht, den Tag?
Schaut mal im Kalender nach!

Heut singt der Salamanderchor
Robert Gernhardt

Heut singt der Salamanderchor
die allerschönsten Lieder.
Doch da er gar nicht singen kann,
hallt es entsetzlich wider.

5 Rings um das Haus ist's warm und still,
drin schrein die Salamander.
Sie brüllen, lärmen, plärrn, krakeeln
und alle durcheinander.

Die Katze schaut ins Zimmer rein,
10 da wird's auf einmal leiser.
„Ich bitt' euch", sagt sie, „schreit nicht so!
Ihr seid ja schon ganz heiser!"

Die Katze geht. Es ist sehr still.
Man hört die Hummeln brummen.
15 Ein Kuckuck ruft. Fern bellt ein Hund.
Doch dann ertönt ein Summen.

Ein Summen erst und dann ein Schrein –
das sind die Salamander.
Schon sind sie wieder voll in Fahrt
20 Und brüllen durcheinander:

„Hier singt der Salamanderchor
die allerschönsten Lieder.
Auch wenn es manchem gar nicht passt:
Wir singen immer wieder!"

Wir
Irmela Brender

Ich bin ich und du bist du.
Wenn ich rede, hörst du zu.
Wenn du sprichst, dann bin ich still,
weil ich dich verstehen will.
5 Wenn du fällst, helf' ich dir auf,
und du fängst mich, wenn ich lauf.
Wenn du kickst, steh ich im Tor,
pfeif ich Angriff, schießt du vor.
Spielst du pong, dann spiel ich ping,
10 und du trommelst, wenn ich sing.

Allein kann keiner diese Sachen,
zusammen können wir viel machen.
Ich mit dir und du mit mir –
das sind wir.

mehr zum Thema:
„Ich – du – wir!" ➤ S. 15

Die Geschichte von dem Gespensterschiff (Reaktion und Ende)

nach Wilhelm Hauff

die Vorgeschichte:
„Die Geschichte
von dem Gespensterschiff“
➤ S. 164–166

Da hatte Ibrahim eine Idee: Er versah die Segel ebenfalls mit seinem Spruch
und wir zogen alle ein, bis auf zwei, welche uns langsam aber sicher
ans rettende Ufer brachten.
Endlich, am Morgen des sechsten Tages, entdeckten wir in geringer Ferne
5 Land, und wir dankten Allah und seinem Propheten
für unsere wunderbare Rettung.
Wir legten am Ufer an, gingen an Land und Ibrahim führte mich in das Haus
eines weisen Mannes.
In dem Hause kam mir ein altes Männlein mit grauem Bart und langer Nase
10 entgegen und fragte nach meinem Begehr. Ich sagte ihm, ich suche
den weisen Muley, und er antwortete mir, er sei es selbst. Ich fragte ihn nun
um Rat, was ich mit den Toten machen solle und wie ich es angreifen müsse,
um sie vom Schiff zu bringen. Er antwortete mir, die Leute des Schiffes
seien wahrscheinlich wegen irgendeines Frevels* auf das Meer verzaubert;
15 er glaube, der Zauber werde sich lösen, wenn man sie ans Land bringe.
Man müsse die Bretter losmachen und sie mit den Brettern an Land bringen.
Mir gehöre von Gott und Rechts wegen das Schiff samt allen Gütern,
weil ich es gleichsam gefunden habe; doch solle ich alles sehr geheimhalten
und ihm ein kleines Geschenk von meinem Überfluss machen; er wolle dafür
20 mit seinen Sklaven mir behilflich sein, die Toten wegzuschaffen.
Ich versprach, ihn reichlich zu belohnen, und wir machten uns
mit fünf Sklaven, die mit Sägen und Beilen versehen waren, auf den Weg.
Unterwegs konnte der Zauberer Muley unseren glücklichen Einfall,
die Segel mit den Sprüchen des Korans zu umwinden, nicht genug loben.
25 Er sagte, es sei dies das einzige Mittel gewesen, uns zu retten.
Es war noch ziemlich früh am Tage, als wir beim Schiff ankamen.
Wir machten uns alle sogleich ans Werk. Einige der Sklaven mussten
die Toten an Land rudern, um sie dort zu verscharren. Sie erzählten,
als sie zurückkamen, die Toten hätten ihnen die Mühe des Begrabens erspart,
30 indem sie, sowie man sie auf die Erde gelegt habe, in Staub zerfallen seien.
Wir fuhren fort, die Toten abzusägen, und bis vor Abend waren alle an Land
gebracht. Es war endlich keiner mehr an Bord außer dem Kapitän am Mast.
Wir konnten ihn vom Mast nicht befreien. Doch aus dieser Verlegenheit
half Muley. Er ließ schnell einen Sklaven an Land rudern, um einen Topf
35 mit Erde zu bringen. Als dieser herbeigeholt war, sprach der Zauberer
geheimnisvolle Worte darüber aus und schüttete die Erde auf das Haupt
des Toten. Sogleich schlug dieser die Augen auf und holte tief Atem.
„Wer hat mich hierhergeführt?“, sprach er, nachdem er sich
ein wenig erholt zu haben schien. Muley zeigte auf mich, und ich trat zu ihm.
40 „Dank dir, unbekannter Fremdling, du hast mich von langen Qualen errettet.

* der Frevel: Verbrechen, Versündigung

Seit fünfzig Jahren schifft mein Leib durch diese Wogen, und mein Geist war verdammt, jede Nacht in ihn zurückzukehren. Aber jetzt hat mein Haupt die Erde berührt, und ich kann versöhnt zu meinen Vätern gehen.
Ich bat ihn, uns doch zu sagen, wie er zu diesem schrecklichen Zustand
45 gekommen sei, und er sprach:
„Vor fünfzig Jahren war ich ein mächtiger, angesehener Mann und wohnte in Algier*; die Sucht nach Gewinn trieb mich, ein Schiff auszurüsten und Seeraub zu treiben. Ich hatte dieses Geschäft schon einige Zeit fortgeführt, da nahm ich einmal auf einer Insel einen Derwisch* an Bord,
50 der umsonst reisen wollte.
Ich und meine Gesellen waren rohe Leute und achteten nicht auf die Heiligkeit des Mannes; vielmehr trieb ich mein Gespött mit ihm. Als er aber einst in heiligem Eifer mir meinen sündigen Lebenswandel verwiesen hatte, übermannte mich nachts in meiner Kajüte, als ich
55 mit meinem Steuermann viel getrunken hatte, der Zorn. Wütend über das, was mir ein Derwisch gesagt hatte und was ich mir von keinem Sultan hätte sagen lassen, stürzte ich aufs Verdeck und stieß ihm meinen Dolch in die Brust. Sterbend verwünschte er mich und meine Mannschaft, nicht sterben und nicht leben zu können, bis wir unser Haupt auf die Erde
60 legten. Der Derwisch starb, und wir warfen ihn in die See und verlachten seine Drohungen; aber noch in derselben Nacht erfüllten sich seine Worte. Ein Teil meiner Mannschaft empörte sich gegen mich. – Mit fürchterlicher Wut wurde gestritten, bis meine Anhänger unterlagen und ich an den Mast genagelt wurde. Aber auch die Empörer erlagen ihren Wunden,
65 und bald war mein Schiff nur ein großes Grab. Auch meine Augen wurden schwarz, mein Atem hielt an, und ich meinte zu sterben. Aber es war nur eine Erstarrung, die mich gefesselt hielt; in der nächsten Nacht, zur nämlichen Stunde, da wir den Derwisch in die See geworfen, erwachten ich und alle meine Genossen, das Leben war zurückgekehrt, aber wir
70 konnten nichts tun und sprechen, als das, was wir in jener Nacht gesprochen und getan hatten. So segeln wir seit fünfzig Jahren, können nicht leben, nicht sterben; denn wie konnten wir das Land erreichen? Mit toller Freude segelten wir allemal mit vollen Segeln in den Sturm, weil wir hofften, endlich an einer Klippe zu zerschellen und das müde Haupt auf dem Grund
75 des Meeres zur Ruhe zu legen. Es ist uns nicht gelungen. Jetzt aber werde ich sterben. Noch einmal meinen Dank, unbekannter Retter, wenn Schätze dich lohnen können, so nimm mein Schiff als Zeichen meiner Dankbarkeit."
Ich kehrte als reicher Mann mit meinem Diener in meine Heimat zurück. Dort lebte ich ruhig in Frieden und alle fünf Jahre mache ich eine Reise
80 nach Mekka*, um dem Herrn an heiliger Stätte für seinen Segen zu danken und für den Kapitän und seine Leute zu bitten, dass er sie in sein Paradies aufnehme.

* Algier: Hauptstadt von Algerien, liegt im Nordwesten Afrikas

* der Derwisch: Mitglied einer muslimischen, enthaltsam lebenden Ordensgemeinschaft, welche für ihre Bescheidenheit und Disziplin bekannt ist. Dem Orden wird große Weisheit und Heilkunst nachgesagt.

* Mekka: Stadt und Wallfahrtsort des Islam in Saudi-Arabien

weitere Märchen:
„Märchen aus aller Welt“
➤ S. 168–185

Bestrafte Habgier (Syrien)

Es war einmal ein sehr armer Holzhauer. Jeden Tag nahm er Axt und Seil, ging in den Wald und machte ein Bund Holz. Das verkaufte er für drei Brote. Ein Brot aß er, eins gab er seiner Frau und eins seinem Sohn.
Einmal ging er wieder in den Wald. Als er mit der Arbeit fertig war, setzte er sich nieder und begann auf seiner Flöte zu spielen. Sogleich kam eine große Schlange daher und begann zu tanzen. Der Mann spielte nun und die Schlange tanzte, bis er müde war vom Spielen und sie vom Tanzen. Da schlüpfte die Schlange in ihr Loch, brachte ein Goldstück heraus und legte es vor dem Mann nieder. Dieser freute sich sehr und verschaffte sich durch das Goldstück einen guten Tag, indem er allerlei einkaufte und nach Hause brachte.
Am folgenden Tag ging der Holzhauer wieder zur Schlange und spielte ihr vor. Und die Schlange tanzte wieder, bis sie alle beide müde waren und brachte wiederum ein Goldstück. Von nun an spielte der Mann jeden Tag. Und jedesmal war auch die Schlange da, tanzte zu seinem Spiel und belohnte ihn. Auf diese Weise wurde er reich. Er errichtete ein großes Kaufhaus, baute sich schöne Häuser und kaufte viele, viele Lasttiere und Schafe. Eines Tages musste er nach einer entfernten Stadt reisen. Da sprach er zu seinem Sohn: „Morgen fahre ich fort. So gehe du an den Ort, nimm eine Flöte mit und spiele dort! Sogleich wirst du sehen, wie eine Schlange herauskommt und zu tanzen anfängt. Sprich nicht mit ihr! Aber wenn sie dir zum Schluss ein Goldstück bringt, nimm es und gehe schnell nach Hause!“ – „Gut, Vater!“, erwiderte der Sohn. „Ich werde alles nach deiner Weisung machen.“
Und am nächsten Tag ging er an den Ort, den der Vater ihm angegeben hatte. Dort spielte er auf der Flöte, die Schlange kam und tanzte. Und als beide müde waren, schlüpfte sie in ein Loch und brachte ein Goldstück, das sie vor den Jüngling legte. Der nahm es und ging nach Hause.
Am nächsten Tag ging er wieder hinaus und spielte. Aber am dritten Tag kam er auf böse Gedanken und dachte: „Warum soll ich denn jeden Tag hierher kommen und spielen? Es ist doch besser, ich erschlage die Schlange und trage den Schatz, von dem sie immer ein Goldstück bringt, nach Hause.“ Diesen schlechten Vorsatz führte er auch aus. Er spielte wie sonst, und die Schlange tanzte. Aber mitten im Spiel hob er einen Stein auf und ließ ihn gegen die Schlange sausen. Er hatte aber schlecht gezielt, der Stein traf die Schlange

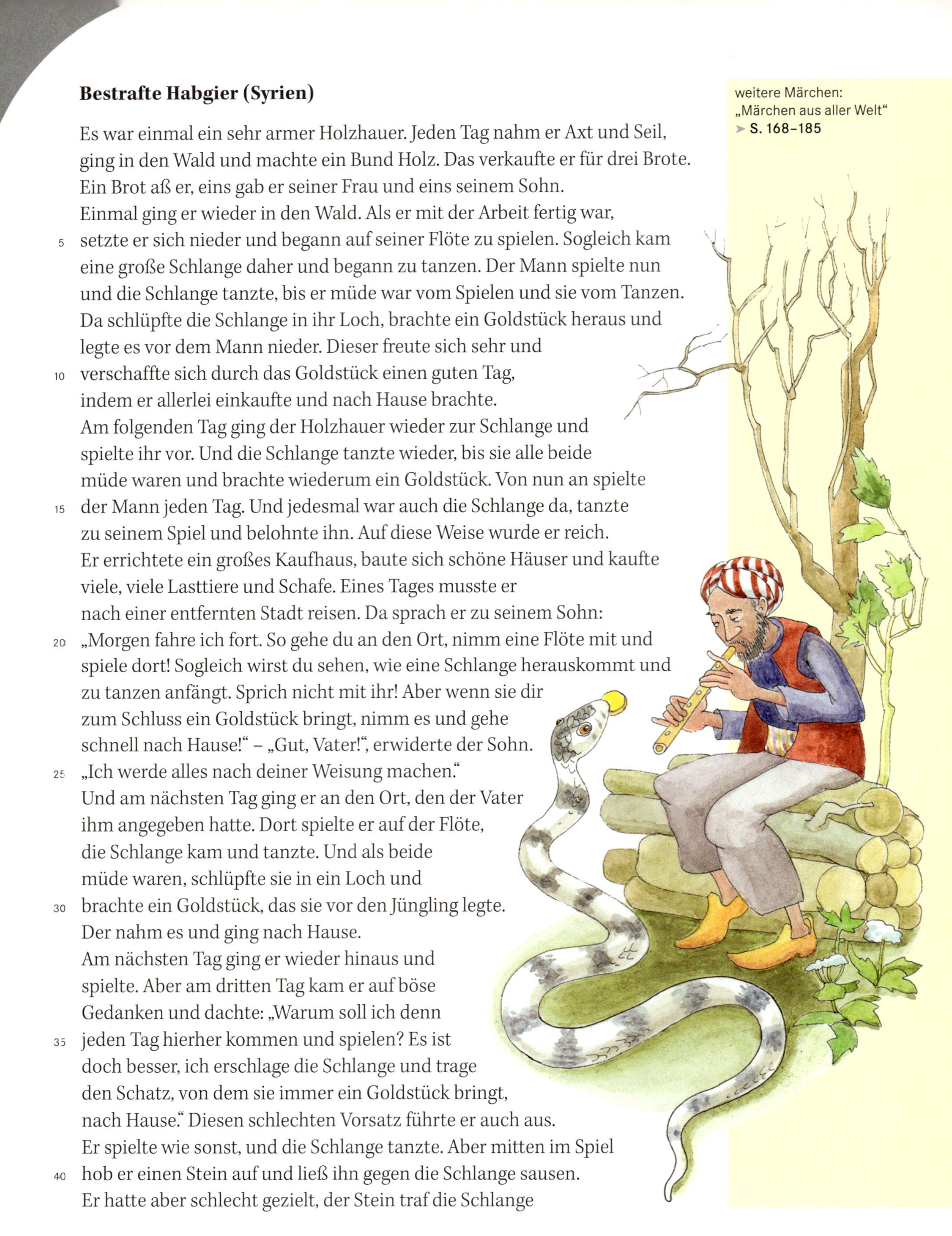

am hinteren Ende und trennte ihr den Schwanz ab. Die Schlange geriet über die Untat des Jünglings in große Wut, sie schoss auf ihn los und biss ihn in die Ferse. Sofort schwoll diese an, und der Jüngling war
45 in kurzer Zeit tot.
Der Vater des Jünglings kam am nächsten Tag von seiner Reise zurück. Als er seinen Sohn nicht sah, fragte er die Mutter, wo er sei. „Ich weiß nicht", antwortete sie, „gestern ging er zur Schlange, kam aber nicht zurück."
Böses ahnend, ging der Vater gleich hinaus zu dem Platz und fand dort
50 seinen toten Sohn.
Er nahm die Flöte und spielte. Und wieder kam die Schlange heraus, begann zu tanzen und tanzte, bis sie müde war. Dann ging sie in ihr Loch zurück, brachte ein Goldstück heraus und legte es vor ihm hin.
Hierauf sprach sie: „Nimm das Goldstück und gehe! Komme jedoch
55 nicht wieder hierher, denn ich bin auf dich böse und dir nicht mehr zugetan, und auch du kannst mir ja nicht mehr zugetan sein! Ich werde stets böse sein, wenn ich meinen abgehauenen Schwanz sehe; und du wirst stets böse sein, wenn du an deinen toten Sohn denkst! So gehe denn in Frieden und komme nie mehr hierher!"

Der alte Großvater und der Enkel (Deutschland) Brüder Grimm

weitere Märchen von den Brüdern Grimm: „Prinzessin Mäusehaut" ➤ S. 180–181 „Von dem Fischer und seiner Frau" ➤ S. 182–183

Es war einmal ein alter Mann, der konnte kaum gehen, seine Knie zitterten, er hörte und sah nicht viel und hatte auch keine Zähne mehr. Wenn er nun bei Tisch saß und den Löffel kaum halten konnte, schüttete er Suppe auf das Tischtuch und es floss ihm auch etwas wieder aus dem Mund.
5 Sein Sohn und dessen Frau ekelten sich davor und deswegen musste sich der alte Großvater endlich hinter den Ofen in die Ecke setzen und sie gaben ihm sein Essen in ein irdenes* Schüsselchen, und noch dazu nicht einmal genug. Da sah er betrübt* nach dem Tisch und die Augen wurden ihm nass. Einmal auch konnten seine zittrigen Hände
10 das Schüsselchen nicht festhalten, es fiel zur Erde und zerbrach.
Die junge Frau schalt*, aber er sagte nichts und seufzte nur. Da kauften sie ihm ein hölzernes Schüsselchen für ein paar Heller*, daraus musste er nun essen.
Wie sie nun da so sitzen, so trägt der kleine Enkel von vier Jahren auf der Erde
15 kleine Brettlein zusammen. „Was machst du da?", fragte der Vater.
„Ei", antwortete das Kind, „ich mach ein Tröglein*, daraus sollen Vater und Mutter essen, wenn ich groß bin." Da sahen sich Mann und Frau eine Weile an, fingen endlich an zu weinen, holten alsofort* den alten Großvater an den Tisch und ließen ihn von nun an immer mitessen, sagten auch nichts,
20 wenn er ein wenig verschüttete.

* irden: aus Ton
* betrübt: traurig
* sie schalt: sie schimpfte
* der Heller: altes Geldstück
* der Tröglein: ein kleines Gefäß
* alsofort: sofort

Zum Nachschlagen

Wissenswertes auf einen Blick

Gattungen und Texte

Fabeln ➤ S. 96–97, 217–218

Gedichte ➤ S. 134–149, 290–291

Gedicht

Vers: Die Zeilen eines Gedichtes heißen Verse.
Strophe: Eine Strophe ist ein Gedichtabschnitt, der aus mehreren Versen (Zeilen) besteht. Ein Gedicht besteht häufig aus mehreren Strophen.
Die Verszeilen sind oft durch Reime miteinander verbunden.
Reim: Zwei Wörter reimen sich, wenn sie vom letzten betonten Vokal an gleich klingen, z. B.: Bär – schwer, Zähne – Mähne.
Reinformen:

Paarreim: aabb	**umarmender Reim: abba**	**Kreuzreim: abab**
Zwei aufeinanderfolgende Verse reimen sich, also ein Paar, z. B.: Berg a Zwerg a leise b Reise b	Ein Paarreim wird umschlossen von zwei Versen, die sich ebenfalls reimen, z. B.: Band a Lüfte b Düfte b Land a	Der 1. und 3. Vers sowie der 2. und 4. Vers reimen sich, also „über Kreuz“, z. B.: Zähne a Bär b Mähne a schwer b

Märchen ➤ S. 168–185, 294–295

Märchen

Märchen erzählen Geschichten, die in der Wirklichkeit nicht geschehen können.

Sie enthalten in der Regel bestimmte **Merkmale**:
- Viele Märchen beginnen mit dem **Anfang**: „Es war einmal“.
- **Tiere** und **Gegenstände** können sprechen oder **haben besondere Kräfte**.
- **Zauberer** und **Feen** setzen ihre **magischen Kräfte** ein.
- Menschen werden von bösen Wesen bedroht. Dabei **siegt das Gute** meistens und **das Böse wird bestraft**.
- Oft werden **Wünsche** erfüllt (Reichtum, Kindersegen, ein neues Haus ...).
- **Zauberzahlen** spielen eine wichtige Rolle (drei Wünsche, sieben Brüder, zwölf Teller ...).
- Märchen spielen oft an besonderen **Orten** (ein altes Schloss, ein verwunschener Wald ...).
- Viele Märchen enden mit dem **Schluss**: „Und sie lebten glücklich und zufrieden bis an ihr Lebensende.“
- Die **Sprache** ist oft **formelhaft** (Zaubersprüche).

Fantastische Geschichten

Fantastische Geschichten erzählen Dinge, die im echten Leben nie passieren würden. Der Ausdruck **fantastisch** stammt aus dem Griechischen und bedeutet so viel wie **unwirklich**.

Unheimliche Geschichten zählen zu den **fantastischen Geschichten**. Bei ihnen spielen häufig ein **unheimlicher Ort**, ein **wichtiger Gegenstand** und ein **Gegenspieler** (z.B. eine negative Gestalt) eine besondere Rolle.

fantastische Geschichten
➤ S. 116–133

unheimliche Geschichten
➤ S. 150–167, 292–293

Texte erschließen, sich informieren

Der Textknacker

Der Textknacker hilft dir beim Lesen und Verstehen von Texten.

1. Schritt: Vor dem Lesen
Du siehst dir den **Text als Ganzes** an.
- Was weißt du schon über das **Thema**?
- Was erzählen dir die **Bilder** und die **Überschrift**?
- Worum könnte es gehen?

2. Schritt: Das erste Lesen

Sachtexte

Du **überfliegst** den Text **oder liest** ihn **einmal** durch.
- Was fällt dir auf?
- Was kennst du schon?
- Worum geht es?

literarische Texte

- Du **liest** den Text **einmal** durch.
- Was fällt dir auf?
- Worum geht es?

3. Schritt: Den Text genau lesen

Sachtexte

Du achtest auf:
- die **Überschrift**
- die **Absätze**
-  die **Schlüsselwörter**
- **unbekannte Wörter**

literarische Texte

Du fragst nach:
- den **Handlungsbausteinen**
- den **Gattungsmerkmalen**
- der **Sprache**

4. Schritt: Nach dem Lesen
Du **arbeitest mit dem Inhalt** des Textes.
- Du arbeitest mit deinen Arbeitsergebnissen aus dem 2. und den 3. Schritt.
- Du erfüllst deinen Arbeitsauftrag.

Sachtexte erschließen
➤ S. 30–34, 40–41, 42–43, 44–45, 49, 50–51, 57, 60, 66–67, 69, 70, 78, 111, 194–195, 196, 286–287

literarische Texte erschließen
➤ S. 84, 86, 88–89, 96–97, 98–99, 118–119, 122–125, 126–130, 138–139, 140–143, 144–145, 146, 147, 148–149, 152–153, 154–157, 161, 162–163, 164–167, 172–173, 174–175, 176–179, 180–181, 182–183, 184–185

einen Sachtext überfliegen
➤ S. 196

Handlungsbausteine
➤ S. 298

Eine Grafik mit dem Textknacker erschließen

Grafiken können zusätzliche Informationen zu Sachtexten enthalten.
1. Schritt: Vor dem Lesen
Du siehst dir die **Grafik als Ganzes** an.
- Was erzählt dir die **Überschrift**?
- Worum könnte es gehen?

2. Schritt: Das erste Lesen
Du **siehst** dir die Grafik **genauer** an.
- Was kennst du schon?
- Welche **Angaben** enthält die Grafik? Du findest sie unter oder neben der Grafik.
- Worüber informiert die Grafik?

3. Schritt: Die Grafik genau lesen
Du **untersuchst** die Grafik genau.
- **Schlage** unbekannte **Abkürzungen oder Wörter** im Wörterbuch **nach**.
- Welche Fragen kannst du mit Hilfe der Grafik beantworten? **Stelle Fragen** an die Grafik.

4. Schritt: Nach dem Lesen
Du **arbeitest mit dem Inhalt** der Grafik.
- **Beantworte** die **Fragen**, die du an die Grafik gestellt hast.

Grafiken erschließen
➤ S. 35–37, 104, 197, 286

Eine Geschichte verstehen: Die Handlungsbausteine

Die fünf Handlungsbausteine finden sich in vielen Geschichten und enthalten das Wichtigste der Handlung. Sie bilden also den **Kern der Geschichte**.
Stelle diese Fragen, wenn du die Handlungsbausteine ermitteln willst:
- Wer ist die **Hauptfigur**? In welcher **Situation** steckt sie?
- Welchen **Wunsch** hat sie?
- Welches **Hindernis** ist ihr im Weg?
- Wie **reagiert** die Hauptfigur auf das Hindernis? Wie versucht sie, es zu überwinden?
- Wie **endet** die Geschichte? Ist die Hauptfigur erfolgreich?

Handlungsbausteine
➤ S. 154–157, 158–160, 161, 162–163, 164–167, 172–173, 174–175

Im Internet recherchieren

Im Internet kannst du gezielt Informationen recherchieren.
1. Schritt: Treffende Suchbegriffe verwenden
Verwende **treffende Suchbegriffe**.
2. Schritt: Geeignete Suchmaschinen nutzen
Nutze Suchmaschinen, die speziell für **Kinder und Jugendliche** gemacht sind.
3. Schritt: Die passenden Treffer aus der Trefferliste auswählen
- Wenn du Suchbegriffe in eine Suchmaschine eingegeben hast, erhältst du eine **Trefferliste**.
- **Wähle** die **Treffer aus**, die am besten zu deinen Suchmaschinen zu passen scheinen.
- **Klicke** dann mit dem Cursor **auf** den **Treffer**, den du dir ansehen möchtest.

4. Schritt: Informationen entnehmen
Lies die recherchierten **Texte** mit dem **Textknacker**.

im Internet recherchieren
➤ S. 37, 56, 68, 99, 113, 115, 201–203

Textknacker ➤ S. 297

Ideen sammeln, planen, schreiben, überarbeiten

Mit einem Cluster Ideen sammeln

Cluster
➤ S. 13, 30, 34, 117, 206

So kannst du vorgehen:
- Nimm dir ein **leeres Blatt Papier**.
- Schreibe in die **Mitte** ein Wort oder eine Wortgruppe (Kernwort), z. B. Nahrungsmittel und Essgewohnheiten. **Kreise** das **Wort** oder die Wortgruppe **ein**.
- **Schreibe** nun die **Wörter rund um das Wort auf**, die dir dazu einfallen.
- **Verbinde** die **neuen Wörter** durch Striche mit dem **Kernwort**.
- Manchmal kannst du auch zu den neuen Wörtern **weitere Wörter** finden.

Mit einer Mindmap Ideen sammeln

Mindmap
➤ S. 68, 70, 84–85, 158

Eine Mindmap ist eine **„Gedankenlandkarte"**.
Mit einer Mindmap kannst du **Ideen sammeln** und deine **Gedanken ordnen**.
- Schreibe das **Thema in die Mitte** eines leeren Blattes.
- **Rahme** das Thema **ein**.
- Zeichne **Linien** von der Mitte, also vom Thema aus.
- Schreibe wichtige **Stichworte** oder **Fragen** zum Thema auf die Linien.
- Zeichne **Abzweigungen** von den Linien.
- Schreibe **Unterpunkte** auf die Abzweigungen.

Ein Plakat gestalten

Plakat ➤ S. 14, 17, 18, 45, 55, 80, 113, 114, 132–133, 206–207

- Wähle ein **Papierformat** aus.
- Finde eine passende **Überschrift**.
- Entscheide, welche **Texte** und welche **Bilder** auf das Plakat sollen.
- Überlege, wie du **Überschrift, Texte und Bilder anordnen** willst.
- Schreibe **groß** genug und **gut lesbar**.
- Nimm andere Stifte für **Hervorhebungen**.

Eine Lesemappe gestalten

Lesemappe ➤ S. 131

In einer Lesemappe kannst du Informationen, viele gute Ideen, eigene Texte und Bilder zu einem Buch sammeln.
- Gestalte ein schönes **Deckblatt**.
- Schreibe ein **Inhaltsverzeichnis**.
- Lege alle **Texte**, die du rund ums Lesen schreibst, in deine Lesemappe.
- Sammle darin deine **Bilder** und **Plakate**, die du zu den Texten gestaltet hast, sowie **Lesetipps**.

Stichworte aufschreiben

Stichworte aufschreiben
➤ S. 55, 70–71, 78–79

Stichworte unterstützen dein Gedächtnis, z. B. bei einem **Kurzreferat**.
Sie sind beim Sprechen dein **„Geländer"**.
- Formuliere Stichworte **kurz und knapp**:
  Was ist **das Wichtigste**? Was sind **Schlüsselwörter**?
- Schreibe **nur einzelne Wörter**, höchstens **Wortgruppen** auf.
  Dabei helfen dir auch die W-Fragen: **Wo?, Was?, Wie?**
- Schreibe **übersichtlich** und in gut lesbarer Schrift.
  So kannst du dich beim Sprechen leichter orientieren.

Einen Steckbrief schreiben und überarbeiten

1. Schritt: Überschriften aufschreiben und sinnvoll anordnen
- **Notiere** die wichtigsten **Überschriften** in einer **sinnvollen Reihenfolge**, z. B. für einen Berufe-Steckbrief: den Beruf, die Tätigkeiten, die Arbeitsmittel, den Arbeitsort, die Arbeitszeit, den Schulabschluss, die Ausbildung.

2. Schritt: Die wichtigsten Informationen notieren
- **Ordne** deine gesammelten **Informationen** den Überschriften zu.
- **Schreibe** kurze und genaue **Stichworte** auf.
- Beschränke dich auf **sachliche Angaben**.

3. Schritt: Material für den Steckbrief sammeln
- Sammle zur Veranschaulichung geeignetes Material, z. B. Bilder, auf denen Menschen in dem Beruf arbeiten.

4. Schritt: Den Steckbrief überarbeiten
- **Überprüfe** die **Informationen**: Sind sie vollständig und verständlich?
- **Ergänze** fehlende Informationen.
- Hebe die **Überschriften** hervor.
- Füge geeignete **Bilder** ein.

Berufe-Steckbrief ➤ S. 52–53, 57–59, 63
Figuren-Steckbrief ➤ S. 131
Länder-Steckbrief ➤ S. 206

Eine Geschichte mit den Handlungsbausteinen planen und schreiben

1. Schritt: Lege eine **Mindmap mit den Grundideen** für deine Geschichte an. Berücksichtige dabei die **Handlungsbausteine und notiere Stichworte**.
Du kannst dazu Fragen stellen:
- Wer soll meine **Hauptfigur** sein? In welcher **Situation** steckt sie?
- Welchen **Wunsch** hat sie?
- Welches **Hindernis** ist ihr im Weg?
- Wie **reagiert** die Hauptfigur auf das Hindernis?
- Wie **endet** die Geschichte?

2. Schritt: Lege für jeden Handlungsbaustein eine **Karte** an.
3. Schritt: Notiere deine **Ideen in ganzen Sätzen** auf deine Karten.
4. Schritt: Überlege dir den **Aufbau** deiner Geschichte.
Du kannst die Reihenfolge der Handlungsbausteine ändern.
5. Schritt: Erzähle die Geschichte mit Hilfe deiner Karten **ausführlich**.
- Achte auf treffende Adjektive, wörtliche Rede, unterschiedliche Satzanfänge.
- Schreibe im Präteritum.

eine Geschichte schreiben ➤ S. 158–160, 163, 167, 175
anschaulich erzählen ➤ S. 84–85, 86–87, 89, 92, 94–95, 123, 129, 159

Texte überarbeiten in der Schreibkonferenz

In einer Schreibkonferenz überarbeitet ihr eure Texte in der Gruppe.
Regel 1: Die Autorin oder der Autor liest seinen Text vor.
Die anderen hören aufmerksam zu.
Regel 2: Sagt zuerst, was euch an dem Text gefällt.
Regel 3: Arbeitet gemeinsam an dem Text. Beachtet dabei die **Tipps**:
- Gestaltet die **Satzanfänge** abwechslungsreich.
- Verwendet **treffende** und **abwechslungsreiche Verben** und **Adjektive**. So kann sich der Zuhörer oder Leser alles genauer vorstellen.
- **Ergänzt** fehlende **Informationen**. Der Zuhörer oder Leser muss den Zusammenhang verstehen.
- Verwendet beim schriftlichen Erzählen das **Präteritum**.
- Überprüft die **Rechtschreibung**.

Regel 4: Die Autorin oder der Autor schreibt den Text noch einmal ordentlich ab.

Schreibkonferenz ➤ S. 160, 163, 185, 210–213

Sprechen, präsentieren und miteinander arbeiten

mündlich nacherzählen
➤ S. 96–97

Ein Gedicht auswendig lernen

Gedichte auswendig lernen
➤ S. 135, 136–137

1. Lies das Gedicht **langsam** vor.
2. Lege eine Folie über die Seite. **Unterstreiche besondere Wörter**, z. B. Reimwörter, Adjektive, Verben.
3. Lies das Gedicht noch einmal. Stelle dir den **Inhalt des Gedichtes** vor. **Wähle** zum besseren Merken eine der folgenden **vier Hilfen** aus:
   a. Notiere **Stichworte** zum Inhalt.
   b. Skizziere den Inhalt mit kleinen **Bildern und Symbolen**.
   c. Stelle dir den Inhalt vor: **Was riechst, siehst, fühlst du?**
   d. Stelle dir den **Inhalt** des Gedichtes **wie einen Film** vor.
4. Lies das Gedicht erneut **laut**. **Decke** dabei einzelne **Verse ab** und versuche, sie auswendig zu sagen.
5. Decke immer mehr Verse ab und **sprich sie wortgetreu**, bis du das ganze Gedicht auswendig kannst.
6. Trage das Gedicht betont vor. Verwende deine Merkhilfe aus Punkt 3.

Einen Gedichtvortrag vorbereiten

Gedichtvortrag
➤ S. 138–139

- Lies das Gedicht mehrmals leise und laut.
- Überlege dir, wie du das Gedicht vortragen möchtest (z. B. fröhlich, ernst, laut, leise, langsam, schnell). Berücksichtige dabei den Inhalt des Gedichtes.
- Kopiere das Gedicht oder schreibe es ab. Lasse unter jeder Zeile Platz.
- **Betonung**: Unterstreiche Stellen, die du besonders betonen möchtest.
- **Lautstärke**: Markiere Stellen, an denen du lauter sprechen willst, mit ↗, wenn du leiser sprechen willst, mit ↙.
- Um den Vortrag spannender zu machen, kannst du:
  - **die Sprechgeschwindigkeit verändern**: Steigere oder verlangsame an passenden Stellen das Sprechtempo. Trage die Zeichen ein: → (schneller) oder ← (langsamer).
  - **Pausen einbauen**: Auch mit Pausen kannst du die Spannung erhöhen. Kennzeichne kurze Pausen mit (I) und lange Pausen mit (I I).
- Stelle dich so vor deine Zuhörer, dass dich alle sehen können.
- Warte, bis alle ruhig sind. Beginne nun mit deinem Gedichtvortrag.
- Sieh die Zuhörer beim Vortrag an.

Der Klassenrat

Klassenrat ➤ S. 18–19, 23

- Jede/r **schreibt auf Zettel**, über welche **Themen** sie/er sprechen möchte. Schreibt immer nur eine Idee auf einen Zettel.
- **Sammelt eure Ideen**, z. B. in einem Ideenkasten.
- Wählt vor jedem Klassenrat eine **Moderatorin** oder einen **Moderator**. Sie oder er **eröffnet** den Klassenrat, **liest** die Zettel **vor** und **leitet** auch die **Diskussion** und die **Abstimmung**.
- Besprecht, in welcher **Reihenfolge** ihr über die Themen beraten wollt.
- **Diskutiert** dann über die einzelnen Themen.
- Euer **Klassenlehrer** oder eure **Klassenlehrerin** sollte mit im Stuhlkreis sitzen. Ihr könnt ihn oder sie **um Rat fragen**.
- **Schreibt** eure **Ergebnisse auf**.

Ein Kurzreferat vorbereiten

Ein Kurzreferat kannst du in sechs Schritten vorbereiten.
1. Schritt: Das Thema aussuchen
2. Schritt: Informationen beschaffen
3. Schritt: Informationen aus Texten entnehmen
4. Schritt: Das Kurzreferat gliedern und die Notizen ordnen
5. Schritt: Überschrift, Einleitung und Schluss formulieren
6. Schritt: Den Vortrag vorbereiten und üben

Kurzreferat
➤ S. 66–67, 68–71, 76, 78–79, 113, 204–205

Ein Kurzreferat frei vortragen

- Stelle dich so hin, dass **alle dich sehen** können.
- Versuche, **frei** zu **sprechen** und wenig abzulesen.
- Sprich **langsam** und **deutlich**.
- Orientiere dich an deinen **Stichworten**.
- Schreibe **Schlüsselwörter** an die Tafel.
- **Sieh** beim Sprechen **die Zuhörer an**.
- **Zeige** deine **Bilder und Materialien** an passenden Stellen.

frei vortragen
➤ S. 76, 205

Ein Projekt planen, durchführen und auswerten

In einem Projekt beschäftigt ihr euch mit einem bestimmten **Thema**.
1. Schritt: Das Projekt planen
- **Sammelt Ideen** mit einem Cluster.
- **Entscheidet** euch für ein **Thema**.
- Entscheidet, womit ihr euch **im Einzelnen beschäftigen** wollt (Teilthemen).
- Klärt wichtige **organisatorische Fragen** vorab mit eurer Lehrerin oder eurem Lehrer. (Wann und wie könnt ihr das Projekt durchführen?)

2. Schritt: Gruppen bilden und Teilthemen verteilen
- **Bildet Gruppen**.
- **Verteilt** die **Teilthemen** auf die Gruppen.

3. Schritt: Die Gruppenarbeit planen und umsetzen
- **Schreibt** einen **Arbeitsplan** für eure Gruppe (Was? Wer? Wann?).
- Geht so vor, wie ihr es im Arbeitsplan festgelegt habt.
- Führt ein **Projekttagebuch**.

4. Schritt: Die Ergebnisse der Gruppenarbeit vorstellen und das Projekt durchführen
- **Stellt** die **Ergebnisse** der Gruppenarbeit **vor**.
- **Besprecht** die Ergebnisse.
- **Führt** das **Projekt durch**.

5. Schritt: Das Projekt auswerten
- Jede Gruppe **wertet** ihr **Projekttagebuch aus**.
- **Sprecht** im Stuhlkreis über das **Projekt**: Was ist gut gelungen? Was möchtet ihr beim nächsten Projekt besser machen?

Projekt
➤ S. 67, 72, 108–109, 115, 132–133, 203, 206–209

ein Interview planen und durchführen ➤ S. 60–63
Typen von Fragen ➤ S. 106

Rechtschreiben

Die Arbeitstechniken

Das Partnerdiktat

Ein Partner diktiert.	Der andere Partner schreibt.
- Setze dich so hin, dass du **gut sehen** kannst, was dein Partner schreibt.	
- **Lies** den ersten Satz **vor**. - **Diktiere** dann nacheinander die **Sinneinheiten**. - Denke an die **Satzzeichen**.	- **Höre** dir den Satz in Ruhe an. - **Schreibe** nun **Sinneinheit** für Sinneinheit. - Schreibe nur in jede zweite Zeile. - Sage **„Stopp“**, wenn du nicht mitkommst.
- Bei einem **Fehler** sage sofort **„Stopp“**. - **Lass** deinem Partner **Zeit**, den Fehler zu finden.	- **Lies** die letzte Sinneinheit und versuche, den **Fehler zu finden**.
- **Hilf** ihm, wenn er unsicher ist.	- Lass dir helfen. - Streiche das **Fehlerwort** durch. - Schreibe das Wort **richtig** darüber.

Partnerdiktat ➤ S. 217, 228

Das Laufdiktat

- **Lies** den Text in Ruhe durch.
- Lege den Text auf einen **weit entfernten Platz**.
- **Schleiche** leise zu dem Platz.
- **Präge** dir nun **eine Sinneinheit ein**.
- **„Trage“ die Wörter** im Kopf zu deinem Arbeitsplatz.
- **Schreibe** sie **auf**. Schreibe nur in jede zweite Zeile.
- **Schreibe** so **den ganzen Text auf**.
- **Vergleiche** deinen Text mit der Vorlage.
- Streiche **Fehlerwörter** durch und **schreibe** sie richtig **darüber**.

Laufdiktat ➤ S. 218

Das Abschreiben

Du brauchst deine ganze Konzentration und eine ordentliche Schrift.

1. Schritt: Lies den Text **langsam** und **sorgfältig**.

2. Schritt: **Gliedere** den Text in **Sinneinheiten**. Mache dazu Striche nach zusammengehörigen Wortgruppen.

3. Schritt: **Präge** dir die **Wörter** einer Sinneinheit genau **ein**.

4. Schritt: **Schreibe** die **Wörter auswendig auf**.
Schreibe nur **in jede zweite Zeile**.
Schreibe langsam, ordentlich und nicht zu eng.

5. Schritt: **Kontrolliere** Wort für Wort.

6. Schritt: Streiche **Fehlerwörter** durch und **schreibe** sie **richtig** darüber.

7. Schritt: Die Fehlerwörter kommen in deine **Wörtersammlung**.

abschreiben ➤ S. 219, 235, 237, 239, 241, 243, 245

Merkwörter mit Wörterlisten üben

Ein Training mit Wörterlisten ist besonders geeignet für Merkwörter. Das sind Wörter, deren Schreibweise du nicht von anderen Wörtern herleiten kannst.
- Übe Merkwörter mit einer Wörterliste.
- Übe sie immer wieder.
- Lege dazu eine Tabelle an, z. B.:

Tabelle 1:

Merkwort	schwierige Stelle	ein Satz	ein verwandtes Wort	Wörterbuch
das Moor	*Moor*	*Wir wandern durchs Moor.*	*moorig*	*S. 73*

Tabelle 2:

1. Tag			2. Tag	3. Tag
Merkwort	**Silben bunt geschrieben**	**winzig klein**	**verdeckt aufgeschrieben**	**beim Partnerdiktat aufgeschrieben**
ähnlich	*ähnlich*	*ähnlich*	*ähnlich*	*ähnlich*

Merkwörter üben
➤ S. 220, 235, 239, 241, 243, 245

Fehlerwörter sammeln

- Lege für jedes **Fehlerwort** eine **Karteikarte** an.
- **Lies** das Wort **laut**. Sprich es in Silben.
- Schreibe dein **Fehlerwort** in die **Mitte der ersten Zeile**.
- **Schreibe ordentlich.**
- **Markiere** die **schwierige Stelle**. Du kannst sie auch oben in die rechte Ecke schreiben.
- Schreibe bei den **Verben** das **Personalpronomen** (er, es oder sie) und den **Infinitiv** (die Grundform) dazu.
- Schreibe bei den **Adjektiven** die **Steigerungsformen** dazu.
- Schreibe die **Nomen mit Artikel** im **Singular** und im **Plural** auf.
- Unten kannst du noch **verwandte Wörter** dazuschreiben.
- **Kontrolliere**, ob du das Wort **richtig** aufgeschrieben hast.

Fehlerwörter sammeln
➤ S. 218, 219, 221

Nachschlagen

- Suche das Wort unter dem richtigen Buchstaben des Alphabets.
  Im Wörterbuch oder Lexikon steht der **Buchstabe** des Alphabets auf jeder Seite **oben** oder **unten** oder **am Rand**.
- Wenn die Wörter mit demselben Buchstaben beginnen, musst du dich **nach dem zweiten Buchstaben richten**.
  Manchmal musst du dir **den dritten, vierten** oder **fünften Buchstaben ansehen**.

nachschlagen
➤ S. 34, 69, 200, 222–223, 248

Wörter an der richtigen Stelle im Wörterbuch nachschlagen
➤ S. 223

Die Rechtschreibstrategien

Sprechschwingendes Schreiben

Beim sprechschwingenden Schreiben sprichst du die Wörter Silbe für Silbe mit und schreibst gleichzeitig mit Schwung:

- Sprich das Wort **langsam** und **deutlich Silbe für Silbe**.
- **Schwinge** dabei das Wort mit deinem ganzen **Körper**.
  Schwinge jede Silbe mit der **Schreibhand** in der Luft. **Beginne links** oben.
  Gehe gleichzeitig bei jeder Silbe einen Schritt nach **rechts**.
- **Schwinge** das Wort **beim Schreiben**.
  Schwinge mit dem **Zeigefinger** in der Luft oder auf dem Tisch.
  Sprich und **schreibe** nun **gleichzeitig mit Schwung**.
  Zeichne unter jede Silbe einen Silbenbogen.

sprechschwingendes Schreiben
➤ S. 224–225, 226–227, 236, 244

Wörter verlängern

Die Verlängerungsprobe: Oft spricht man am Ende eines Wortes **p, t, k** und schreibt doch **b, d, g**.
Suche eine **längere Form** des Wortes. Dann hörst du, welchen Buchstaben du schreiben musst. Beispiele:

- Nomen: der Kor die Kör**b**e (Plural) – daher: der Kor**b**
- Verben: gi t ge**b**en (Infinitiv) – daher: (er/sie) gi**b**t
- Adjektive: lusti lusti**g**er (Steigerungsform) – daher: lusti**g**

Wörter verlängern
➤ S. 226–227

Wörter ableiten

Die Ableitungsprobe: **ä** und **e** klingen in vielen Wörtern ähnlich;
äu und **eu** klingen gleich.
Du kannst Wörter mit **ä** und **äu** von verwandten Wörtern mit **a** oder **au** ableiten.

ängstlich – die **A**ngst → ? a → ä

die Tr**äu**me – der Tr**au**m → ? au → äu

Wörter ableiten
➤ S. 228, 243

Signalgruppen erkennen

Häufig treten **kurz gesprochene Vokale und mehrere Konsonanten zusammen** auf, zum Beispiel: **-umm, -imm, -omm, -off, -ick, -atz, -itz**.
Diese Buchstabenkombinationen nennt man **Signalgruppen**.
Sie helfen dir, Wörter mit kurz gesprochenen Vokalen und mehreren Konsonanten zu erkennen und richtig zu schreiben.

Signalgruppen erkennen
➤ S. 229, 234–235, 241

Mit Wortbausteinen üben

Viele Wörter sind aus mehreren Teilen zusammengesetzt:
aus dem **Wortstamm** und anderen **Wortbausteinen**.

- Wörter sind miteinander verwandt und bilden Familien. Jede Wortfamilie hat einen **Wortstamm**. Gleiche Wortstämme schreibt man in der Regel gleich.
- Die am häufigsten verwendeten **Vorsilben** in Verben und Nomen sind **ver-**, **er-** und **ent-**.

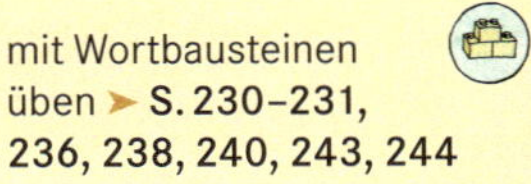
mit Wortbausteinen üben ➤ S. 230–231, 236, 238, 240, 243, 244

Wortfamilien ➤ S. 230

Großschreibung

Regelwissen anwenden: Nomen großschreiben

Nomen werden **groß**geschrieben. Mit diesen Tipps kannst du **Nomen erkennen**.
- **Tipp 1:** Prüfe, ob mit dem Wort **Lebewesen, Gegenstände** oder **Dinge** bezeichnet werden.
- **Tipp 2:** Prüfe, ob das Wort einen **Artikel** bei sich hat.
- **Tipp 3:** Prüfe, ob vor dem Nomen ein **Adjektiv** steht.
- **Tipp 4:** Prüfe, ob das Wort die **Nachsilbe -ung, -heit** oder **-keit** hat.

Verben und Adjektive werden zu Nomen (Nominalisierung)

- **Verben werden großgeschrieben**, wenn sie **als Nomen verwendet werden**: Der Artikel **das** macht's! Der Hund **bellt** laut. – **Das Bellen** ist laut.
- **Adjektive werden großgeschrieben**, wenn sie **als Nomen verwendet werden**: Das Pronomen **etwas** macht's! Sie aß **etwas S**üßes. – Es schmeckte **süß**.

Die Anredepronomen

Die Anredepronomen **Sie**, **Ihr**, **Ihre**, **Ihnen** werden immer großgeschrieben.

Nomen großschreiben (R) ➤ S. 231, 232–233, 236 –237, 244
Nomen ➤ S. 307
Verben werden zu Nomen ➤ S. 237
Adjektive werden zu Nomen ➤ S. 241
Anredepronomen ➤ S. 74

Zeichensetzung

Komma bei der Anrede

Anreden werden in der Regel durch ein **Komma** vom folgenden Satz **getrennt**.
Liebe Schülerinnen und Schüler, wusstet ihr das schon?

Komma bei Aufzählungen

Die Teile einer **Aufzählung**, die nicht durch **und** verbunden sind, werden durch **Kommas** voneinander **getrennt**.
Ich bin ein höfliches, ehrliches, intelligentes und ehrgeiziges Mädchen.

Komma bei Hauptsätzen und Nebensätzen

Der **Hauptsatz** und der **Nebensatz** werden durch ein **Komma** voneinander **abgetrennt**. Im Nebensatz steht die **gebeugte Verbform** an **letzter Stelle** (Verbletztsatz). Meine Eltern standen an meinem Bett**,** als ich **aufwachte**.

Wörtliche Rede

Wörtliche Rede wird in **Anführungszeichen** gesetzt. Steht der **Begleitsatz vor der wörtlichen Rede**, wird er mit einem **Doppelpunkt** abgeschlossen:
Aufgeregt fragt Steffi: „Lukas, hast du das in der Zeitung gelesen?“
Steht **die wörtliche Rede vor dem Begleitsatz**, dann musst du **zwischen der wörtlichen Rede und dem Begleitsatz ein Komma setzen**.
„Was steht in der Zeitung?“, fragte Lukas.

Komma bei der Anrede ➤ S. 75
Komma bei Aufzählungen ➤ S. 235
Komma bei Hauptsätzen und Nebensätzen ➤ S. 21, 237, 279, 280, 281
wörtliche Rede ➤ S. 87, 90–91, 159, 231, 238–239, 256

Grammatik

Die Wortarten

Nomen

Nomen bezeichnen Lebewesen und Gegenstände (Konkreta) sowie gedachte oder vorgestellte Dinge (Abstrakta). Im Deutschen schreibt man Nomen immer **groß**.
Vor einem Nomen steht oft ein **bestimmter Artikel** (der, das, die) oder ein **unbestimmter Artikel** (ein, ein, eine).

Fast alle Nomen können im **Singular** (Einzahl) und im **Plural** (Mehrzahl) stehen:
der Mensch – die Menschen, das Nashorn – die Nashörner,
die Schlange – die Schlangen

Zusammengesetzte Nomen

Zwei Nomen können ein **zusammengesetztes Nomen** (Kompositum) bilden:

das Gift	+	die Schlange	=	die Giftschlange
Bestimmungswort		Grundwort		zusammengesetztes Nomen

Manchmal wird in der Mitte ein **n** eingefügt:
die Schlange + der Kopf = der Schlange**n**kopf

Mit zusammengesetzten Nomen (Komposita) können Lebewesen, Gegenstände und Dinge **genauer bezeichnet** werden.

Nomen in vier Fällen

In Sätzen erscheinen Nomen immer in einem bestimmten **Fall** (Kasus).
Im Deutschen gibt es vier Fälle. Der **Artikel** und die **Endung** des Nomens **richten sich nach dem Fall**.
Man kann nach dem Fall, in dem ein Nomen steht, fragen.

Fälle	**Geschlecht**		
	männlich	**sächlich**	**weiblich**
Nominativ (Wer oder was?)	Der Tiger schläft.	Das Zebra ist jung.	Die Schildkröte frisst Salat.
Genitiv (Wessen?)	Die Zähne des Tigers sind spitz.	Das Fell des Zebras ist gestreift.	Der Panzer der Schildkröte ist sehr hart.
Dativ (Wem?)	Paula schaut dem Tiger zu.	Das Futter schmeckt dem Zebra.	Wir geben der Schildkröte Salat.
Akkusativ (Wen oder was?)	Der Tierpfleger füttert den Tiger.	Cem beobachtet das Zebra.	Mick fotografiert die Schildkröte.

Nomen ➤ S. 54, 191, 226–227, 230, 231, 232–233, 234–235, 236–237, 240–241, 247–251, 264

Nomen haben einen Plural ➤ S. 248

zusammengesetzte Nomen ➤ S. 234–235, 249

Nomen in vier Fällen ➤ S. 250–251

Pronomen

Personalpronomen kann man für Personen, Lebewesen und Dinge einsetzen. Sie können im Singular und im Plural stehen.
Singular: **ich, du, er/sie/es** Plural: **wir, ihr, sie**

Die Personalpronomen helfen dabei, häufige Wiederholungen von Nomen zu vermeiden.

Possessivpronomen zeigen an, **wem** etwas gehört. Die **Endungen** der Possessivpronomen richten sich nach dem dazugehörenden **Nomen**.

Verben

Verben sind **Tätigkeitswörter** und geben an, was jemand tut oder was geschieht. Verben bilden verschiedene Zeitformen.

Verben in verschiedenen Zeitformen

Verben im **Präsens** verwendet man, um auszudrücken,
was man **regelmäßig** tut: Sie **spielt** jeden Tag mit ihrer Katze.
oder was man **jetzt** tut: Sie **spielt** jetzt gerade mit ihrer Katze.

Wenn man über Dinge spricht, die in der **Zukunft** liegen, die also noch nicht geschehen sind, verwendet man oft das **Futur**:
Lars **wird** seiner Katze einen Namen **geben**.

Wenn man etwas **mündlich** erzählt, was schon vergangen ist, verwendet man meist das **Perfekt**. Viele Verben bilden das Perfekt mit dem Hilfsverb **haben**:
Wir **haben gelacht**.
Einige Verben bilden das **Perfekt** mit dem Hilfsverb **sein**:
Die Kinder **sind gerannt**.
Oft sind es Verben der Bewegung: laufen, kommen, gehen, rennen, fallen, fahren

Wenn man **schriftlich** über etwas berichtet oder erzählt, was schon vergangen ist, verwendet man das **Präteritum.**
Viele Verben bilden das Präteritum mit den folgenden Endungen:
ich lern**te**, du lern**test**, er/sie/es lern**te**,
wir lern**ten**, ihr lern**tet**, sie lern**ten**.
Man nennt diese regelmäßig gebildeten Verben auch schwache Verben.

Bei einigen Verben ändert sich im **Präteritum** der Verbstamm.
Man nennt diese Verben auch unregelmäßige (starke) Verben.
finden: Sie **fanden** die Knollen in der Erde.
Manche Verben haben in der 1. und 3. Person Singular keine Endung:
ich **fand**, er/sie/es **fand**,
aber: du **fandest**, wir **fanden**, ihr **fandet**, sie **fanden**

Zusammengesetzte Verben stehen im **Präsens** und im **Präteritum** im Satz auseinander.

Infinitiv:	**anfangen**
Präsens:	Der Tag **fängt** mit einem guten Frühstück **an**.
Präteritum:	Der Tag **fing** mit einem guten Frühstück **an**.

Personalpronomen ➤ S. 252, 255–256, 264
Possessivpronomen ➤ S. 253
Verben ➤ S. 20, 55, 91, 212, 226, 230, 236–237, 238–239, 240, 241, 242–243, 268, 272, 279
Verben im Präsens ➤ S. 254, 265
Verben im Futur ➤ S. 254
Verben im Perfekt ➤ S. 255–256, 265
Verben im Präteritum ➤ S. 97, 160, 213, 237, 243, 257–259, 265
Verbtabelle: unregelmäßige Verben ➤ S. 312–313
zusammengesetzte Verben ➤ S. 259, 312–313

Adjektive

Mit **Adjektiven** (Eigenschaftswörtern) kann man Personen, Tiere oder Gegenstände **genauer beschreiben** und ihre Eigenschaften benennen. Adjektive werden **kleingeschrieben**. Steht das Adjektiv vor einem Nomen, verändert sich die Endung: Das Hemd ist rot. Aber: das **rote** Hemd

Adjektive ➤ S. 82, 226, 230, 240–241, 260–261

Adjektive steigern

Will man beschreiben, wie sich Personen, Tiere, Sachen ... unterscheiden, kann man **gesteigerte Adjektive** verwenden:

Grundform	**Komparativ** (1. Steigerungsform)	**Superlativ** (2. Steigerungsform)
(so) **groß** (wie)	**größer** (als)	am **größten**

Adjektive steigern ➤ S. 261

Zusammengesetzte Adjektive

Aus Nomen und Adjektiven können **zusammengesetzte Adjektive** gebildet werden. Sie werden **kleingeschrieben**.
der Spiegel + glatt = **spiegelglatt**

zusammengesetzte Adjektive ➤ S. 242

Präpositionen

Wörter wie **an**, **auf**, **unter**, **neben**, **in**, **hinter**, **vor**, **über**, **zwischen** sind **Präpositionen**. Mit ihrer Hilfe kann man z. B. ausdrücken, **wo** sich etwas befindet (Dativ) oder **wohin** etwas kommt (Akkusativ).

Präpositionen ➤ S. 262–263, 265

Die Satzglieder

Das Subjekt

Das **Subjekt** (der Satzgegenstand) kann eine Person oder auch eine Sache sein. Es kann aus einem Wort oder mehreren Wörtern bestehen. Mit **Wer oder was?** fragt man nach dem Subjekt:

Wer verkauft Waffeln? Timo verkauft Waffeln.

Was ist laut? Die Musik ist laut.

Subjekt ➤ S. 266, 267, 271, 274–275

Das Prädikat

Das Prädikat (die Satzaussage) sagt etwas darüber aus, was jemand tut oder was geschieht. Mit **Was tut ...?**, **Was hat ... getan?** oder **Was geschieht?** fragt man nach dem Prädikat. Das Prädikat besteht aus einem Verb. Das Verb kann auch aus mehreren Teilen bestehen.

Was tut Kerem? Kerem spielt die aktuellen Hits.

Manchmal bildet das Prädikat eine **Klammer**:

Was hat Timo gestern getan? Timo hat den Waffelteig vorbereitet.

Prädikat ➤ S. 266, 268, 271, 274–275

Die Objekte

Mit **Wen oder was?** fragt man nach einem **Akkusativobjekt**:

Wen hat Herr Bauer eingeladen? Herr Bauer hat die Schulleiterin eingeladen.

Was packt Nina aus? Nina packt die Blumen aus.

Mit **Wem?** fragt man nach einem **Dativobjekt**:

Wem hilft Dario? Dario hilft Maja.

Objekte
➤ S. 266, 269, 271, 274–275

Die adverbialen Bestimmungen des Ortes und der Zeit

Mit einer **adverbialen Bestimmung des Ortes** (lokal) kann man ausdrücken, **wo** etwas geschieht. Man fragt mit **Wo?**, **Woher?** oder **Wohin?**.
Wo hängen die Lampions? Die Lampions hängen im Schulhof.

Mit einer **adverbialen Bestimmung der Zeit** (temporal) kann man ausdrücken, **wann** etwas geschieht. Man fragt mit **Wann?** oder **Wie lange?**.
Wann nimmt Ben die Lampions ab?
Ben nimmt sie abends ab.

adverbiale Bestimmungen
➤ S. 270, 274–275

Satzglieder umstellen

Die meisten Sätze kannst du dadurch verändern, dass du sie umstellst.
So kannst du zum Beispiel die **Betonung** im Satz verändern.
Die Teile eines Satzes, die beim Umstellen zusammenbleiben, heißen **Satzglieder**. Ein **Satzglied** kann aus einem Wort oder mehreren Wörtern bestehen. Mit der **Umstellprobe** kannst du Satzglieder ermitteln:
Die Wörter eines Satzglieds kann man nur gemeinsam umstellen.

Subjekt	**Prädikat**	**Objekt**
Die Klasse	feiert	ein fröhliches Sommerfest.

Satzglieder ➤ S. 266–275

Die Felder eines Satzes

Das Verb spielt im Satz eine besondere Rolle: Es ist der König im Satz.
Die übrigen Satzglieder sind seine Mitspieler.
In vielen Sätzen steht das **Verb** an der **zweiten Stelle** (Verbzweitsatz).
Besteht das Verb aus mehreren Teilen, bildet es eine **Klammer** (Satzklammer).

Vorfeld	Klammer, Verb	Mittelfeld	Klammer, Verb
Die Klasse	feiert	ein Fest.	
Nächstes Jahr	wird	die Klasse ein Fest	feiern.
Wann	feiert	die Klasse ein Fest?	

Felder eines Satzes
➤ S. 272–273, 275, 277

Die Satzarten

Die Satzarten

Satzarten ➤ S. 276–277, 281

Es gibt Aussagesätze. Ausrufesätze, Aufforderungssätze und Fragesätze.
Die **Satzzeichen** (Punkt, Ausrufezeichen, Fragezeichen) kennzeichnen das Ende eines Satzes. Sie zeigen an, wie ein Satz verstanden werden soll.

- Nach einem **Aussagesatz** steht ein **Punkt**.
  Es gibt heute etwas ganz Besonderes.
- Nach einem **Ausrufesatz** steht ein **Ausrufezeichen**.
  Oh, das ist ja toll!
- Nach einem **Aufforderungssatz** steht meist ein **Punkt**.
  Gib mir bitte eine Flasche Wasser.
- Nach einem **Fragesatz** steht ein **Fragezeichen**.
  Was möchtest du haben?

Die Satzarten kann man nach der **Stellung des Verbs** unterscheiden.
In vielen **Aussagesätzen** und **Fragesätzen** steht das **Verb** an der **zweiten Stelle** (Verbzweitsatz).
Bei den meisten **Aufforderungssätzen** steht das **Verb** an der **ersten Stelle** (Verberstsatz).

Vorfeld	Klammer, Verb	Mittelfeld	Klammer, Verb
Es	gibt	heute etwas ganz Besonderes.	
Was	möchtest	du	haben ?
	Gib	mir bitte eine Flasche Wasser.	

Die Satzart sagt nicht immer eindeutig etwas über die **Absicht der Sprecherin oder des Sprechers** aus. **Aufforderungen** können z. B. auch mit einem **Aussagesatz** oder einem **Fragesatz** ausgedrückt werden.

Hauptsätze und Nebensätze

Hauptsätze und Nebensätze ➤ S. 20, 21, 279–280, 281

Ein **Hauptsatz** ist ein eigenständiger Satz.
Herr Maier kocht gern.
Ein **Nebensatz** kann nicht ohne einen Hauptsatz stehen.
Herr Maier lädt oft Gäste ein, weil er gern für andere kocht.
Hauptsatz Nebensatz

Im **Hauptsatz** steht das **gebeugte Verb** an **zweiter Stelle** (Verbzweitsatz).
Im **Nebensatz** steht das **gebeugte Verb an letzter Stelle** (Verbletztsatz).

kausale Satzgefüge ➤ S. 21, 280, 281

Der **Nebensatz** wird durch eine **Konjunktion** (Bindewort) wie **weil** mit dem **Hauptsatz verbunden**.

- Begründungen kannst du mit **denn** und **weil** einleiten.
- Nach Verben des Sagens, Denkens und Meinens folgen oft **dass**-Sätze.

dass-Sätze ➤ S. 20

Der Hauptsatz und der Nebensatz werden durch ein **Komma** voneinander abgetrennt.
Ich möchte, dass du mich ausreden lässt.

Komma bei Hauptsätzen und Nebensätzen ➤ S. 306

Unregelmäßige (starke) und zusammengesetzte Verbformen im Überblick

Infinitiv	Präsens	Präteritum	Perfekt
*abgeben	er gibt ab	er gab ab	er hat abgegeben
*abräumen	sie räumt ab	sie räumte ab	sie hat abgeräumt
*abschreiben	er schreibt ab	er schrieb ab	er hat abgeschrieben
*anfangen	sie fängt an	sie fing an	sie hat angefangen
*aufessen	er isst auf	er aß auf	er hat aufgegessen
*aufheben	sie hebt auf	sie hob auf	sie hat aufgehoben
*aufschreiben	er schreibt auf	er schrieb auf	er hat aufgeschrieben
*auftragen	sie trägt auf	sie trug auf	sie hat aufgetragen
*ausprobieren	er probiert aus	er probierte aus	er hat ausprobiert
beginnen	sie beginnt	sie begann	sie hat begonnen
behalten	er behält	er behielt	er hat behalten
bekommen	sie bekommt	sie bekam	sie hat bekommen
bitten	er bittet	er bat	er hat gebeten
bleiben	sie bleibt	sie blieb	er ist geblieben
bringen	er bringt	er brachte	er hat gebracht
denken	sie denkt	sie dachte	sie hat gedacht
*einkaufen	er kauft ein	er kaufte ein	er hat eingekauft
*einstecken	sie steckt ein	sie steckte ein	sie hat eingesteckt
sich entscheiden	er entscheidet sich	er entschied sich	er hat sich entschieden
essen	sie isst	sie aß	sie hat gegessen
fahren	er fährt	er fuhr	er ist gefahren
fallen	sie fällt	sie fiel	sie ist gefallen
finden	er findet	er fand	er hat gefunden
fliegen	sie fliegt	sie flog	sie ist geflogen
geben	er gibt	er gab	er hat gegeben
gehen	sie geht	sie ging	sie ist gegangen
haben	er hat	er hatte	er hat gehabt
halten	sie hält	sie hielt	sie hat gehalten
helfen	er hilft	er half	er hat geholfen
*herstellen	sie stellt her	sie stellte her	sie hat hergestellt
kennen	er kennt	er kannte	er hat gekannt
kommen	sie kommt	sie kam	sie ist gekommen
können	er kann	er konnte	er hat gekonnt
lassen	sie lässt	sie ließ	sie hat gelassen
laufen	er läuft	er lief	er ist gelaufen
lesen	sie liest	sie las	sie hat gelesen

* zusammengesetztes Verb

Infinitiv	Präsens	Präteritum	Perfekt
*mitbringen	er bringt mit	er brachte mit	er hat mitgebracht
müssen	sie muss	sie musste	sie hat gemusst
*nachschlagen	er schlägt nach	er schlug nach	er hat nachgeschlagen
nehmen	sie nimmt	sie nahm	sie hat genommen
rennen	er rennt	er rannte	er ist gerannt
rufen	sie ruft	sie rief	sie hat gerufen
schlafen	er schläft	er schlief	er hat geschlafen
schreiben	sie schreibt	sie schrieb	sie hat geschrieben
schwimmen	er schwimmt	er schwamm	er ist geschwommen
sehen	sie sieht	sie sah	sie hat gesehen
sein	er ist	er war	er ist gewesen
singen	sie singt	sie sang	sie hat gesungen
sitzen	er sitzt	er saß	er hat gesessen
sprechen	sie spricht	sie sprach	sie hat gesprochen
springen	er springt	er sprang	er ist gesprungen
stehen	sie steht	sie stand	sie hat gestanden
tragen	er trägt	er trug	er hat getragen
treffen	sie trifft	sie traf	sie hat getroffen
trinken	er trinkt	er trank	er hat getrunken
tun	sie tut	sie tat	sie hat getan
verbieten	er verbietet	er verbat	er hat verboten
vergessen	sie vergisst	sie vergaß	sie hat vergessen
verlassen	er verlässt	er verließ	er hat verlassen
verlieren	sie verliert	sie verlor	sie hat verloren
verstehen	er versteht	er verstand	er hat verstanden
*vorbereiten	sie bereitet vor	sie bereitete vor	sie hat vorbereitet
*wegwerfen	er wirft weg	er warf weg	er hat weggeworfen
werden	sie wird	sie wurde	sie ist geworden
werfen	er wirft	er warf	er hat geworfen
wissen	sie weiß	sie wusste	sie hat gewusst
wollen	er will	er wollte	er hat gewollt
ziehen	sie zieht	sie zog	sie hat gezogen
*zuhören	er hört zu	er hörte zu	er hat zugehört
*zusammenfassen	sie fasst zusammen	sie fasste zusammen	sie hat zusammengefasst
*zusammensitzen	wir sitzen zusammen	wir saßen zusammen	wir haben zusammengesessen
*zusehen	sie sieht zu	sie sah zu	sie hat zugesehen

Textartenverzeichnis

Textquellen

Blaich, Hans Erich (geb. 1873 in Leutkirch im Allgäu, gest. 1945 in Fürstenfeldbruck): Löwenzahnwiese (S. 143). Aus: Des Leib- und Seelenarztes Dr. Owlglass Rezeptbuch. Gereimtes und Erzähltes. Hrsg. v. S. Blau und E. Schairer. München (Nymphenburger Verlagshandlung) 1955.

Boie, Kirsten (geb. 1950 in Hamburg): Der durch den Spiegel kommt (S. 120, 123). Aus: Der durch den Spiegel kommt. Hamburg (Verlag Friedrich Oetinger) 2001, 2010, S. 9–10.

Brender, Irmela (geb. 1935 in Mannheim): Wir (S. 193, 291). Aus: Gedichte für Anfänger. Hrsg. v. J. Fuhrmann. Reinbek bei Hamburg (Rowohlt) 1980, S. 20.

Britting, Georg (geb. 1891 in Regensburg, gest. 27. April 1964 in München): Drachen (S. 290). Aus: Der irdische Tag. München (Albert Langen / Georg Müller) 1935, S. 92.

Busch, Wilhelm (geb. 1832 in Wiedensahl, gest. 9. Januar 1908 in Mechtshausen): Zu Neujahr (S. 135). Aus: Lesebuch: 5. Schuljahr. Berlin (Volk und Wissen) 1991, S. 160.

Claudius, Matthias (geb. 1740 in Reinfeld/Holstein, gest. 1815 in Hamburg): Abendlied (S. 135). Aus: Sämtliche Werke. München (Winkler) 1984, S. 218.

Clausen, Marion: Kann Fast Food auch gesund sein? (S. 44–45). Originalbeitrag.

Döhl, Reinhard (geb. 1934 in Wattenscheid, gest. 2004 in Stuttgart): Apfel (S. 144). Aus: An anthology of concrete poetry. Hrsg. v. E. Williams. New York/Villefranche/Frankfurt a. M. (Something Else Press) 1967, S. 93.

Drösser, Christoph (geb. 1958): Wird ein Fußball auf nassem Rasen beim Aufsetzen schneller? (S. 195). Aus: Stimmt's? Freche Fragen, Lügen und Legenden für clevere Kids. Reinbek bei Hamburg (rororo) 2001.

Eichendorff, Joseph von (geb. 1788 auf Schloss Lubowitz bei Ratibor/Oberschlesien (heute Racibórz/Polen), gest. 1857 in Neisse/Oberschlesien, heute Nysa/Polen): Wünschelrute (S. 143). Aus: Werke in sechs Bänden. Band 1: Gedichte/Versepen. Hrsg. v. H. Schultz. Frankfurt a. M. (Deutscher Klassiker Verlag) 1987.

Ende, Michael (geb. 1929 in Garmisch, gest. 1995 in Filderstadt): Der satanarchäolügenialkohöllische Wunschpunsch (S. 121, 124). Aus: Der satanarchäolügenialkohöllische Wunschpunsch. Stuttgart (Thienemann) 1989, S. 7–8.

Erhardt, Heinz (geb. 1909 in Riga/Lettland, gest. 1979 in Hamburg): Die Made (S. 146). Aus: Das große Heinz Erhardt Buch. O. O. (RM-Buch- und Medien-Vertrieb) 2000, S. 82.

Fontane, Theodor (geb. 1819 in Neuruppin, gest. 1898 in Berlin): Herr von Ribbeck auf Ribbeck (S. 288–289). Aus: Sämtliche Werke. Hrsg. v. E. von Groß und K. Schreinert. München (Nymphenburger) 1962, S. 249–250.

Freund, Wieland (geb. 1969 bei Paderborn): Wecke niemals einen Schrat! (S. 121, 122). Aus: Wecke niemals einen Schrat! Die Abenteuer von Jannis und Motte. Weinheim (Beltz & Gelberg) 2013, S. 7–8.

Gaarder, Jostein (geb. 1952 in Oslo/Norwegen): Sofies Welt (S. 282–283) Aus: Sofies Welt. Roman über die Geschichte der Philosophie. München/Wien (Hanser) 1993, S. 9–10.

Gernhardt, Robert (geb. 1937 in Tallinn/Estland, gest. 2006 in Frankfurt a. M.): Wenn die weißen Riesenhasen (S. 290). Aus: Wenn die weißen Riesenhasen abends übern Rasen rasen: Kindergedichte aus vier Jahrhunderten. Wiesbaden (Marix-Verlag) 2004, S. 81.
Heut singt der Salamanderchor (S. 291). Aus: Gernhardt, Almut und Robert: Mit dir sind wir vier. Frankfurt a. M. / Leipzig (Insel Verlag) 1983.

Goethe, Johann Wolfgang von (geb. 1749 in Frankfurt a. M.; gest. 1832 in Weimar): Das Lied der Nachtigall (S. 141). Aus: Gleich ist der Sommer da. Hrsg. v. H. Bosse. Berlin (Verlag Junge Welt) 1982.

Gomringer, Eugen (geb. 1925 in Cachuela Esperanza/Bolivien): wind (S. 144). Aus: Worte sind Schatten. Reinbek (Rowohlt) 1969.

Grimm, Jacob und Wilhelm (geb. 1785 und 1786 in Hanau, gest. 1863 und 1859 in Berlin): Prinzessin Mäusehaut (S. 180–181). Nach: Prinzessin Mäusehaut. Aus: Kinder- und Hausmärchen. Gesammelt durch die Brüder Grimm. Band 1. Berlin (Realschulbuchhandlung) 1812, S. 336–338. – Von dem Fischer und seiner Frau (S. 182–183). Nach: Von den Fischer und siine Fru. Aus: Kinder- und Hausmärchen. Gesammelt durch die Brüder Grimm. Band 1. Berlin (Realschulbuchhandlung) 1812, S. 68–77. – Der alte Großvater und der Enkel (S. 295). Aus: Kinder- und Hausmärchen. Gesammelt durch die Brüder Grimm. Frankfurt a. M. (Insel) 1975.

Hauff, Wilhelm (geb. 1802 in Stuttgart, gest. 1827 in Stuttgart): Die Geschichte von dem Gespensterschiff (S. 164, 292). Nach: Die Geschichte von dem Gespensterschiff. Aus: W. Hauffs Werke. Zweiter Band. Märchen-Almanach auf das Jahr 1826. Hrsg. v. M. Mendheim. Leipzig/Wien (Bibliographisches Institut) 1891, S. 84–94.

Henkes, Kevin (geb. 1960 in Racine in Wisconsin/USA): 7. Juni: Meine Wünsche (S. 88). Aus: Ein Anfang, ein Ende und jede Menge Wünsche. München (dtv) 2005, S. 8–9.

Herbst, Werner (geb. 1943 in Wien/Österreich): ein wort stirbt aus (S. 145). Aus: Ausgewählte Gedichte. Hrsg. v. H. Vyoral. St. Pölten (Podium) 2002.

Hesse, Hermann (geb. 1877 in Calw, gest. 1962 in Montagnola/Schweiz): Blauer Schmetterling (S. 290). Aus: Blumen und Schmetterlinge: Deutsche Gedichte. Hrsg. v. O. Heuschele. München (dtv) 1996, S. 62.

Jacobs, Joseph (geb. 1854 in Sydney/Australien, gest. 1916 in Yonkers in New York/USA): Die drei kleinen Schweinchen (S. 176–178). Bearbeitete Übersetzung von: Die Geschichte von den drei kleinen Schweinchen. Aus: Das große Märchenbuch. Die schönsten Märchen aus ganz Europa. Hrsg. v. C. Strich. Zürich (Diogenes Verlag) 1987, S. 60–64.

Jandl, Ernst (geb. 1925 in Wien/Österreich, gest. 2000 in Wien/Österreich): im park (S. 148). Aus: Idyllen. Frankfurt a. M. (Luchterhand) 1989, S. 57.

Janosch (geb. 1931 in Hindenburg O.S. / Oberschlesien, heute Zabrze/Polen): Himmel Hölle (S. 134). Aus: Die Stadt der Kinder. Gedichte für Kinder in 13 Bezirken. Hrsg. v. H.-J. Gelberg. Weinheim (Beltz) 1999, S. 58.

Kaléko, Mascha (geb. 1907 in Chrzanów/Österreich-Ungarn (heute Polen), gest. 1975 in Zürich/Schweiz): Herr Schnurrdiburr (S. 137). Aus: Die paar leuchtenden Jahre. München (dtv) [12]2003, S. 172–173.

Könner, Alfred (geb. 1921 in Alt Schalkowitz/Oberschlesien (heute Stare Siołkowice/Polen), gest. 2008 in Berlin): Das leise Gedicht (S. 147). Aus: Holtei, C. / Holland, C.: ABC-Suppe und Wortsalat. Düsseldorf (Patmos) 2006, S. 12.

Krüss, James (geb. 1926 auf Helgoland, gest. 1997 auf Gran Canaria/Spanien): Das T (S. 138). Aus: ABC und Phantasie. Ravensburg (Otto Maier) 1963.

Ludwig, Sabine (geb. 1954 in Berlin): Ein ungewöhnlicher Morgen (S. 118). Aus: Der 7. Sonntag im August. Hamburg (Cecilie Dressler Verlag) 2008, S. 36–38.

Mendl, Thomas (geb. 1967 in Wien/Österreich): Im Land der Stundendiebe (S. 117, 126–127). Aus: Im Land der Stundendiebe. Hamburg (Verlag Friedrich Oetinger) 2012, S. 18–19, 24–25.

Meyer, Kai (geb. 1969 in Lübeck): Sieben Siegel: Die Rückkehr des Hexenmeisters (S. 151, 152–153). Aus: Sieben Siegel: Die Rückkehr des Hexenmeisters. Bindlach (Loewe Verlag) 1999, S. 83, 13–16.

Michaelis, Antonia (geb. 1979 in Kiel): Laura und der Silberwolf (S. 121, 128). Aus: Laura und der Silberwolf. Freiburg i. Br. (Kerle im Verlag Herder) 2007, S. 19–21.

Morgenstern, Christian (geb. 1871 in München, gest. 1914 in Untermais, Tirol/Österreich-Ungarn): Der Schnupfen (S. 142). Aus: Der Schnupfen. Hrsg. v. U. Blaich, Ill. v. N. Junge. Berlin (Aufbau-Verlag) 2000.

Mörike, Eduard (geb. 1804 in Ludwigsburg, gest. 1875 in Stuttgart): Er ist's (S. 142). Aus: Werke und Briefe. Erster Band. Gedichte. Hrsg. v. H.-H. Krummacher. Stuttgart (Klett-Cotta) 2003, S. 41.

Moser, Erwin (geb. 1954 in Wien/Österreich): Gewitter (S. 149). Aus: Überall und neben dir. Hrsg. v. H.-J. Gelberg. Weinheim (Beltz & Gelberg) 1989, S. 260.

Nöstlinger, Christine (geb. 1936 in Wien-Hernals/Österreich): Haustierärger (S. 141). Aus: Nöstlinger, Christine / Bauer, Jutta: Ein und alles. Ein Jahrbuch mit Geschichten, Bildern, Texten, Sprüchen, Märchen und einem Tagebuch-Roman. Weinheim (Beltz & Gelberg) 1992.

Poppe, Grit (geb. 1964 in Boltenhagen): Anderswelt (S. 121, 129). Aus: Anderswelt. Hamburg (Cecilie Dressler Verlag) 2009, S. 55–56.

Ringelnatz, Joachim (geb. 1883 in Wurzen bei Leipzig, gest. 1934 in Berlin): Das Samenkorn (S. 136). Aus: Joachim Ringelnatz. Das Gesamtwerk. Hrsg. v. W. Papel. Berlin (Henssel) 1984.

Sachar, Louis (geb. 1954 in East Meadow in New York/USA): Bradley, letzte Reihe, letzter Platz (S. 283–285). Aus: Bradley, letzte Reihe, letzter Platz. München (Hanser) 2003, S. 7–9, 13–15.

Städing, Sabine (geb. 1965 in Hamburg): Magnolia Steel. Hexendämmerung (S. 151, 154, 155, 156, 162–163). Aus: Magnolia Steel. Hexendämmerung. Köln (Boje Verlag in der Bastei Lübbe GmbH & Co. KG) 2012, S. 7–8, 249, 251–252.

Strohbach, Günter (geb. 1931 in Leipzig): Verschieden, aber zufrieden (S. 140). Aus: So viele Tage wie das Jahr hat. Gedichte für Kinder und Kenner. Hrsg. v. J. Krüss. Gütersloh (Sigbert Mohn Verlag) 1959, S. 171.

Thomas, Volker Vorgestellt: Hausmeister Klein (S. 50–51). Originalbeitrag.

Thurber, James (geb. 1894 in Columbus in Ohio/USA, gest. 1961 in New York/USA): Der kleine Nachtschmetterling und der Stern (S. 96). Aus: Die letzte Blume. Hamburg (Rowohlt) 1953.

Ulrichs, Timm (geb. 1940 in Berlin): ordnung (S. 145). Aus: konkrete poesie. Ditzingen (Reclam) 1991, S. 142.

Walbrecker, Dirk (geb. 1944 in Wuppertal): Spacy Spacy: Geheimnisvoller Besuch (S. 151, 161). Aus: Spacy Spacy. Geheimnisvoller Besuch. München (Allitera) 2005, S. 5–9.

Zuckowski, Rolf (geb. 1947 in Hamburg): Wie schön, dass du geboren bist (S. 135). Musik und Text: Rolf Zuckowski / MUSIK FÜR DICH Rolf Zuckowski OHG. (Sikorski Musikverlage) Hamburg 1981.

Unbekannte und ungenannte Verfasser, Originalbeiträge:

Streitgespräch (S. 16). Originalbeitrag.
Klassenrat (S. 19). Originalbeitrag.
Diskussion (S. 26). Originalbeitrag.
Nahrungsmittel und Essgewohnheiten (S. 31–32). Originalbeitrag.
Grafik: Eine Ernährungspyramide aus Asien (S. 37). Originalbeitrag.
Täglich eine Hand voll Nüsse (S. 40–41). Originalbeitrag.
Grafik: Der Omega-3-Fettsäuregehalt in Nüssen (S. 40). Originalbeitrag.
Frühstücken mit Köpfchen (S. 42–43). Originalbeitrag.
Grafik: Fit bis zum Mittagessen – die Leistungskurve (S. 43). Originalbeitrag.
Mein Arbeitstag als Schulsekretärin (S. 49). Originalbeitrag.
Herr Klasing erzählt von den Tätigkeiten eines Bäckers (S. 57, 59). Originalbeitrag.
Der Beruf der Lehrerin / des Lehrers (S. 60). Originalbeitrag.
Dialog (S. 61). Originalbeitrag.
Interview (S. 62). Originalbeitrag.
Feste auf der ganzen Welt (S. 66–67). Originalbeitrag.
23. April: „Çocuk bayramı“, das türkische Kinderfest (S. 69). Nach: Das große Familienbuch der Feste und Bräuche. Düsseldorf (Patmos) 2006.
Das chinesische Neujahrsfest (S. 78). Originalbeitrag.
Mein größter Wunsch (S. 84). Originalbeitrag.
König Midas (S. 86). Originalbeitrag.
Danuta und Kasimir (S. 90). Originalbeitrag.
Die Prinzessin und der Hirte (S. 92). Originalbeitrag.
Eine Maus für einen Tag (S. 93). Originalbeitrag.
Ein Wunsch, der weiterlebt (S. 98). Originalbeitrag.
Frühling, wo steckst du? – Alles dreht sich um die Sonne (S. 111). Aus: Stuttgarter Kindernachrichten, Nr. 1, 15. März 2014, S. 8.
Rolltreppe (S. 145). Originalbeitrag.
BergundTal (S. 145). Originalbeitrag.
Luftballon (S. 145). Originalbeitrag.
Erzähl (keine) Märchen (S. 170). Originalbeitrag.
Die drei Wünsche (S. 172–173). Aus: Märchen aus aller Welt. Hrsg. v. H.-J. Gelberg. Weinheim/Basel (Beltz & Gelberg) 2010, S. 30–31.
Aladin und die Wunderlampe (S. 174–175). Nacherzählung.
Die blaue Rose (S. 184–185). Nacherzählung.
Die Urzeit (S. 193). Originalbeitrag.
Die Kohlenhydrate (S. 196). Originalbeitrag.
Grafik: Wie lange sehen wir jeden Tag fern? (S. 197). Originalbeitrag.
Der Apfel (S. 203). Originalbeitrag.
Der Fuchs und die Trauben (S. 217). Nach Äsop.
Der Igel und der Maulwurf (S. 218). Nach Äsop.
Das Klassenfest (S. 234). Originalbeitrag.
Max (S. 236). Originalbeitrag.
Das Skelett (S. 238). Originalbeitrag.
Eine kleine Freude (S. 240). Originalbeitrag.
An einem sonnigen, kalten Wintertag (S. 242). Originalbeitrag.
Aarons Erlebnis im Zoo (S. 252). Originalbeitrag.
Die Kartoffel (S. 257). Originalbeitrag.
Der Siegeszug der Kartoffel (S. 258). Originalbeitrag.
Fladenbrote auf der ganzen Welt (S. 286–287). Originalbeitrag.
Informationen zum wahren Kern der Ballade „Herr von Ribbeck auf Ribbeck“ (S. 289). Originalbeitrag.
Informationen zum Autor James Thurber (S. 289). Originalbeitrag.
Bestrafte Habgier (S. 294–295). Aus: Die schönsten Märchen der Welt. Hrsg. v. R. W. Pinson. Rastatt (Moewig-Verlag) 1981, S. 264–266.

Bildquellen

S. 4, 12 (1, 2, 3, 4), 16, 17, 18, 20, 48 (1, 2), 49, 50, 51, 53, 56, 57, 58 (unten), 61, 62, 82, 100 (1, 2, 3, 4), 101 (1, 2), 102 (1, 2, 3, 4), 106, 132, 208, 211, 276, 278 (1, 2): © Peter Wirtz, Dormagen; S. 14: Schülerarbeit; S. 28 (Glas Wasser): © Colourbox; S. 28, 31 (Burger): © ExQuisine/Fotolia; S. 28 (Brötchen): © Carsten Märtin/ Oldenburg; S. 28 (Glas Saft): © gmeviphoto/Fotolia; S. 28 (Käse): © Pixelbliss/Fotolia; S. 28, 31 (Pommes): © Jonathan Law/Fotolia; S. 28, 31 (Gummibärchen): © Maris Kiselov/Fotolia; S. 28, 31 (Vollkornbrot): © Hetizia /Fotolia; S. 28 (Apfel): © m.bonotto/ Fotolia; S. 28 (Banane): © Carsten Märtin; S. 3, 28 (Paprika): © Carsten Märtin; S. 28 (Kuchen): © Mihalis A./Fotolia; S. 28, 31 (Nüsse): © wjarek/Fotolia; S. 28, 31 (Trauben): © Natika/Fotolia; S. 32 (1): © Shutterstock; S. 35 (Grafik): © aid infodienst. Idee: S. Meinhardt/ www.aid.de; S. 40 (1): © Valentina R/Fotolia.; S. 42 (1): © tacar/ Shutterstock; S. 42 (2): © Pixelbliss/Fotolia; S. 44 (Grafik): Mensink GBM, Heseker H, Richter A, Stahl A, Vohmann C, Fischer J, Kohler S, Six J: Forschungsbericht - Ernährungsstudie als KiGGS-Modul (EsKiMo). In. Berlin, Paderborn: Robert Koch-Institut, Universität Paderborn; 2007: 1-137; S. 45: © Kzenon/Fotolia; S. 64 (1): © Imago; S. 64 (2): © Yvonne Bogdanski/Fotolia; S. 64 (3): © Helmut Corneli/Mauritius images/ Alamy; S. 69: © Art Directors & TRIP/Mauritius images/Alamy; S. 78 (1): © szefei/ Shutterstock; S. 78 (2): © wong yu liang/ Shutterstock; S. 95: © Nikolaus Heidelbach, Köln; S. 98 (1): © Polaris/laif; S. 98 (2): © Lebrecht Music & Arts /culture-images; S. 99: © Rainer Hackenbe /picture alliance; S. 104 (Grafik): So viel Zeit verbringen Kinder täglich mit den Medien. Nach: KIM-Studie 2012. Hrsg. v. Medienpädagogischen Forschungsverbund Südwest. Stuttgart 2013, S. 63. www.mpfs.de; S. 108: © snyggg.de/ Fotolia; S. 110: © Gunnar Assmy/Fotolia; S. 112 (1): © tbkmedia.de Mauritius images/Alamy; S. 112 (2): © iconshow / Fotolia; S. 112 (3): © Jacek Chabraszewski/Shutterstock; S. 112 (4): © vector_master/ Fotolia; S. 120 (5), S. 122 (1): Buchcover: Wieland Freund. Wecke niemals einen Schrat. Verlag Beltz & Gelberg, Weinheim 2013; S. 120 (3), S. 123: Buchcover: Kirsten Boie. Der durch den Spiegel kommt. Oetinger Verlag, Hamburg 2010; S. 120 (2), S. 124: Buchcover: Michael Ende. Der satanarchäolügenialkohöllische Wunschpunsch. Thienemann Verlag, Stuttgart 2007; S. 120 (1), S. 128: Buchcover: Antonia Michaelis. Laura und der Silberwolf. S. Fischer Verlag, Frankfurt a. M. 2009; S. 120 (4), S. 129: Buchcover: Grit Poppe. Anderswelt. Oetinger Verlag, Hamburg 2013; S. 126: Buchcover: Thomas Mendl. Im Land der Stundendiebe. Oetinger Verlag, Hamburg 2014; S. 131 (1): Schülerarbeit; S. 154 (1): Buchcover: Sabine Städing. Hexendämmerung. Baumhaus, im Bastei Lübbe Verlag, Köln 2014; S. 199 (1): Buchcover: Dirk Walbrecker. Spacy, Spacy. Geheimnisvoller Besuch. Allitera-Verlag, 2. Ausgabe 2010; S. 199 (2): Buchcover: Cornelia Funke. Drachenreiter. Dressler Verlag, Hamburg 1997; S. 199 (3): Buchcover: Sigrid Belzer. Die genialsten Erfindungen der Natur: Bionik für Kinder. Fischer Verlag, Schatzinsel, Frankfurt a. M. 2012; S. 199 (4): Buchcover: Ulf Blank. Die drei ??? Kids. Franckh Kosmos Verlag, Stuttgart 2014; S. 199 (5): privat; S. 200: aus: Duden Schülerlexikon: plus Referatemanager auf CD-ROM, Seite 219. Bibliographisches Institut 2010, Mannheim; S. 201: www.blinde-kuh.de (abgerufen am 18.04.2011); S. 202 (1): www.blinde-kuh.de (abgerufen am 07.12.2010); S. 202 (2, 3, 4): www.blinde-kuh.de (abgerufen am 18.04.2011); S. 203: © Printemps/Fotolia; S. 215: Schülerarbeit; S. 222: Wortprofi. Schulwörterbuch Deutsch, verfasst von Billes, S., Diemer, K., Freese, H., Horn, H., Ihering, A., Kaluza, V., Klausmann, B., Loos, A., Oldenbourg Schulbuchverlag 2014, München; S. 226 (Sterne): © SmallAtomWorks/Shutterstock; S. 236: © Roman Gorielov/Fotolia; S. 238: © mauritius images/Alamy; S. 242: © Eduard Fenske/Fotolia; S. 282: Buchcover: Jostein Gaarder. Sofies Welt. Carl Hanser Verlag, München 2000; S. 283: Buchcover: Louis Sachar. Bradley, letzte Reihe, letzter Platz. Deutscher Taschenbuch Verlag, Reihe Hanser, München 2005; S. 286: (1): privat; (2): © Wong Sze Fei/Fotolia; S. 286 (3): © ever/ Shutterstock; S. 287 (1): © Marko Beckenbauer/Fotolia; S. 287 (2): © Paul Brighton/Fotolia; S. 287 (3): © Brad Pict/Fotolia; S. 287 (4): © Markus Mainka/Fotolia; S. 287 (5): © Serhad/Fotolia; S. 287 (6): © goodween123/Fotolia; S. 287 (7): © kocetoilief/Fotolia; S. 288, 289 (1): © Pia Theuer, Monschau; S. 289 (2): © picture-alliance/dpa; S. 289 (3): © Hans-Joachim/picture alliance.

Illustrationen
Thomas Binder, Magdeburg: S. 10, 38 (1), 246, 247, 248, 249, 250, 251, 252, 253, 254, 255, 257, 258, 259, 260, 261, 266, 267, 268, 270, 278 (unten), 279, 280, 286 (oben); **Anke Dammann**: S. 195 (Ball); **Sylvia Graupner**, Annaberg: S. 3 (1), 13, 21, 24, 282, 283, 284; **Christa Unzner-Koebel**, Berlin: S. 83, 84, 86, 88, 90, 92, 93, 96; **Gudrun Lenz**, Berlin: S. 7 (2), 168, 170, 172, 174, 176, 181, 182, 183, 184, 294; **Carsten Märtin**, Oldenburg: S. 9, 11 (2), 28, 32, 38 (2), 39, 194, 216, 217, 218, 219, 220, 221, 222, 224, 226, 228, 229, 230, 231, 232, 234, 235, 236, 237, 238, 239, 240, 241, 242, 243, 244, 245, 262, 263, 303, 304, 305, 306; **Margit Pawle**: S. 240; **Matthias Pflügner**, Berlin: S. 4 (1), 46, 47, 54, 58; **Friederike Rave**, Wuppertal: S. 4 (2), 66, 67; **Ulrike Selders**, Köln: S. 6, 134, 135, 136, 137, 138, 140, 141, 142, 144 (oben), 146, 147, 148, 290, 291; **Rüdiger Trebels**, Düsseldorf: S. 7 (1), 8, 111, 150, 151, 153, 154, 155, 156, 158, 161, 163, 164, 165, 166, 186, 187, 188, 191, 198, 204, 210, 211, 212, 213, 214, 292, 293; **Sabine Wiemers**, Düsseldorf: S. 5 (2), 11 (1), 116, 117, 118, 119, 122, 123, 124, 126, 127, 128, 129, 131 (2), 132, 133.

Sachregister